I0839587

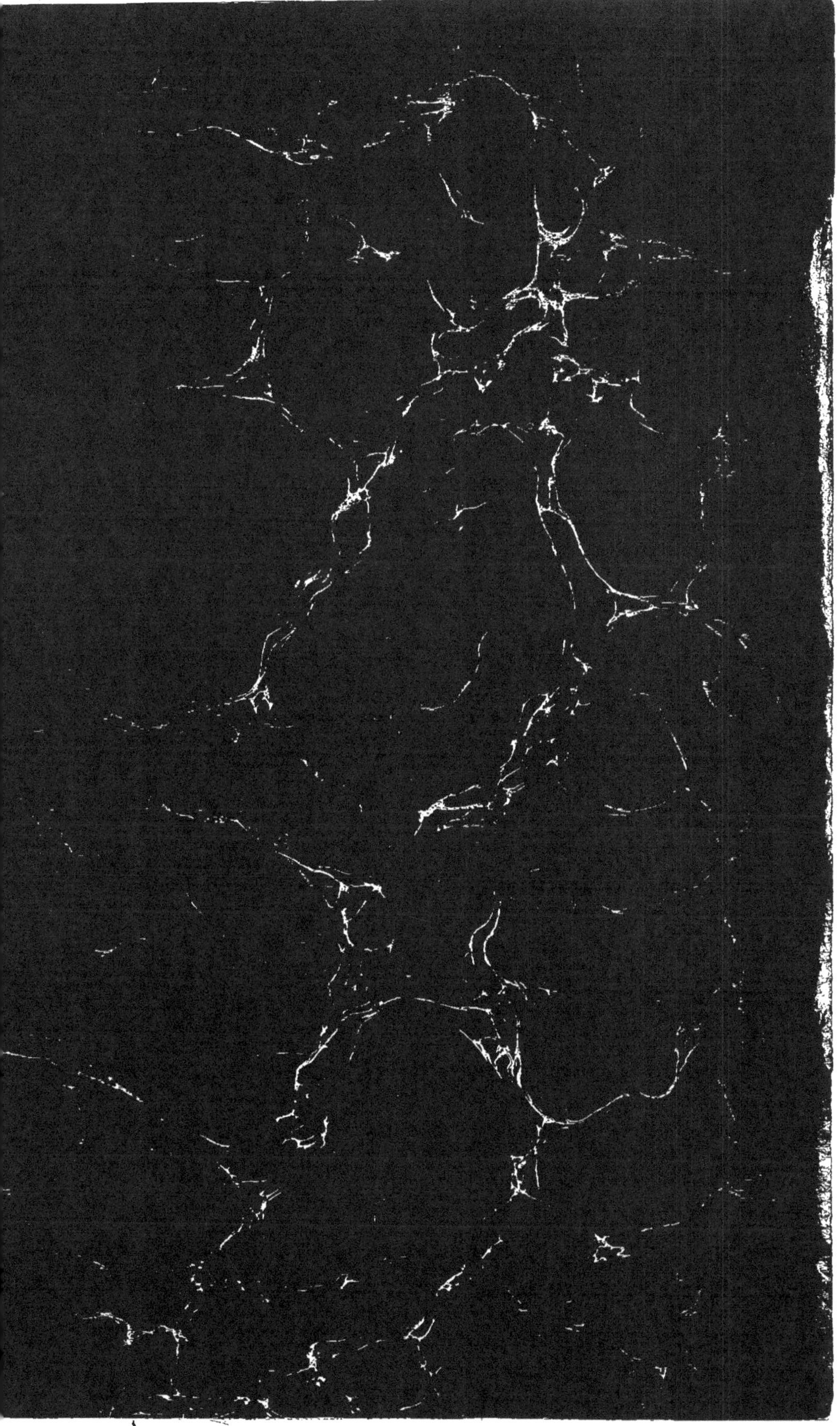

LES
ALLEMANDS
EN FRANCE

ET

L'INVASION DU COMTÉ DE MONTBÉLIARD

PAR LES LORRAINS

1587-1588

D'APRÈS DES DOCUMENTS INÉDITS

PAR

Alexandre TUETEY

TOME SECOND

PARIS

H. CHAMPION,
LIBRAIRE
15, quai Malaquais, 15

MONTBÉLIARD

E. BARBIER,
LIBRAIRE
Place Denfert-Rochereau

1883

ALLEMANDS

EN FRANCE

Cette publication, extraite des Mémoires de la Société d'Emulation de Montbéliard, est tirée à 200 exemplaires sur papier vergé.

№ 

LES
ALLEMANDS
EN FRANCE

ET

L'INVASION DU COMTÉ DE MONTBÉLIARD

PAR LES LORRAINS

1587-1588

D'APRÈS DES DOCUMENTS INÉDITS

PAR

Alexandre TUETEY

TOME SECOND

PARIS

H. CHAMPION,

LIBRAIRE

15, quai Malaquais, 15

MONTBÉLIARD

E. BARBIER,

LIBRAIRE

Place Denfert-Rochereau

1883

DOCUMENTS

I

PASSAGE

DES

TROUPES LORRAINES

EN

FRANCHE-COMTÉ.

Délibérations secrètes du Parlement
de Dôle.

1587-1588

I

Avis du prochain passage des reîtres au service des huguenots à travers la comté de Bourgogne et de leur retour en Allemagne.

1587 — 18 décembre.

Le XVIIIe jour du mois de décembre 1587, la court ayant veu les lettres à elle escriptes par Monsieur le conte de Champlite (1) contenans advertissement que les restres qu'estoient allez en France pour le service des huguenotz estoient licenciez et faisoient estat de repasser par ce peïs pour s'en retorner en Allemaigne, et a esté opiné ainsi que s'ensuyt :

M. de Boisset. — Que l'en debvra faire responce à mond. s^r le Conte de luy dire que la court est d'advis qu'il envoie à toute diligence scavoir et descouvrir à la vérité quel chemin et passaige debvront tenir les restres, et au surplus qu'il debvra ordonner aux capitaines des villes et chasteaulx de se tenir sur leur garde, et aux capitaines des esleuz de tenir prestz leurs soldardz pour aller où il leur sera commandé, sans les faire marcher, jusques ilz ayent aultre advertissement, et le mesme aux vassaulx.

M. Belin. — Id., y adjoustant que l'on y debvra envoyer un personnaige de par la court.

M. Laborey. — Idem.

(1) François de Vergy, dont Gollut fait un si bel éloge en disant « qu'il fut autant sage, accort, valeureux et doux au peuple qu'autre quelconque gouverneur que la Bourgogne ait eu » fut honoré, en 1584, de l'ordre de la Toison d'or, et obtint du roi d'Espagne l'érection de la baronnie de Champlitte en comté. Il mourut en 1591 et eut pour successeur son fils aîné, Claude de Vergy.

M. Marceret. — Que l'on debvra envoyer devers lesd. restres, puis par capitulation ou aultrement divertir leur passaige par ce peïs.

M. Galiot, Florimont, Le Jeune, Clément, Garnier, Mairot, Colin, Tricornot, Jacquinot, de Geneulles, de la Tour, de la Villeneufve et président, comme M. de Boisset, et suyvant ce a esté faicte responce à mond. s^r le conte.

Archives du Doubs, série B, Parlement de Dôle, registre de délibérations du 12 novembre 1587 au 22 octobre 1588.

II

Entrée du marquis de Pont et de son armée dans le pays, envoi de gentilshommes auprès des princes lorrains afin d'empêcher tous désordres.

1587 — 22 DÉCEMBRE.

ARMÉE DU MARQUIS DE PONT (1).

Le XXIIe jour de decembre 1587, la court estant assemblée extraordinairement, où s'est trouvé M. le conte de Champlite, a esté par luy proposé que l'armée de M. le marquis du Pont accompaigné de M. de Guyse estoit en volunté de passer par ce peïs pour copper chemin aux restres sortans de France où ilz estoient allez pour le service des huguenotz, affin de les combattre pour les raisons que

(1) Cette rubrique ainsi que les suivantes se trouvent en marge du registre du Parlement de Dôle.

led. s‹ marquis du Pont luy avoit faict declarer; auquel il avoit respondu par lettres et luy avoit envoyé ung gentilhomme avec instructions où il luy avoit bien particulierement representer tout ce qu'il luy avoit semblé convenir pour le divertir de telle entreprinse; et sur ce a faict ostension à la dicte court des lettres escriptes aud. effect d'une part et d'aultre et desd. instructions qu'ont esté veues et leutes avec lesdictes lettres, mais nonobstant toutes remonstrances led. s‹ marquis du Pont persistoit aud. passaige et estoit resolu de passer, et desja ce jourd'huy entroit son armée au peïs, composée de six mil chevaulx et de deux mil d'infanterie. A l'instant mis en deliberation y a esté opiné comme s'ensuyt.

M. de Boisset. — Que puis lesd. seigneurs marquis du Pont et de Guyse prennent le chemin et passaige par ce peïs par force, il ne voit aulcung moien bien prompt pour leur resister, mais que l'en ne doibt leur donner aulcune assistance pour ne donner occasion à noz voisins de pretendre infraction de la Ligue ou de la neutralité.

M. Florimont. — Que puis l'on ne peult empescher led. passaige, M. le Conte debvra envoyer deux gentilz hommes devers M. le marquis du Pont affin d'empescher toutes violences et exactions.

M. Le Jeune. — Id., y adjoustant, que l'on debvra depputer quatre personnages d'auctorité, tant pour les faire contenir que pour pourveoir à les faire fornir de munitions et obvier à plus grandz domages.

M. Clément. — Id., y adjoustant que sy l'on pouvoit attirer d'iceulx deux ostages, il y auroit meilleur moien de les faire contenir.

M. Garnier. — Que l'on debvra representer encores une fois à mons. le marquis du Pont ce que desja mond. s^r le Conte luy a faict entendre par lesd. instructions, et au surplus id., y adjoustant que l'on poura commettre au susd. effect mons. le conte de Montbeliart et mons. le conte de ".

M. Mairot. — Idem.

M. Belin. — Id., et de plus que l'on doibt preadvertir ceulx des lieux où passera ladicte armée, affin qu'ilz tiennent prestes quelques munitions pour obvier à plus grand foulle.

M. Tricornot. — Idem.

M. de Geneulles. — Idem.

M. de la Tour. — Idem.

M. de la Villeneufve. — Idem.

M. le Conte. — Qu'il suyvra l'advis de la court et enverra des gentilz hommes avec lesd. seigneurs marquis du Pont et de Guyse, affin que leurs gens soient mieulx contenus.

M. le Président. — Le mesme advis.

Et sur ce a esté aussi résolut que l'on fera renouvellement de l'edict contenant interdiction d'aller servir en armes hors le peïs pour service d'aultre que de sa Majesté, lequel edict a esté promptement expedié et relcu par mond. s^r le conte.

Et après qu'il a esté retiré de la Chambre du Conseil, la court ayant veu les lettres à elle escriptes par sa Majesté par lesquelles elle tesmoingne le grand contentement qu'elle a des bons offices que lad. court a faict au passaige de gendarmerie, comme l'advertissement de ce a esté donné au roy par mond. s^r le conte de Champlite, a esté advisé que l'en enverra devers luy en son logis de ce lieu de

Dole M. Colin et M. Le Jeune pour luy remercier, ce qu'a esté faict au mesme instant.

Archives du Doubs, série B, Parlement de Dôle, registre de délibérations du 12 novembre 1587 au 22 octobre 1588.

III

Demande de passage présentée par le sieur de Diesbach pour les trois régiments suisses sortant de St-Jean-de-Losne.

1587 — 22 DÉCEMBRE.

PASSAIGE DE GENDARMERIE DES SUISSES.

Le **XXVI**ᵉ jour du mois de decembre 1587, la court s'est assemblée à sept heures du matin, et après avoir veu les lettres à elle escriptes par les colonelz de trois regimens de Suisses estant à Saint Jehan de Loone (1), et demandans passaige par ce peïs, ayant donné audience au sʳ de Tiesbac, pourteur desd. lettres et entendu de luy sa credence, a esté opiné ainsi que s'ensuyt.

M. de Boisset. — Que l'en ne peult ny doibt reffuser le passaige demandé par les Suisses, attendu qu'ilz sont noz alliez, ains leur faire toutes faveurs et assistances, et que l'en debvra escripre à monsʳ le conte de Champlite qu'il envoye devers mess. les marquis du Pont et de Guyse à ce qu'ilz ne facent aulcung tort, desplaisir ny oultraige en ce peïs ausd.

____

(1) St-Jean-de-Losne, Côte-d'Or, arr. de Beaune, ch. l. de canton.

Suisses, leur representant par icelles lettres tout ce qu'il convient pour l'entretien de la Ligue et conserver ce peïs, et avoir la responce desd. seigneurs marquis du Pont et duc du Mayne *(sic)* avant que donner entrée ausd. Suisses en ce peïs, et leur conseiller d'eslogner tant qu'ilz pourront l'armée desd. sieurs, pour non la rencontrer ilz pourront prendre leur chemin contre Montbeliard.

M. Marceret. — Qu'il sera bon de donner faveur aux Suisses tant en passaige, vivres que conseil pour la seurté du chemin, sans toutesfois leur speciffier le chemin qu'ilz debvront tenir, pour crainte que, s'ilz y recepvoient quelques oultraiges, l'en print opinion que ce seroit advenu par intelligence, et au surplus escripre à mond. s⟋ le conte de Champlite, comme a dict M. de Boisset.

M. Mairot. — Que l'en doibt faire tous bons offices pour lesd. Suisses, leur declarant les chemins qu'ilz pourront tenir, leur en laissant toutes fois le choix et élection, et au surplus escripre à M. le conte.

M. Le Jeune. — Id., y adjoustant que l'en pourra dire aud. s⟋ Tiesbac que les colonelz et capitaines des Suisses pourront envoyer ung gentilhomme devers mesd. seigneurs les marquis de Pont et duc de Guyse avec celluy que mond. seigneur le Conte y envoira, affin de mieulx entendre leur volunté sur la seurté du chemin et de leur armée, et cependent sans en attendre la responce leur donner advis de incontinent s'acheminer du coustel de Montbeliard, advertissant du tout mond. s⟋ le conte.

M. Clément. — Que l'en doibt dire aux Suisses que tous les chemins et passaiges qu'ilz pourroient prendre par ce païs sont dangereux, et que l'on ne les pourroit asseurer, et de plus leur dire, que combien par cy devant l'on ne leur ayt donné chemin synon à la deffilade, sy est ce que pour les gratiffier l'en leur pourra permettre de passer en trouppes, et au reste y adjoustant que M. le Conte debvra donner trois personnaiges pour les guider et conduire par ce peïs pour obvier à tout desordre.

M. Garnier. — Comme M. Le Jeune.

M. Tricornet. — Que par la responce verbale que l'en fera aud. s^r de Tiesbac l'en se debvra beaulcop plaindre de la grande precipitation et agitation de temps, et luy dire que lesd. Suisses debvoient plustost demander led. passaige, sans prendre sur ce aulcune résolution synon par la participation de M. le conte de Champlite, et toutesfois, sy lesd. Suisses veullent passer sy promptement, l'en leur doibt conseiller de prendre leur chemin droit contre Montbeliard, passant par Aspremont (1), Gy, Villersexel (2).

M. de Geneulles. — Idem.

M. de la Tour. — Idem.

M. de la Villeneufve. — Id., y adjoustant que l'en les debvra les assister d'ung personaige d'autorité et leur dire que sans attendre la responce de M. le marquis du Pont ilz se debvront diligemment advancer et encheminer contre Montbeliard tirant au gué de la Soone par Aspremont.

M. le Président. — Idem.

Et suyvant la résolution de la court, a esté de rechief donnée entrée en la Chambre du Conseil aud. s^r de Tiespac, auquel a esté declaré par

(1) Apremont et Gy, Hte-Saône, arr. et cant. de Gray.
(2) Villersexel, Hte-Saône, arr. de Lure, ch. l. de cant.

Monsieur le président que l'advertissement du
pretendu passaige estoit sy hatif et soubdain qu'il
seroit bien difficille y donner en sy peu de temps
sy bonne ordre et provision que l'on désiroit,
dont les colonels et capitaines des Suisses se debvoient donner le tort, veu que par cy devant en
semblables passaiges l'on l'avoit demandé plusieurs jours devant. Ce faict, luy a esté déclaré que
l'auctorité de donner tel passaige despendoit de
Monsieur le conte de Champlite, gouverneur de ce
païs, auquel il convenoit s'adresser, et dont la court
luy escriproit promptement et l'advertiroit de ce
que luy semblera debvoir estre faict. De plus, il luy
a représenter la grande affection avcc laquelle sa
Majesté, ses ministres et subgectz de ce peïs avoient
tousjours continuer pour l'observance de la Ligue
héréditaire, et que en toutes occasions l'en les a
tousjours accommodé en ce peïs, comme l'en feroit
encores volontiers en ce besoing, mais que l'armée
du marquis du Pont estoit deans ce peïs, et particulier son chemin ou quartier de Ponterlier, il seroit fort dangereux que lesd. Suisses prinssent le
mesme chemin et rencontrassent lad. armée; et
d'aultre part l'on ne leur en pouvoit bien asseurer
un aultre, craignant que sy led. s^r marquis en estoit
adverty, il ne rebroussa pour les rechercher et
attacquer, tellement que leur plus expedient serat
de promptement et diligemment desloger et tirer
du coustel de Montbeliard par les chemins les plus
esloignés de lad. armée; lesquelx led. s^r de Tiesbac
a prins par escript de sa main, ayant remercié bien
humblement des bons offices de la court dont il a
dict qu'il feroit rapport à ses supérieurs pour en
scavoir le grey qu'il convenoit et correspondre en
mesme bonne volunté de intention. Et sur ce luy

ont esté delivrées lettres responsives à celles desd. colonels.

Archives du Doubs, série B, Parlement de Dôle, registre de délibérations du 12 novembre 1587 au 22 octobre 1588.

IV

Requête présentée par le sieur de Diesbach pour le dépôt et garde en lieu sûr de vingt-quatre chariots de bagages appartenant aux régiments suisses.

1587 — 27 DÉCEMBRE.

Le XXVIIe jour du mois de décembre 1587, la court estant assemblée à deux heures après midy, M. de la Villeneufve propose que les Suisses sortans de Sainct Jehan de Loone, dont cy dessus est faicte mention, l'avoient faict prier et requérir par le sieur de Tiesbac que l'on deust prendre et recepvoir en seure garde en ce peïs environ vingt et quatre chariotz de bagaige où estoit le plus précieux de leurs meubles, affin que par le charroy d'iceulx, ilz ne fussent retardez. Ce qu'estant mis en délibération, y a esté opiné comme s'ensuyt :

M. de Boisset. — Que l'on ne doibt prendre en garde et recepvoir led. bagaige, sy ce n'est pour contregarde et seurté du mal que les Suisses pourront faire passans par ce peïs.

M. Galiot. — Que l'on doibt adresser lesd. Suisses devers M. le Conte, et leur dire qu'ilz pourront em-

mener lesd. bagages avec eulx, et leur donner personaige pour les assister au passage par ce peïs.

M. Le Jeune. — Idem.

M. Garnier. — Que l'on les doibt renvoyer devers
M. le Conte et luy en escripre, luy donnant advis
que pour entretenir la Ligue l'on pourra recepvoir
lesd. bagaiges.

M. Mairot. — Que l'en les doibt renvoyer devers
M. le Conte et luy représenter les raisons que l'on
a pour le reffuz et de mesmes pour l'acord, et remettre lesd. Suisses à sa discrétion.

M. Colin. — Que l'en debvra dire ausd. Suisses
qu'ilz pourront conduire avec eulx leur bagaige,
sans le recepvoir pour le mal qui en pourroit reyssir.

M. de la Tour. — Idem.

M. de la Villeneufve. — Id., y adjoustant que l'on
pourra prendre seurté d'eulx pour le payement des
vivres que leur seront delivrez.

M. le Président. — Idem.

Ensuite a esté résolu que la responce en sera
ainsi faicte aud. sieur de Thiesbac, et que l'en en
donnera advertissement à M. le conte de Champlite, auquel à cet effect ont esté expédiées lectres.

*Archives du Doubs, série B, Parlement de Dôle,
registre de délibérations du 12 novembre 1587 au
22 octobre 1588.*

V

Mesures prises à l'effet d'empêcher une collision entre
les troupes du marquis de Pont et les Suisses.

1587 — 28 décembre.

ARMÉE DU MARQUIS DE PONT.

Le XXVIIIe jour du mois de décembre 1587, la court estant assemblée à sept heures du matin a leu les lettres à elle escriptes par M. le conte de Champlite la nuict passée, et venues par la poste au faict de l'armée de M. le marquis du Pont et de M. de Guyse, comme aussi des passaiges par le peïs tant des restres, huguenotz que Suisses venans de France pour le service des huguenotz, aussi ont esté leues celles escriptes par mond. s^r le Conte à M. de la Villeneufve au faict du passage desd. Suisses, et sur ce a esté opiné ainsi que s'ensuyt :

M. de Boisset. — Que suyvant l'advis de mond. s^r le conte de Champlite, l'on doibt escripre ausd. Suisses de ne bouger jusques ilz ayent nouvelles de luy.

M. Galiot. — Idem.

M. Florimont. — Id., y adjoustant que l'en leur pourra dire, que s'ilz veullent passer oultre, ilz se debvront advancer diligemment et leur faire à faire munition.

M. Le Jeune. — Que l'en doibt faire passer lesd. Suisses le plus diligemment que faire se pourra, et leur donner l'ung des plus apparens soldardz de la garnison de Dole pour les faire fornir de munition, en advertissant mons. le Conte et luy représentant les raisons.

M. Mairot. — Id., y adjoustant que l'en doibt envoyer promptement ung homme à Pesmes (1), pour ce que ceulx du lieu leur fermeront les portes s'ilz n'ont commandement au contraire.

M. Garnier. — Id., et advertir lesd. Suisses de desloger diligemment ou rentrer en la France.

M. Colin. — Que l'en doibt advertir les Suisses de l'advis de M. le Conte et leur représenter ses raisons, et s'ilz ne le veullent suyvre, les enhorter de passer diligemment.

M. de la Tour. — Que l'en leur doibt dire qu'ilz advancent leur chemin en toute diligence.

M. de la Villeneufve. — Que l'en doibt envoyer diligemment ung personaige devers lesd. Suisses pour les faire passer en toute diligence, leur declairant le danger où ilz pourroient tumber s'ilz sejournoient en ce peïs, et le désir que l'en a de les gratiffier.

M. le Président. — Idem, a ainsi conclud.

Et de plus que commission sera despeschée à Jacques Tabel, sergent de la garnison dud. Dole, pour la conduicte desd. Suisses.

Item, que l'en escripra à M. de Chierlieu estant à Pesmes pour l'absence de M. le conte de Montrevel (2), pour faire passer lesd. Suisses sur les pontz de Pesmes, au long de la ville par les faubourgs d'em bas.

De plus que l'en escripra à M. le Conte, et luy sera donné advertissement de ce que dessus.

(1) Pesmes, Hte-Saône, arr. de Gray, ch. l. de canton.

(2) Antoine, fils de François de la Baume, comte de Montrevel, seigneur de Pesmes, colonel de l'infanterie du comté de Bourgogne au service du roi d'Espagne et lieutenant au gouvernement de cette province. (Voir *Dunod, Histoire du comté de Bourgogne*, t. ii, p. 532.)

Dadventaige sera escript que les soldardz françois, albanois et restres de l'armée de M. du Pont
ont faict plusieurs exactions, pilleries et larrecins
de chevaulx es lieux où ilz ont passé et ont mis le
feug en plusieurs villaiges, affin qu'il le face entendre à M. de Guyse pour y pourveoir suyvant sa
promesse.

Et suyvant ce ont esté expédiées lesd. lettres.

*Archives du Doubs, série B, Parlement de Dôle,
registre de délibérations du 12 novembre 1587 au
22 octobre 1588.*

VI

**Désordres commis à Quingey et à Abbans par les reîtres
au service du marquis de Pont, enquêtes ordonnées.**

1588 — 2 JANVIER.

MARQUIS DU PONT.

Sur les rescriptions faictes à la court par les officiers de Quingey (1), des désordres faiz en leur ressort, mesmes à Abbans (2) par les reystres suyvans
les compaignies des seigneurs marquis du Pont et
de Guyse.

M. de Boisset. — Que l'en doit advertir M. le conte
de Champlite du contenu esdictes lettres et luy en
envoyer copie, et le prier de faire donner ordre à la
gendarmerie desd. seigneurs, afin qu'ilz se con-
tiennent modestement sans faire aucunes pilleries

(1) Quingey, Doubs, arr. de Besançon, ch. l. de canton.
(2) Abbans, Doubs, arr. de Besançon, cant. de Boussière.

et ranssonnemens, et que à cest effect il en escripve
ausd. seigneurs que, s'ilz n'y pourvoyent, l'en sera
contrainct en advertir sa Majesté et son Alteze.

M. Belin. — Escripre bien particulierement tout
ce que s'est passé à mond. s' le Conte et le prier d'y
pourveoir par rescript ausd. seigneurs marquis et
de Guyse, leur faisant entendre les hostelités de
leurs gens de guerre, et que s'ilz n'y mectent ordre,
l'en en advertira sa Majesté et son Alteze, et au surplus ordonner aux officiers des ressorts où lesd.
gens de guerre sont passez d'informer des pilleries.
exactions et aultres actes par eulx commis en chaque
villaige et des interestz que les particuliers en ont
receu, et ce fait, envoyer le tout à son Alteze.

M. Galyot. — Advertir M. le Conte bien particulierement desd. desordres, et le prier encorres une
bonne foy d'y faire pourveoir.

M. Florimont. — Id., et au surplus informer.
comme a dict M. Belin.

M. Le Jeune. M. Garnier, M. Mairet. — Idem.

M. Colin, comme M. Belin.

M. de la Tour, comme M. Florimont.

M. de la Villeneufve. — Idem.

M. le Président. — Idem.

*Archives du Doubs, série B, Parlement de Dôle,
registre de délibérations du 12 novembre 1587 au
22 octobre 1588.*

VII

Désordres et excés commis entre Saint-Claude et Pontarlier par les troupes du marquis de Pont, remontrances à ce sujet adressées aux princes lorrains.

1588 — 3 JANVIER.

Le dimanche tier jour du mois de janvier 1588, à sept heures du matin, la court s'est assemblée en la Chambre du Conseil pour veoir les lettres à elle escriptes par mons^r. le conte de Champlite et les advis y joinctz au faict de l'armée du marquis du Pont estant du coustel de Sainct Claude, laquelle veult rebrousser chemin contre la Chaulx de Crostenay (1), Nozeroy (2), Ponterlier et aultres lieux de ce peïs où desja où ilz ont faict grand domaige, combien que le dict marquis du Pont et duc de Guyse estant avec luy avoient donné asseurance de passer legierement par ce peïs pour aller combattre les restres hors icelluy du coustel de Ponterlier, sur quoy mond. s^r le Conte demande l'advis de lad. court, y ayant opiné comme s'ensuyt :

M. de Boisset. — Que l'on doibt envoyer devers mons^r. le conte de Champlite ung conseillier pour veoir ce qu'il a dressé pour representer à Sa Majesté sur le faict des foules que le peïs a receu par le moien des gendarmeries, affin d'en faire part à lad. court pour par elle y corriger ou adjouster ce qu'elle verra convenir.

Cependent que M. de la Villeneufve debvra in-

(1) Chaux-des-Crotenay (la), Jura, arr. de Poligny, canton des Planches.
(2) Nozeroy, Jura, arr. de Poligny, ch. l. de canton.

continent aller trouver mond. s^r le Conte de l'assister pour costoier ladicte armée es lieux où besoing sera et selon qu'elle s'encheminera. En laquelle armée mond. s^r le Conte debvra envoyer trois personaiges de respect, l'ung en l'avant garde, l'aultre en la bataille, l'aultre en l'arriere garde, affin de les faire mieulx contenir. Et au surplus, pour ce que l'on parle d'ung passaige qui se doibt faire de gendarmerie espaignole, l'on debvra incontinent escripre au Roy pour faire fornir argent ou grains pour la nourriture d'icelle gendarmerie, attendu qu'il n'y a argent ny grains au peïs.

M. Belin. — Qu'il n'est besoing d'envoyer aulcung conseillier devers M. le Conte, bien y pourra aller M. de la Villeneufve qui luy dira qu'il fera bien de costoyer lad. armée, et y depputer commissaires pour obvier aux desordres.

M. Galiot. — Que l'on doibt conseiller à mond. s^r le Conte d'envoyer devers les princes ung personaige de respect pour leur representer les grandz excès et insolences que commectent leurs gens en ce peïs, leur disant que les ennemys n'y eussent pas tant fait de maulx, car sy l'on les eust tenu pour demeurer, l'en eust faict la retraicte es villes fortes et chasteaulx; au surplus, comme M. Belin.

M. Florimont. — Que l'en doibt envoyer devers M. le Conte ung conseillier pour entendre sa volunté suyvant ce qu'il en a escript à M. le Président, et au surplus, idem.

M. Le Jeune. — Comme M. Galiot, y adjoustant que la court debvra escripre particullierement aux princes les excès de leurs gens et leur faire entendre que la court en advertira le Roy.

M. Clément. — Id., y adjoustant que la court le debvra aussi escripre à Son Altesse.

M. Garnier. — Que M. le Conte debvra representer aux princes les grandz foulles faictes par leurs
gens et leur dire que le Roy en sera adverty, et de
mesmes que l'en en doibt escripre à Sa Majesté et
à Son Altesse, adressant les lettres du Roy à sad.
Altesse, la priant, sy elle le trouve bon, qu'elles luy
soient envoyées.

M. Mairot. — Qu'il suffira que M. le Conte soit
assisté de M. de la Villeneufve sans y envoyer ung
conseillier, que l'en ne doibt pas escripre ausd.
princes lesd. foulles, mais de leur faire representer
verbalement par personaige signalé; et au surplus,
comme les aultres.

M. Colin. — Que M. de la Villeneufve doibt aller
devers M. le Conte auquel il fera entendre la resolution de la court sur l'advis qu'il luy demande, et
luy dire qu'il debvra aller à Salins, et des la es lieux
où besoing sera pour costoyer l'armée, en faisant
representer aux princes les grandz excès de leurs
gens, et en advertir Sa Majesté.

M. Jacquinot. — Id., y adjoustant que M. le
Conte debvra faire tous les bons debvoirs et offices
que possible sera pour faire sortir l'armée du peïs.

M. de la Tour. — Idem.

M. de la Villeneufve. — Qu'il sera prest d'assister
M. le Conte, puisque la court le trouve bon, mais il
est d'advis que l'on envoye ung conseillier devers
mond. seigneur le Conte, puisqu'il le desire. Dè
plus, M. le Conte debvra par lettres advertir le Roy
et Son Altesse desd. excès, et donner par escript à
M. de Discey ce qu'il debvra dire aux princes.

M. le Président. — Que le pays n'a pas la force
promptement pour resister à lad. armée. Et ce que
mond. s^r le Conte y pourra faire pour le mieulx est
de leur dresser le plus court chemin que possible

sera pour tirer en Lorrainne et les faire advancer tant que l'en pourra, sans leur faire dresser munitions.

Item, que l'en doibt avec led. s^r de Discey prendre ung aultre personnaige de respect pour representer aux princes tout ce qu'il convient pour le service du Roy et du peïs.

Que avec M. de la Villeneufve l'on doibt envoyer devers M. le Conte ung conseillier qui dira à mond. s^r le Conte qu'il sera plus à la main en la ville de Salins, et des là il pourra costoier l'armée où besoing sera.

Item, que l'on doibt du tout escripre à Son Altesse et luy dire que la court en advertira aussi Sa Majesté.

Archives du Doubs, série B, Parlement de Dôle, registre de délibérations du 12 novembre 1587 au 22 octobre 1588.

VIII

1588 — 5 JANVIER.

CONTE DE MONTBÉLIARD.

Le cinquieme jour du mois de janvier 1588, la court estant assemblée extraordinairement, ont esté leutes les lectres escriptes à M. le Président par le s^r de Marnol (1), faisant entendre qu'il est

(1) Jean de Gilley, seigneur de Marnoz, possédait du chef de sa femme, Anne de St-Maurice, veuve du sieur de Vezet, divers fiefs

mandé par le conte de Montbeliard pour comparoir en armes au lieu où il sera mandé pour son service comme son vassal, lequel doubte de comparoir, sur quoy a esté opiné comme s'ensuyt :

M. de Boisset. — Que l'en doibt conseiller aud. s^r de Marnol de se tenir prest en armes selon la nature de son fief pour servir deans ce peïs et non aultrement.

M. Belin. — Que led. s^r de Marnol se pourra excuser sur l'edict par lequel est deffendu de servir en armes hors ce peïs aultre que le Roy à peine de rebellion.

M. Galiot. — Que sy la seignorie tenue en fied par le s^r de Marnol dud. s^r conte de Montbeliard est située rière ce peïs, lad. court doibt interdire aud. s^r de Marnol de comparoir et d'obeir au mandement dud. conte de Montbeliard, laquelle deffense l'en luy pourra faire, puisqu'il n'appart qu'icelluy s^r de Marnol tienne aulcune chose rière l'obeissance des peïs dud. conte de Montbeliard, de renouveler l'edict cy devant faict en cas semblable. Et pourra prendre excuse led. s^r de Marnol sur ce que en ce peïs l'en a publié le mandement de ban et rière ban et sur l'edict cy dessus mentioné.

M. Clément. — Id., y adjoustant que le premier debvoir est dehu au souverain.

relevant des seigneuries du Châtelot et d'Héricourt ; d'après les dénombrements qu'il fournit au comte de Montbéliard les 30 mars 1562 et 20 janvier 1591, il déclara reprendre en fief un château fort avec tours sis à Beutal, et d'autres domaines à Bretigney, Longevelle, St-Maurice, Colombier-Châtelot, Coisevaux, Verlans, le tout dépendant de la seigneurie du Châtelot (*Archives Nationales, fonds Montbéliard, K 2145*). Il eut de son mariage avec Anne de St-Maurice une fille, Anne-Ursule de Gilley qui épousa, en 1589, François de la Tour. Jean de Gilley mourut vers 1591, laissant la réputation d'un littérateur distingué ; ses biens furent saisis et vendus par décret, en 1597. (*Arch. Nat., ibid., K 2147.*)

M. Garnier. — Idem.

M. Colin. — Idem.

M. Tricornot. — Id., et envoyer aud. s^r de Marnol le dernier edict publié et interdisant de servir hors ce peïs en armes aultre que le Roy.

M. Jacquinot. — Que l'en doibt escripre aud. s^r de Marnol qu'il face du mieulx qu'il pourra sans comparoir en personne, mais il y pourra envoyer et commectre en son lieu ung personaige des subgectz dud. Montbeliard.

M. de Geneulles. — Idem.

M. de la Tour. — Idem.

M. le Président. — Que led. s^r de Marnol debvra escripre aux officiers de Montbeliard pour entendre d'eulx en particulier quelz biens il tient en fied pour raison desquelx il est commandé;

Leur representer que par edict du Roy il est deffendu de porter armes hors le peïs pour aultre que pour luy à peine de rebellion;

Item, que M. le conte de Champlicte a ordonné à tous gentilhommes et vassaulx de ce peïs de se tenir prestz pour le ban et rière ban;

Et de plus que mandement a esté publié sur semblable faict par le regard des fiedz pretenduz du Chastelot, en quoy l'on peult aussi accommoder Hericourt.

Et sur ce a esté resolu que mond. s^r le Président, auquel cestes lectres ont esté adressées, fera la responce en ceste sorte.

Archives du Doubs, série B, Parlement de Dôle, registre de délibérations du 12 novembre 1587 au 22 octobre 1588.

IX

**Excès commis dans le ressort de Pontarlier par les troupes
lorraines, mesures prises en conséquence.**

1588 — 12 JANVIER.

MARQUIS DU PONT.

Le XIIe jour du mois de janvier, au conseil du
matin, a esté veue la requeste presentée à la court
par les officiers de Sa Majesté au siege de Ponterlier au faict des larrecins et exactions que commettent en leur ressort avec long sejour ceulx de
l'armée du marquis du Pont, sur quoy a esté aussi
representé que l'en avoit advis de divers aultres
endrois de ce peïs de semblables pillaiges que font
les soldartz d'icelle armée; pour à quoy remedier a
esté advisé que l'on despeschera M. les conseilliers
Marceret et Clement devers M. le conte de Champlite avec memoires et instructions de ce qu'ilz auront à luy dire de la part de la court, et que lesd.
s[rs] conseilliers passeront devers le duc de Lorraine,
le marquis du Pont son filz et le duc de Guyse pour
aussi leur dire et remonstrer ce qui sera contenu
esd. instructions.

Et sur ce ont esté veues les lettres dressées pour
donner advertissement du mesme faict à Sa Majesté
avec le discours du faict.

Et tel jour, au conseil du soir, ont esté veues lesd.
instructions et ordonné qu'elles seront mises au

net, et delivrées auxd. s^rs conseilliers qui sortiront demain du matin.

Archives du Doubs, série B, Parlement de Dôle, registre de délibérations du 12 novembre 1587 au 22 octobre 1588.

X

Retour de deux conseillers chargés d'une mission auprès des princes lorrains.

1588 — 23 JANVIER.

Ont esté veues trois lettres escriptes à la court par mons^r. le conte de Champlite au faict de l'armée des princes de Lorraine et du rebroussement d'icelle en ce peïs, et après que ce faict a esté mis en deliberation, a esté reservé la responce qui debvoit estre faicte après avoir ouy le rapport de M. Marceret et Clement le jour d'hier revenuz du voiage par eulx faict devers mond. s^r le Conte et le duc de Lorraine.

Archives du Doubs, série B, Parlement de Dôle, registre de délibérations du 12 novembre 1587 au 22 octobre 1588.

XI

**Résolutions relatives à la sortie des farines que le comte
de Montbéliard veut tirer de ses seigneuries.**

1588 — 5 FÉVRIER.

Le V° de febvrier 1588, la court ayant veu les
lettres à elles escriptes par les officiers de Baulme
au faict de grande quantité de froment que le
conte de Montbeliard a ordonné estre molue en
ses seignories qu'il a rière ce peïs, sur la diversité
des opinions, estant aulcungs de messieurs d'advis
que l'on doibve faire interdiction generale par ung
edict de tirer farine et pain de ce peïs à la mesme
peine contenue en l'edict au faict de la distraction
des grains, et aultres estans d'advis que lad. interdiction deubt estre faicte particulierement aux officiers desd. seignories, a esté sur ce resolu que
M. le conte de Champlite en sera consulté, que copie desd. lettres et de celle y joincte luy sera envoyée, et que à sa venue en ce lieu sera prinse telle
resolution que l'en verra convenir. Cependent par
lettres il sera prié d'envoyer à Strasburg pour descouvrir les desseings dud. conte de Montbeliard,
et d'en escripre aux regentz d'Anguesel (1), et suyvant ce ont esté au mesme instant expediées lettres.
Aussi suyvant la resolution de la court a esté escript aux officiers de Baulme (2) pour empescher la
distraction de lad. farine.

*Archives du Doubs, série B, Parlement de Dôle,
registre de délibérations du 12 novembre 1587 au
22 octobre 1588.*

(1) C'est-à-dire la régence d'Ensisheim.
(2) Baume-les-Dames, Doubs, ch. l. d'arrondissement.

XII

Réunion en Conférence des membres du Parlement et des hommes d'Etat chargés du gouvernement de la province, pour examiner la situation du pays, à la suite du passage des Lorrains.

1588 — 9-11 FÉVRIER.

POUR L'ORDRE DES PASSAIGES DE GENDARMERIE.

Le neufieme jour du mois de febvrier 1588, M. le President a proposé que suyvant les lettres de la court M. le conte de Champlite estoit venu en ce lieu et avoit convocqué les bons personaiges depputez aux affaires d'Estat du peïs, et que mond. s^r le Conte desiroit que la court depputat aulcungs de la compaignie pour conferer avec luy et lesd. bons personaiges de ce qui est à faire pour le service du Roy et bien du peïs, et en cas de difficulté les resolutions en seroient prinses par ensemble en lad. court, sur quoy a esté opiné ainsi que s'ensuyt :

M. de Boisset. — Que M. le Conte doibt venir à la court suyvant la forme ancianne.

M. Belin. — Idem.

M. Marceret. — Que l'en doibt prier M. le Conte et lesd. bons personaiges de venir à la court selon qu'il a esté faict du passé.

M. Galiot. — Que l'en pourra depputer certains conseilliers pour aller communicquer avec M. le Conte sans toutesfois rien resoldre, et que la resolution se debvra faire par tous en la Chambre du Conseil en la maniere accoustumée.

M. Florimont. — Sy la commodité de M. le Conte le permect, ce sera le meilleur qu'il vienne à la court, synon que l'opinion de M. Galiot soit suyvie.

M. Le Jeune, comme M. Galiot.

M. Clément. — Idem.

M. Garnier. — Que M. le President poura parler à M. le Conte de luy faire trouver bon de venir à la court pour proposer ce que bon luy semblera et entendre de mesme ce que de la part d'icelle court sera proposé, synon que l'opinion de M. Galiot soit suyvie.

M. Mairot. — Que l'en doibt prier M. le Conte de venir à la court pour l'importance des affaires.

M. Colin, comme M. Galiot.

M. Tricornet. — Idem.

M. Jacquinet. — Id., et veoir les articles pour ce dressez.

M. de Geneulles. — Idem.

M. de la Tour. — Idem.

M. le Président. — Id., y adjoustant que l'en debvra donner à M. le Conte les articles que l'on a dressé, lesquelx ont esté veuz aud. effect, et luy demander ceulx qu'il veult proposer.

Suyvant laquelle resolution, estans lesd. articles communicquez d'une part et d'aultre, ce jourd'huy XIe dud. jour de febvrier, se sont retreuvez en la Chambre du Conseil M. le conte de Champlite et le s^r de Clereval l'ung des bons personaiges depputez aux affaires d'Estat du peïs, n'estant pas venus en ce lieu de Dole le s^r de Bellefontaine estant du nombre des bons personaiges pour son indisposition. Et après que lecture a esté faicte des lettres

escriptes à mond. s^r le Conte par le procureur de
Jonvelles (1) touchant l'entrée de ce peïs de trois
compaignies italiannes estans logées es villaiges dep-
pendens de la seignorie dud. Jonvelles, sur quoy a
esté advisé que M. le Conte escripra au capitaine
dud. Jonvelles et enverra devers luy le commis-
saire Villeneufve et le s^r de Pelosey pour donner
ordre à ce qu'ilz verront convenir pour faire retirer
lesd. compaignies, et que mond. s^r le Conte en escripra au duc de Lorraine, afin qu'il pourvoye incontinent à lad. retraicte.

Ce faict, ont esté veuz et leuz les articles dressez
de ce qui est à proposer et resoldre en ceste assemblée, selon qu'ilz sont cy après escripts, après la
lecture desquelx et que chacun particulierement y
a heu donné son advis, y ont esté prinses les resolutions qui sont escriptes en marge d'ung chascun
article.

S'ensuyt la teneur des articles et appostilles sur
iceulx dont cy dessus est faicte mention.

Les presens articles ont esté mis en deliberation
en la Chambre du Conseil de la court souverainne
de Parlement à Dole en presence de mons^r. le Conte
de Champlite, chevalier de l'ordre du Thoison d'or,
lieutenant general et gouverneur en ce peïs et
conté de Bourgoigne, et du sieur de Clerevaulx,
bailly d'Aval, l'ung des superintendans aux affaires
d'Estat, ce jourd'huy unzieme de febvrier, l'an mil
cinq cens octante et huict.

(1) Jonvelle, Hte-Saône, arr. de Vesoul, cant. de Jussey.

Sera envoyé personaige tel que M. le Conte choisira devers Son Altesse avec amples instructions des foules, oppressions, saccagemens et aultres excès faictz en ce peïs et conté de Bourgoigne sur les povres subgetz de Sa Majesté par les compaignies albanoises et italiannes ayans premierement passé par led. peïs pour le service du duc de Lorrainne, et subsecutivement par ses trouppes de gens de guerre conduictz par lesd. seigneurs marquis du Pont et duc de Guyse entrez en ced. peïs peu de temps avant le jour de feste Nativité Nostre Seigneur. affin de les representer à sad. Altesse et la supplier de procurer devers led. seigneur duc de Lorrainne et luy faire instance de, en suitte de ses lettres reiterées et de celles desd. seigneurs marquis du Pont et duc de Guyse dont les copies seront envoyées à sad. Altesse, rembourser lesd.

Premier, adviser les moiens propres pour faire rembourcer ce povre peuple des foules et oppressions par luy supportées par le passaige des Albanois et aultres pour le service du duc de Lorrainne.

Le mesme se face pour le regard des trouppes de gens de guerre entrez en ce peïs ung peu avant le jour de feste Nativité Nostre Seigneur derrain passé.

subgetz de Sa Majesté des munitions et nourritures par eulx fornis aux deux passaiges desd. compaignies de trouppes, comme aussy de leur faire restitution des voleries, larrecins et saccagemens commis par lesd. gens de guerre en ced. peïs.

Mond. sʳ le Conte et la court depputeront commis pour en presence de fiscaulx veoir les impositions faictes par les officiers des bailliaiges sur les communautez de ce peïs pour la forniture des munitions necessaires aux passaiges des compaignies espaignoles et italiannes ayans dernierement passé par led. peïs allans es peïs d'an bas pour le service de Sa Majesté, lesquelx commis procederont aussi à l'audition, correction et cloison des comptes desd. officiers, affin de par après pourveoir sur le surplus.

Reveoir les impositions faictes sur les subgectz de ced. peïs pour le passaige des Espaignols et Italiannes allans es peïs d'an bas pour le service de Sa Majesté, scavoir s'ilz en ont esté payez et ce qu'ilz en ont receu, et ce qui deffault d'estre paié, mesmes des charrois.

Sera donné en instruction à celluy qui sera

Et où l'on prendra ce qui reste à payer aux

envoié vers Son Altesze pour la suplier de faire payer des deniers de Sa Majesté ce que vailloient de plus les munitions fornies par les communaultez que la taxe accordée par les commissaires envoyez par deça pour le faict desd. munitions, en consideration des foulles par elle receues ausd. passaiges et de la misere et calamité en laquelle elles sont presentement reduictes.

M. le Conte commettra personaiges qualiffiez et entenduz au faict de guerre es lieux des frontieres de ce peïs qu'il verra convenir, pour, en cas de temeraire entrée en icelluy par aulcungs vouleurs ou gens de guerre estrangiers, faire incontinent assembler à son de toscain ou aultrement ceulx des villaiges voisins et du ressort où ilz auront charge de les conduire incontinent la part et selon l'ordre que leur sera donné par mond. s[r] le Conte.

povres subgectz de ce qu'ilz ont plus forny que receu, sy l'on fera instance devers Son Alteze d'y satisfaire et sy l'on les prendra sur les deniers qui doibvent estre de reste du dernier don gratuit.

Quel moien l'on pourra tenir pour l'advenir pour obvier aux temeraires entrées des gens de guerre et eviter les foulles que l'en a recongneu les povres subgetz en avoir enduré.

Et comme les trois es-
tatz du peïs y ont parti-
cipé et feront encores à
l'advenir, s'il n'y a aultre
ordre, sera advisé sy
l'ung et l'aultre desd. estatz s'y debvra aider.

Mesmes les feodaulx
de Sa Majesté qui pour
raison de leurs fiedz doibvent la deffence du peïs
et en quel equipaige ilz
s'y debvront represen-
ter.

L'ordonnance de Sa
Majesté sur ce faict sera
executée.

En sera usé par mons'.
le Conte selon les occur-
rences et qu'il verra
mieulx convenir pour le
service de Sa Majesté.

Que des maintenant
l'on doibt faire executer
l'ordonnance de Son Al-
tesse au regard des es-
trangiers qui tiennent
maisons fortes en ce peïs,
d'y mettre à leurs fraiz
ung capitaine et de ceux
de ced. peïs et qui soit
fidelle et assermenté à
Sa Majesté.

Et pour leur regard se-
ra advisé s'il sera mieulx
taxer led. service qu'ilz
doibvent en deniers pour
y amploier de ceulx dud.
païs.

M. le Conte envoira
personaige entendu à
Montbeliard qui debvra

Sera encores advisé sy
l'on debvra envoyer de-
vers le conte de Montbe-

premierement passer devers M. de Belvoie affin de prendre de luy toutes instructions et papiers estans aud. Montbeliard, s'informer secretement des entreprinses des gens de guerre qui doibvent arriver, et savoir des officiers du conte de Montbeliard les raisons pour lesquelles ilz detiennent prisonniers aulcungs gentilhommes et particuliers de ce peïs, affin de par après prendre sur ce tel advis que l'en trouvera pour le mieulx.

liard ou ceulx de son conseil pour leur faire entendre le bruict qui court des menasses qu'ilz font contre ce peïs et de l'arrest et emprisonnement dont ilz usent allendroit de ceulx de ce peïs, et les somer et interpeller de la cause de tel deportement, pour après y prendre aultre advis pour le meilleur service de Sa Majesté et seurté de ce peïs.

Archives du Doubs, série B, Parlement de Dôle, registre de délibérations du 12 novembre 1587 au 22 octobre 1588.

XIII

**Emotion causée par l'arrivée de 1100 arquebusiers à
Montbéliard et la prise d'armes du comte Frédéric de
Wurtemberg.**

1588 — 13 FÉVRIER.

MONTBÉLIARD.

Le samedi XIII° jour du mois de febvrier, l'an 1588,
à deux heures après midy, la court a esté assemblée
pour l'advertissement que l'on avoit heu de l'arrivée de unze cens arcquebuziers à Montbeliard, ce
qu'estant mis en termes, y a esté opiné comme
s'ensuyt :

M. de Boisset. — Que l'en doibt envoyer envers
le conte de Montbeliard ung gentilhomme d'apparence (aultre que le s^r de Chasoy (1),) affin de descouvrir la verité du faict des prisonniers que l'en
dict estre detenuz aud. Montbeliard, et entendre
l'occasion de la levée des armes. Item, que l'en
doibt ordonner à tous de dix huict ans et au dessus
de pourter les armes de se tenir prestz, de plus
escripre à M. le Conte de pourvoir soigneusement
à la seure garde du peïs et obvier à toutes sur-
prinses.

M. Belin. — Que M. le conte de Champlite pourra
escripre au conte de Montbeliard qu'il se doibt contenir au debvoir qu'il a à Sa Majesté, et que sy
quelque chose a esté faicte contre luy en ce peïs, la
verité en estant recongneue, l'on en fera le chastey,

---

(1) Guillaume de Vaux qui commandait à Clerval au nom du
comte de Montbéliard.

et par mesme moien l'en pourra descouvrir la verité desd. entreprinses et, sans se beaulcoup arrester à ce que respondra led. conte de Montbeliard, pourveoir à levée de gens pour la seurté du peïs.

M. Marceret. — Que l'en doibt envoyer devers le conte de Montbeliard ung gentilhomme aultre que Chasoy, delaissant toutesfois le choix du personaige à M. le conte de Champlite, soit dud. Chasoy ou d'aultres, et seront expediées lettres assez amples, par la responce desquelles led. conte de Montbeliard sera plus contenu. Et quant au faict des prisonniers l'en doibt suivre la delibération ja sur ce prinse et escripre à M. le conte de Champlite qu'il donne ordre sur les lisieres du coustel dud. Montbeliard.

M. Galiot. — Que l'en fera bien d'escripre à M. le conte de Champlite de l'advertissement que l'en a heu et luy donner advis d'escripre au conte de Montbeliard, l'advertissant avoir entendu qu'il arme du coustel dud. Montbeliard, l'interpellant à cause du voisinaige luy en declarer la raison, et que cependant l'en se tienne sur ses gardes.

M. Florimont. — Idem.

M. Le Jeune. — Idem.

M. Garnier. — Que l'en doibt prier M. le Conte d'avoir l'œil ouvert selon son coustumier tant sur Besençon que sur les villes et burgades sur les lisières du coustel de Montbeliard, et de tenir correspondence avec M. de Belvoie et le docteur Bahin, affin d'avoir d'iceulx asseurez advertissemens aux occasions.

M. Mairot. — Idem.

M. Colin. — Id., y adjoustant que l'on pourra faire publier le mandement de ban et riere ban.

M. Tricornet. — Id., y adjoustant que l'en doibt pourveoir sur le faict des esleuz.

M. Jacquinot. — Idem.

M. de Geneulles. — Idem.

M. Clément. — Id., y adjoustant que l'en debvra conseillier M. le Conte d'escripre pour la garde de Belvoie (1), Neufchastel (2), Chastillon sur Meuse (3), Villersexel, Baulme, Sainct Hypolyte, Lisle et aultres lieux voisins.

M. le Président. — Que l'en doibt escripre à M. le Conte selon la forme par luy declarée, lesquelles lettres ont esté minutées et reveues, et ainsi conclud.

Archives du Doubs, série B, Parlement de Dôle, registre de délibérations du 12 novembre 1587 au 22 octobre 1588.

XIV

Permission d'importer des grains sollicitée par le bailli de Montbéliard.

1588 — 23 FÉVRIER.

Du XXIII⁰ dudit mois de febvrier, la court ayant veu la responce faicte par le conte de Champlite sur les lettres à luy escriptes touchant la permission demandée par le bailly de Montbeliard de tirer grains de ce peïs, mesmes des seigneuries appartenant aud. seigneur conte de Montbeliard, a resolu que l'en ne feroit aucune responce aud. bailly,

(1) Belvoir, Doubs, arr. de Baume-les-Dames, cant. de Clerval.

(2) Neufchâtel en Bourgogne, aujourd'hui Neufchâtel-Urtière, Doubs, arr. de Montbéliard, cant. de Pont-de-Roide.

(3) Châtillon, Doubs, arr. de Montbéliard, cant. de St-Hippolyte.

et que les fiscaulx demandant mandement contre luy, il leur sera accordé pour le faire respondre de l'attemptat par luy faict aux auctoritez de Sa Majesté d'avoir en lad. qualité de bailly commandé aux receveurs de Clerveval et Passavant ordonné de faire moldre du bled, afin d'envoyer la farine la part qui leur seroit commandé.

Archives du Doubs, série B, Parlement de Dôle, registre de délibérations du 12 novembre 1587 au 22 octobre 1588.

XV

Avis relatif au droit d'importer des grains prétendu par le comte de Montbéliard.

1588 — 7 SEPTEMBRE.

ADVIS POUR LE CONTE DE MONTBÉLIARD.

Du VIIe de septembre 1588, sur l'advis quis par Sa Majesté au faict de la permission pretendue par le conte de Montbeliard de faire mener aud. Montbeliard pour sa necessité les grains qu'il a des revenuz des seignories qu'il tient et possede en ce peïs, a esté opiné comme s'ensuyt :

M. de Boisset. — Qu'il ne peult estre d'advis que l'en permette au conte de Montbeliard de distraire grains de ce peïs, toutes fois pour la grande necessité qu'il en a par les moiens à sa part representez et contenuz en sa requeste presentée au Roy, l'en luy pourra bien permettre pour ceste fois d'en tirer certaine quantité limitée en presence des officiers de Sa Majesté, affin que abuz n'y entrevienne.

Et depuis que l'en luy doibt permettre d'en tirer cinquante grands bichotz à la mesure des lieux.

M. Belin. — Que l'en doibt donner advis à Sa Majesté de luy permettre de tirer de ce peïs la moitié des grains qu'il y a provenans des revenuz de ses segnories.

M. Laborey. — Que l'en doibt donner advis de luy permettre de tirer cinquante grandz bichotz à la mesure des lieux.

M. Marceret. — Que l'on doibt donner advis de luy permettre d'en tirer cent bichotz par moitié froment et avenne.

M. Galiot. — Que l'en doibt representer à Son Altesse les degasts et interestz que le conte de Montbeliard et ses subgectz ont souffert, et qu'elle le pourra favoriser et gratiffier ainsi que bon luy semblera, mais que pour l'affection que la court a aux subgetz de ce peïs, elle ne peult donner advis que permission soit donnée au conte de Montbeliard d'en tirer grains.

M. Florimont. — Idem.

M. Clément. — Idem.

M. Garnier. — Que l'on doibt donner advis de permettre aud. conte de Montbeliard d'en tirer pour ceste année cinquante bichotz par moitié, et par les lettres d'advis representer les raisons.

M. Mairot. — Id., pourveu qu'ilz soient tirez en ung mesme jour en presence de l'ung des officiers de Sa Majesté.

M. Colin. — Que l'on doibt donner advis de luy permettre de tirer pour ceste fois le tier de ses grains qu'il a en ce peïs.

M. Tricornot. — Que l'on doibt donner advis de permission d'en tirer soixante bichotz dans quinze jours après.

M. Le Jeune. — Que l'on doibt representer le tout à Sa Majesté et luy conseiller de permettre aud. conte de Montbeliard de tirer cinquante bichotz par moitié qu'il tirera deans dix jours après.

M. de Geneulles. — Representer les raisons et donner advis favorable aud. conte de Montbeliard.

M. de la Tour. — Que la permission doibt estre de trente bichotz.

M. de la Villeneufve. — Representer le tout par les lettres de la court et donner advis de permettre aud. conte de Montbeliard d'en tirer quelle quantité qu'il semblera bon à Sa Majesté, sans tariffer icelle, mais la laisser à sa volunté.

M. le Président. — Que par lettres l'on doibt representer le tout à Sa Majesté et donner advis de permettre aud. conte de Montbeliard d'en tirer soixante grandz bichotz par moitié, mesure des lieux, dans certain terme en presence de l'ung des officiers de Baulme. A ainsi conclud, et sur ce ont esté faictes lettres d'advis reveues par la court.

Archives du Doubs, série B, Parlement de Dôle, registre de délibérations du 12 novembre 1587 au 22 octobre 1588.

XVI

**Lettre du Parlement de Dôle au roi d'Espagne donnant,
eu égard à la disette causée par l'invasion des princes
lorrains, un avis favorable au sujet de la demande d'importation de grains adressée par le comte de Montbéliard.**

1588 — 7 SEPTEMBRE.

Sire,

Nous avons receu celles qu'il a pleu à Vostre
Majesté nous faire escripre du XVIIIe de mars
derrier avec les deux requestes y encloses presentées l'une à elle et l'aultre à ceste court par le s^r
conte de Montbeliard, tendent à ce qu'il luy soit
permis de distraire des seignories qu'il a en ce
conté de Bourgoigne et mener aud. Montbeliard les
grains à luy appartenans à cause de sesd. seigneuries pour les considerations representées par lesd.
requestes, sur quoy Vostre Majesté a voulu estre
servie de nostre advis, et pour à ce pervenir avons
fait mettre lesd. requestes es mains de vos fiscaulx
en ceste court, par le rapport de l'un desquelx
ayant puis nagueres esté aud. Montbeliard par
commission et ordonnance de Vostre Majesté, et
scavons d'allieurs comme chose notoire que l'armée
des princes lorrains qui au mois de janvier derrier
passa et feit quelque sejour au conté de Montbeliard, y pilla, sacquaga et ruyna tout ce qu'elle peut,
y brusla plusieurs molins et fit telz degasts et pertes
que les subjectz dud. s^r conte en sont beaulcop
appovriz, et en est son peïs tombé en grande disette

et necessité de grains; aussi sumes nous advertis que, comme il y a en ce peïs grande disette de vin, led. s^r conte de Montbeliard permect sans difficulté que l'on en tire de son peïs, dont les subjectz de Vostre Majesté reçoipvent grande commodité, pour ce qu'ilz seroient contrains d'achepter le vin à plus hault pris, pour ces considerations, combien que la chierté de grains dure encoires et continue en ce peïs, semble que l'on ne doibt tenir en cest endroict l'extreme rigueur de l'edict de Vostre Majesté prohibant la distraction des grains, et qu'elle luy pourra permectre de pour ceste fois et sans le tirer à consequence, prendre, distraire et mener aud. Montbeliard des grains à luy appartenans en ses seigneuries de Granges, Clereval et Passavant jusques à la quantité de cinquante ou soixante grandz bichotz par moitié froment et aveine à la mesure desd. lieux, ou aultre telle plus grande quantité qu'il plaira à Vostre Majesté adviser et ordonner, pourveu qu'icelle distraction se fera deans certain temps limité comme de dix ou quinze jours après que la permission sera venue à la congnoissance dud. s^r conte, et que pour obvier que soubz umbre de ce icelle distraction ne se face plus ample ou se commettent quelques aultres abuz, que l'ung des officiers de Vostre Majesté au siege de Baulme sera appellé et present à veoir mesurer et distraire lesd. grains, remectant neantmoins le tout à ce qu'il plaira à Vostre Majesté en ordonner, à quoy nous obeyrons tousjours.

Sire, baisant tres humblement les mains de Vostre Majesté, prions le Createur luy donner en toute santé et prosperité tres longue et heureuse vie,

De Dôle, ce VII de septembre 1588,

Voz tres humbles et tres obeissans subjects et
serviteurs, les président et gens tenant vostre court
souveraine de Parlement à Dole.

Signé : LE MAIRE.

*Archives du Doubs, séric B, Correspondance du
Parlement de Dôle, 1588.*

II

INVASION

DU

COMTÉ DE MONTBÉLIARD

ET DE

L'ÉVÊCHÉ DE BALE.

Correspondances relatives à l'occupation.

1587-1594

XVII

Lettre missive du duc Henri de Guise à Bernardino de Mendoça lui annonçant la déroute des reîtres dont il continue la poursuite.

1587 — 5 DÉCEMBRE.

Apres l'heureuse esecucion de l'entreprise que je avoy faict sur la bataille de l'armée des enemis que j'emportay sans perte que de quatre soldatz, je vous puis asseurer qu'ilz n'ont eu despuis loisir de penser autre chose qu'à prendre la fuycte à tres grands journées, laysans et abandonans si peu qui leur restoit de charriotz, bagaje et artillerie et tout ce qui ne les pouvoit suivre, sans repaistre que deux heures en mesme lieu ni regarder derriere eux, prenans le devant avec tant d'avantage que, quelque diligence que je puyse fayre en les poursuyvant, il n'est posible de les ataindre. Je ne laysse toutesfoys de continuer de marcher tant que je puis, et espere d'achever l'euvre aussi heureusement qu'il est comancé, ne pouvant assez louer Dieu de la grace qui m'a faict d'une si grande derroute et victoire certayne avec si peu d'homes sur ung si grand corps d'armée, qui se peult dire la plus forte et avantajeuse qui soit jamais entré en France. Cet effet faict promptement resoudre les Suyses protestans à la conclusion du traicté qu'ilz avoyent comancé avec le Roy pour leur retour et retraycte en leur pays, et croy qu'il ne sera moings dificile d'en fayre de mesme avec le reste de reystres qui se trouvent miserables et desnuez de toutes choses. Je vous veux bien dire que ce qui me feict resoudre si promptement à entreprendre cet effet fut l'advis tres certain que j'euz de l'intencion du Roy mon maistre, qui estoit de poursuyvre et arrester des traictez avec les estrangerez et faire parler à l'instant d'une paix que je ay divertie par cete heureuse entreprise, j'avoy prié mons^r de Bray de vous aller veoir pour vous en fayre le discours (1).

Copie sur papier.

Archives Nationales, K 1565, fonds de Simancas, B 58, n° 129.

XVIII

Lettre missive d'un correspondant anonyme de la ville de Bâle, donnant des nouvelles du passage des troupes lorraines en Franche-Comté à la poursuite des reîtres protestants.

1587 — 22 DÉCEMBRE.

NOUVELLES DU 22 DÉCEMBRE 1587.

Les troupes du marquis du Pont et duc de Guise qui sont ja aux villages circonvoisins de cest ville, pregnans chemins par ce pays pour aller au devant des reistres protestans qui s'en retournerent de France avec permission du Roy tres chrestien, et doibvent à ce que l'on nous asseure passer la rivière de la Sorne à Macon diemenche ou lundi derrier pour d'ois là tirer à la Bresse, venir à Sainct

(1) Le texte de cette pièce a été reproduit par M. de Croze, dans son livre intitulé *les Guises, les Valois et Philippe II*, t. ii, p. 300.

Amour (1) et passer par ung bout de ce pays, mais je tiens, comme ilz sont en petit nombre que ne peult estre que de à trois mille, entendans la venue de mesd. seigneurs les marquis et duc de Guise avec leur armé qu'est environ cinq à six mille chevaulx et deux mille fantaussins, avec le rude traictement qu'ilz ont ja receu en France, cela les fera advancer, presumant bien que pour eulx mettre à seurté ilz entreront au pays de Vaulx appartenent à mess. de Berne. Led. s^r marquis est d'ois ce jourd'huy entré en ce pays, prenant le chemin de Quingez (2) pour tirer droit à Pontarlier, que sera une mirable foulle et perte pour le pouvre peuple; l'on assure icy que ung gentilhomme nommé Rocheberon avoit faict butin tant en or, verselle d'argent, pierreries que aultres meubles à plus de 60 mil escuz, que l'on dict estre du duc de Boullon; d'aultres ont empourtez cinq à six mil escuz.

Sy lesd. reystres ne vont en voz carthiers, sy est que s'y se sentent foibles et qu'ilz soyent repoussez, il y a doubte ilz ne passent par les terres de mons^r de Basle.

Minute sur papier non signée.

Archives de Bâle, registre des Zeitungen, 1585-1599, n° 708.

---

(1) Saint-Amour, Jura, arr. de Lons-le-Saunier, ch. l. de canton.
(2) Quingey, Doubs, arr. de Besançon, ch. l. de canton.

XIX

Lettre missive d'un correspondant anonyme de la ville de
Bâle, renseignant sur l'itinéraire que doit suivre l'armée
des marquis de Pont et duc de Guise actuellement cantonnée autour de Dôle.

1587 — 23 DÉCEMBRE.

De Dole, ce 23 en decembre 1587.

Mess. les marquis du Pont et duc de Guyse sont
avec leur armée qu'est de cinq à six mil chevaulx et
deux mil fantassins des lyttes *(sic)* tant françois, allemans que italliens, aux villaiges circonvoisins de
ceste ville, coment aussi sur la frontiere de ce pays,
lesquelx passent oultre nonobstant les instance et
remonstrances que mons^r le conte de Champlite,
gouverneur de ce pays, leur ayt peu faire pour les en
divertir, allans copper chemin aux reystres protestans qui avec permission qu'ilz ont du Roy tres
chrestien de passer par ses pays s'en retournent
en Allemaingne, et debvoient iceulx dimanche et
lundy dernier avoir passé la Saone à Maicon tirans
par la Bresse pour gaingnier le hault des montaignes, que pourroit estre par ung bout de ce pays
où lesd. seigneurs marquis et duc de Guyse les
veullent aller attrapper, si leurs est possible, presumant bien que lesd. reystres entendans telles forces
leur venir au devant, ils gaigneront pays et se pourront pour leur plus grande seurté retirer au pays
de Vaulx appartenant à mess. de Berne, et d'ois là
pourroient entrer aux terres et seigneuries de
Vostre Illustrissime et Reverendissime seigneurie.

Il y a apparence qu'au retour de mesd. seigneurs les marquis et duc de Guyse retournans en Lorraine ils ne passent par les terres et seigneuries de Vostre Illustrissime et Reverendissime Seigneurie, à quoy elle pourra pourveoir et adviser, si luy plaist.

Minute non signée.

Archives de Bâle, registre des Zeitungen, 1585-1599.

XX

Lettre du duc Henri de Guise à Bernardino de Mendoça lui annonçant son passage à travers la comté de Bourgogne dans la direction de Montbéliard, pour combattre le reste des reîtres et au besoin les Suisses protestants.

1587 — 23 DÉCEMBRE.

Je vous ay faict ample discours come les choses s'estoyent passées, et depuis je ay admené le marquis de Pont pour soubz son nom, m'i couvrant et aydant de luy, parachever à defayre ce qui reste des reystres ennemis; et pour cest effet je passe par ung coing du conté de Borgonne et m'en vay à Montbeliard, atandant ce qui reste des reystres au passage, et si je ne les puis rencontrer et qu'ilz prenent ung aultre chemin, je suis resolu de combatre les Suyses hereticques.

Monsieur le conte de Champlite ha faict quelque dificulté de nous layser passer au conté, aussi n'ay je tant de habitude avec luy que je luy ay voulu

cometre mes deseings. Nous n'y areterons nule-
ment et ne faysons que passer (1).

*Archives Nationales, fonds de Simancas, K 1567,
B 60, n° 189.*

XXI

**Lettre missive d'Antoine d'Oiselay, seigneur de la Ville-
neuve, à Frédéric de Wurtemberg, comte de Montbéliard, lui donnant avis du prochain passage de trois
régiments suisses au service du roi de Navarre, lesquels
rentrent dans leur pays.**

1587 — 26 décembre.

Monseigneur, despuis mes dernyeres à Vostre
Exellence ne me seroit arryvées nouvelles meri-
tant l'en reservir, forsque hier soir arryva ung gentilhomme bernois de ceulx de Diesbach venan de
St Jehan de Lonne, où yl avoit lessez les III regi-
mans de Suisses quy estoient entré en France pour
le service du roy de Navarre, et aujourd'huy y
debvoient passez la rivyere de Saone pour re-
prandre la brisée de leurs peïs, et peuvent estre
envyron six ou sept mile, bien dehallés et mal en
ordre, poyer ou y passer, et sont mal forny d'argent; et pourroit advenir que leurs chemin seroit
de passer par la comté de Mombelyard, j'ay pour

(1) Ce document a été publié par M. de Bouillé, *Histoire des ducs
de Guise*, t. III, p. 248, et par M. de Croze, *les Guises, les Valois et
Philippe II*, t. II, p. 304.

ce fait ce pety motz à Vostre Exellence, et seroit pour esvitez de approcher l'armée de messieurs les marquis du Pon et duc de Guyse, desquel possible que sont bien vouluz, baisant pour fin tres humblemant les mains de Vostre Exellence, et supplie Dieu ,

Monseigneur, quy doint à icelles tres heureuse et longue vye. De Dole, ce XXVIe decembre 1587.

De Vostre Exellence tres affectioné à luy randre tout humble service.

A. D'OISELEY (1).

Suscription : A monseigneur, monseigneur le comte de Wurtemberg et de Monbelyart.

Original sur papier.

Archives Nationales, fonds Montbéliard, K 1966.

XXII

Lettre missive de Guillaume de Vaux, capitaine de Clerval, à Frédéric de Wurtemberg, comte de Montbéliard, l'informant des projets que l'on prête au duc de Guise, et demandant un sauf conduit pour aller trouver ce prince.

1587 — 29 DÉCEMBRE.

Tres illustre et excellant prince,

Je receu hier assez tart les lettres et instructions de

---

(1) Antoine d'Oiselay, seigneur de la Villeneuve, chevalier d'honneur du Parlement, gouverneur et capitaine de Dôle, que nous

Vostre Excellance pour suyvant icelles aller avec
mons[r] le licencier Landisman (1) treuver monseigneur le duc de Guise à Besançon ou la part qu'il seroit, à quoy j'estois et suis bien prest d'obeir et satisfaire, mais ce matin led. Landisman s'est treuvé
tormenté d'une colique passion (2), de sorte qu'il n'a
peu abandonner le lict, occasion qu'ay escript ces
deulx motz à Vostre Excellance pour luy faire de
plus à entendre qu'avons nouvelles que led. duc
n'est à Besançon ains du coutté d'Usye (3), petit
chasteau et village appertenant à mons[r]. de Wate-

voyons en correspondance assez suivie avec le comte de Montbéliard, fut, l'année suivante, probablement à raison de ses relations
personnelles, chargé d'une mission à Montbéliard par le duc de
Parme, à l'effet de revendiquer la seigneurie d'Héricourt au profit
des comtes d'Ortembourg. Le 9 juin 1588, Antoine d'Oiselay, accompagné de Gilbert le jeune, premier avocat fiscal du Parlement de
Dôle, fut reçu en audience solennelle au château de Montbéliard
par le comte Frédéric de Wurtemberg assisté du bailli Samuel de
Reischach, de Jean Ulrich Hœcklin de Steineck, bailli d'Héricourt,
du chancelier Hector Vogelmann, et de ses autres conseillers, et
remit copie de ses instructions en s'excusant d'avoir une mission
aussi désagréable à remplir. Le comte Frédéric fit répondre aux
envoyés qu'ils n'avaient nul besoin de s'excuser et qu'ils étaient
les bien venus, surtout le sieur de la Villeneuve « pour sa prou-
dhomye et bonne réputation. » (*Archives Nationales, fonds Montbéliard, K 1805.*)

(1) Gaspard Landisman, licentié es loix, l'un des membres du
Conseil du comte Frédéric de Wurtemberg, est cité au nombre des
personnages qui assistèrent, le 9 juin 1588, à la réception d'Antoine
d'Oiselay, sieur de la Villeneuve, envoyé en ambassade, à Montbéliard, par le duc de Parme. Il avait épousé Véronique Vogel-
mine, fille du chancelier Hector Vogelmann, et se trouvait par cette
alliance le beau-frère de Gaspard Bauhin, frère du célèbre Jean
Bauhin, marié à Barbe, la seconde fille du chancelier mort en 1593.
(*Archives Nationales, fonds Montbéliard, Z² 1678, 14 juillet.*)

(2) Sorte de colique très-douloureuse, vulgairement connue sous
le nom de *miserere*.

(3) Usie, Doubs, arr. de Pontarlier.

ville (1), et distant de cette ville de six lieux, auquel lieu avons envoyé ce matin homme exprès pour estre à la verité advertis de l'estat dud. seigneur de Guise, et demain en scaurons nouvelles; et estime l'on que led. sʳ de Guise attant avec ses trouppes le reste des rheitres qui desirent eulx retirer en leurs pays, toutesfois comment, telz secrès ne ce communiquent à ung chacun, je ne scay cy soub tel pretexte il auroit deliberé dresser son chemin contre les terres et seignories de Vostre Excellance, ce tant pour les raisons portées en mes precedantes escriptes à Vostre Excellance qu'aultres, à quoy elle scaura prudemmant pourveoir. Encoires m'ay semblé n'estre hors de propos d'advertir Vostre Excellance, non pour doubte ny crainte que j'aye d'executer fort volontier à mon pouvoir ce que par ses dernieres il luy a pleu me commander, mais pour avec plus de contentement et sans adjouter nouveaulx troubles et facheries à Vostre Excellance executer ses commandemens, d'avoir (cy bon luy semble) ung sauf conduit dud. duc de Guise pour l'aller treuver la part qu'il sera, pour luy presenter les lettres de Vostre Excellance et luy declairer ce qu'elle m'a ordonné. Et ceu me suis advancé d'escripre, pour ce que led. seigneur de Guise est bien adverti que Vostre Excellance est associée et confederée avec plusieurs princes d'Alemagne qui ont promis ayde et secours tant au roy de Navarre

(1) Gérard de Watteville, chevalier, gentilhomme de bouche du roi d'Espagne, bourgeois de Berne, seigneur d'Usie, prêta foi et hommage, le 5 février 1565, au comte Frédéric de Wurtemberg-Montbéliard pour le fief de Leugney relevant de la seigneurie de Passavant, et qu'il possédait par son mariage avec Philiberte de Leugney sans compter divers biens à Orsans; nous le retrouvons en 1584 inscrit sur les rôles des vassaux de Passavant pour le château de Leugney. (*Archives Nationales, fonds Montbéliard, K 1838, 1842.*)

qu'à ceulx de la religion, lesquieulx à ce dernier voyage de Lorrainne ont ruiné grande partie des terres et seignories dud. duc de Guise et de ses parans; et par ainsin seroit à doubter que nous allans treuver led. seigneur de Guise sans aultre sauf conduict ne nous fict deplaisir et du dommage, dont Vostre Excellance seroit merrie. De plus, elle considerera, si luy plaist, ce qui s'est passé en vostre ville de Montbeliart tant par la retrette des François fugitif qu'aultres choses y dressées au grand regret dud. seigneur de Guise et ses adherans, à quoy elle aura esgart, et puis après m'ayant faict entendre sa volonté, je ne feray faulte de à mon pouvoir obeir à ce qu'il plaira à Vostre Excellance me commander, comment je feray toute ma vie et de mesme affection que baisant tres humblement les mains de Vostre Excellance, je prie le Createur luy donner en santé ses graces.

Dez Clerval, ce 29 decembre, stil nouveau 1587 (1).

De Vostre Excellance le tres humble et obeissant vassal et serviteur.

V_{AULX} (2).

(1) Le style nouveau auquel fait allusion le signataire de la lettre est celui du Calendrier grégorien, en vigueur depuis l'année 1582, et qui retranchait dix jours à l'année; ce calendrier adopté par Philippe II dans ses Etats, était par conséquent suivi en Franche-Comté; si le gentilhomme franc-comtois prend la précaution d'indiquer qu'il date sa lettre d'après ce calendrier, c'est qu'à Montbéliard l'on avait continué à suivre l'ancien style, comme dans tous les Etats protestants de l'Allemagne, les Etats catholiques ayant seuls admis le nouveau calendrier en 1584. Ce qui le prouve, c'est la note suivante inscrite au dos de cette lettre : *presentées le 20 decembre 1587*, la lettre étant pour le pays de Montbéliard du 19 au lieu d'être du 29.

(2) Guillaume de Vaux, institué capitaine et châtelain de Clerval et Passavant, le 23 avril 1572, en remplacement de Hugues de Falletans, seigneur de Genevrey, occupa ce poste jusqu'au 16 avril 1589,

Suscription : A tres illustre et excellant prince, Friderich, conte de Wirtemberg et Montbeliart.

Original sur papier.

Archives Nationales, fonds Montbéliard, K 1966.

___

XXIII

Lettre missive adressée de Dôle à l'évêque de Bâle, l'instruisant de la marche des troupes lorraines et des reîtres protestants en Franche-Comté, et lui indiquant la route que suivra probablement l'armée du marquis de Pont pour regagner son pays.

1588 — 2 JANVIER.

Monseigneur,

La lettre de Vostre Reverendissime et Illustrissime Seigneurie du 29 de decembre me fut rendue hyer en ceste ville à porte fermant, par laquelle je recongnois le soin et la vigilence qu'elle a que ses subjectz, ja tant foulez, soient tenuz en plus de repos. Et pourtant

à cette époque, il résigna ses fonctions et eut pour successeur Charles Regnard, sieur de Bermont. *(Arch. Nat., fonds Montbéliard, K 1955).* De son temps, Guillaume de Vaux était communément désigné sous le titre de seigneur de Chasoy (actuellement Chasot, Doubs, arr. de Baume-les-Dames, cant. de Clerval). Cette petite localité formait un fief relevant de la seigneurie de Passavant, comme on le voit dans un rôle des vassaux de cette seigneurie, pour l'année 1584, où figure « Guillaume de Vaulx, seigneur de Chasoy. » *(Fonds Montbéliard, K 1838.)* Sa situation d'officier et de vassal du comte de Montbéliard le mit en suspicion auprès du Parlement de Dôle, et fit écarter son nom lors de la délibération du 13 février 1588 où la Cour proposa d'envoyer un seigneur franc-comtois auprès du comte de Montbéliard, (Voir plus haut, pièce XIII). Guillaume de Vaux laissa une fille mariée au seigneur de Ronchaux.

elle desire scavoir où l'armé de messieurs les marquis du Pont et duc de Guise seroient maintenant
et le chemin qu'ilz debvroient tenir pour leur retour.
Et pour en advertir Vostre Illustrissime Seigneurie,
je me suis asseuré à la verité du chemin qu'ilz vouldroient tenir, mais l'apparence est que pour retour
en Loraine d'oiz le lieu où ilz peuvent estre maintenant qu'est prouche de Genefve, ilz tireront le
chemin qu'a tenuz le sieur de Chastillon (1) dernierement quant il alla treuver les troupes protes-
tantes, et par ainsi passeroient en quelques endroit
sur les terres de Vostre Illustrissime Seigneurie, d'ois
là contre Montbeliard, et puis le plus court pour
entrer en Loraine que pourroit estre par une liziere
de ce pays du coustel de Faulcongney (2). Hyer qu'estoit le premier de janvier, debvoit ladicte armé arriver auprès de Getz (3), et estoient ja au dessus du
mont des Faulcilles. Les reistres protestans avoient
passé la riviere d'Ain à Poncin (4), et d'oiz là pour
venir à Genefve leur convint passer l'Escluse (5),
passage estroit et dangereux où si ladicte armé les a
prevenu sont en danger d'estre desfaictz, et en attendant nouvelle d'heure à aultre, par ce que led.
jour d'hier et aujourdhuy la chose se peult exe-

(1) François de Coligny, comte de Châtillon, fils de l'amiral, réfugié à Berne, prit le commandement des Suisses dans l'expédition
de 1587, et passa au mois de septembre de cette année par Montbéliard, à la tête d'un contingent de trois mille hommes. L'accueil
empressé qu'il reçut du comte Frédéric ne fut pas étranger au ressentiment qui poussa les Guises à entreprendre la campagne de décembre 1587.

(2) Faucogney, Haute-Saône, arr. de Lure, ch. l. de canton.

(3) Gex, Ain, ch. l. d'arrondissement.

(4) Poncin, Ain, arr. de Nantua, ch. l. de canton.

(5) Le passage de l'Ecluse, dans le département de l'Ain, commune de Collonges, au pied de la montagne dite du Grand-Credo,
en face du Mont Vuache, aujourd'hui fermé par un fort.

cuter. Les trois regimentz des cantons de Berne, Zurich et de Basle peuvent estre maintenant fort advancez aux terres de Vostre Illustrissime Seigneurie, mais comme ilz poyent et ne sont pas beaulcoup chargez de hairdages, ilz ne font grandes foules. Quelques rouleurs françois, lorsqu'ilz heurent passer la riviere de Saone à St Jehan de Losne, les suivirent et en ont tué quelque bon nombre de ceulx qui estoient malades et demeuroient derriere, et estoient les pauvres gens faciles à tuer d'austant qu'ilz estoient desarmez et malades. Et pour l'attentaux qu'ilz ont commis en ce peys, l'on en a dressé poursuite criminelle et procedera l'en contre eulx, s'ilz ne comparent, par bannissement. Lesd. sieurs marquis du Pont et duc de Guise ne pouvant treyner leurs bagages par les montagnes, l'ont laissé en charge à deux cents reistres, et de chasque compagnie un officier pour le conduire jusque à Chastillon en Lorainne (1); et sont pour le present aux villages de ce peys proche Besançon, où ilz font de grandz desgatz et foules, et sumes en volonté y commectre gens pour les faire haster à eviter l'entiere ruine desd. pauvres vilageois. Qu'est tout ce que je puis reservir Vostre Illustrissime et Reverendissime Seigneurie, et pour fin luy baiseray tres humblement les mains, suppliant Dieu, monseigneur, donner à Vostre Illustrissime et Reverendissime Seigneurie tres heureuse et longue vie.

De Dole, ce 2 de Janvier 1588.

Original sur papier.

Archives de Porrentruy, liasse intitulée : Guerres de France, passage des troupes de Navarre et de Lorraine, n° 318.

(1) Châtillon-sur-Saône, Vosges, arr. de Neufchâteau, canton de Lamarche.

XXIV

Lettre missive de Jacques-Christophe de Blarer, évêque de Bâle, confiant au nonce apostolique en Suisse, ses appréhensions au sujet de l'entrée du duc de Guise avec son armée dans le comté de Bourgogne, à proximité de son évêché.

1588 — 2 JANVIER.

Ad episcopum Alexandrinum (1), nuncium apostolicum.

Quod tardius quam putabam priores meas litteras Reverendissime D(ominationi) T(ue) transmittam, multa mea variaque negotia quæ quotidie cumulatim incidebant, effecere. Quapropter, jamdicta mora considerata, praesentium latorem ulterius non detinendum esse duxeram, etsi necdum negotiis omnibus exempti sed novis quotidie emergentibus, magis magisque implicati essemus. Dux etenim Guisius cum toto suo exercitu, hisce diebus in Burgundiæ comitatum, ecclesiæ meæ terris vicinum appulit, valdeque timemus, ignari quid his copiis et in his partibus acturus, ne forte, vel castra sua in ecclesiæ meæ terris ponat, vel ad minimum militem suum per valdum deducat, quodcunque fecerit potissime cum meis subditis jam antea satis priori Helvetiorum furioso transitu et tam diuturna annonæ caritate afflictis agat? Faxit Dominus ut opti-

---

(1) Octave Paravicini, évêque d'Alexandrie depuis le 5 mars 1584, fut envoyé comme nonce apostolique, en Suisse, par le pape Sixte-Quint, et créé cardinal en 1591 par Grégoire XIV; il abandonna son siège épiscopal en 1593, et mourut à Rome en 1610.

mi ac catholici hujus principis consilia ad fidei nostræ augmentum et ecclesiæ majorem firmitatem cedant, minimeque michi creditorum subditorum damno, eum quem optamus effectum sortiantur. De reliquo hujus episcopatus statu ac conditione uberius et in specie per eos quos ex meis consiliariis aliis de causis Lucernam brevi destinaturus sum, cognoscat interea Reverendissima D(ominalio) T(ua), valeat hoc novo anno ineunte felix quam diutissime in Domino.

Porrentruci (1), IIII nonas januarii, a° LXXXVIII.

Minute sur papier.

Archives de Porrentruy, liasse intitulée : Guerres de France, passage des troupes de Navarre et de Lorraine, n° 281.

XXV

Lettre missive non signée, rappelant que le comte Eberhard de Wurtemberg fut chargé au XIV° siècle de la tutelle des ducs de Lorraine.

1588 — 3 JANVIER.

Tutorem et curatorem ducum Lotharingiæ egisse olim illustrem comitem Eberhardum Wirtembergicum arbitror, te nobilissime vir, observantissime domine, non ignorare. Tutorio enim nomine, *als mundtbar der herzogen zu Lottringen,* nobilibus ab

(1) Porrentruy, petite ville du canton de Berne sur les confins du département du Doubs, servait de résidence à l'évêque de Bâle.

Hatstat, feudorum Lotharingicorum investituram
anno 1355 fecit, quare summa fuerit ingratitudo
majoribus praestitam fidem et beneficia maleficio
jam rependere. Quod ideo significo ut commode
hosti in memoriam id etiam revocetur. Vale, Dominus tibi semper adsit, gubernet te spiritu tuo et
cum familia benedicat. Ventistenii, 3 januarii (quo
ante 30 annos Caletum urbs maritima Anglis erepta
est, in quorum potestate 211 annos fuerat) anno 88.

T. A. studiosissimus.

Minute sur papier.

Archives Nationales, fonds Montbéliard, K 1966.

XXVI

Lettre missive écrite de Morteau par un correspondant
anonyme de la ville de Bâle, et faisant connaître le passage des marquis de Pont et duc de Guise à Nozeroy, à
la Rivière et Pontarlier, et leur marche sur Montbéliard.

1588 — 4 JANVIER.

Monsieur,

J'arrivay à Ponterlier le jour que vous en par-
tites, et comme vous desirez d'estre servy des
nouvelles du passage des gendarmeries estans en
ce peys, j'ay despesché ce pourteur exprès avec ce
mot par lequel vous entendrez et demeurerez certain que messieurs de Guise et marquis du Pont
avec leurs trouppes ont couchez la nuict passé à
Nozeroy et aux villages voisins, à ce soir ilz

prennent leur giste à la Riviere (1) et aux environs,
et demain on les attend à Pontarlier ou aux lieux
à l'entour, tirant dez là à Montbenoit (2) et par vers
nous pour eulx retirer en Loraine, et avant que de
y entrer sejourneront quelque temps en la comté
de Montbeliard; de Pourrentrui je ne puis pensser
qu'ilz y passent ny facent aulcung degast, d'aultant
que n'ayans aulcung ressentiment de ceulx de la
terre ilz se vouldront quelquement venger de ceulx
de qui ilz ont esté travaillez et se rueront sur ceulx
de lad. comté de Montbeliard.

De Mortau (3), ce 4 de janvier 1588.

Dez cestes escriptes j'ay sceu qu'il y avoit couché
en ung villaige de ce lieu une compagnie de centz
chevaulx, le capitaine de laquelle m'a mandé qu'il
prenoit le chemin de Montbeliard, comme aussi
toute l'armée.

Minute sur papier, non signée.

*Archives de Bâle, registre des Zeitungen, 1585-1599,
nº 962.*

(1) Rivière (la) Doubs, arr. et cant. de Pontarlier.
(2) Montbenoit, Doubs, arr. de Pontarlier, ch. l. de canton.
(3) Morteau, Doubs, arr. de Pontarlier, ch. l. de canton.

XXVII

Lettre missive de Guillaume de Vaux à Frédéric de Wurtemberg, comte de Montbéliard, lui annonçant l'entrée à Clerval du sieur de Saint-Baslemont, colonel de reîtres dans l'armée lorraine, avec lequel il a dîné afin de pénétrer les intentions du duc de Guise.

1588 — 5 JANVIER.

Tres illustre et excellant prince,

Ce jourd'huy est venu disné en ce lieu de Clerval monsieur de Sainct Ballemon (1), colonel de certainne compagnie de rheitres qui sont logez es environs de ced. lieu, et mesmes sa personne au village de Pompierre (2) apertenant à Vostre Excellance et aulx seigneurs d'Ortemborg, estant à ce invité pour la presance de monsieur de Marnol qui estoit en cette ville, avec lequel il ha bien bonne cognoissance, comment au semblable il ha de plusieurs seigneurs qui sont en Lorrainne, parans de ma femme, occasion que, se presentant led. s^r de Sainct Ballemon avec sept ou huit chevaulx seullement à la porte, luy ay permis l'entrée de

(1) Gérard de Reinach, seigneur de Saint-Baslemont en Lorraine, colonel de reîtres au service du marquis de Pont, signa la capitulation d'Héricourt.

(2) Pompierre, (Doubs, arr. de Baume-les-Dames, canton de Clerval), faisait partie de la seigneurie de Clerval, et se trouvait probablement compris dans les domaines que revendiquaient les seigneurs d'Ortembourg en vertu de l'acquisition des seigneuries d'Héricourt, de Clémont, de Châtelot, de L'Isle-sur-le-Doubs et de Granges, faite en 1526 et 1527, par Gabriel de Salamanque, comte d'Ortembourg, grand trésorier de l'archiduc Ferdinand. (Voir Duvernoy, *Notice historique sur l'ancienne seigneurie d'Héricourt*, p. 28-29.)

cetteville, m'ayant faict beaucopt de bons accuelz, suis esté invité par le susd. s^r de Marnol au disné avec luy, ce que tant plus volontier ay accepté, m'assurant par telle conversation descouvrir quelque chose de l'intention et chemins des princes, chef et conducteurs de ces trouppes allemandes, françoises et lorrainnes, qui sont, assavoir, mons^r le marquis du Pont chef, et mons^r le duc de Guise, son lieutenant general, par le moyen et advis duquel cette guerre se conduict. Or est qu'ayant discouru de plusieurs choses avec led. s^r de Sainct Ballemon, sortant du disné ung gentilhomme de ses capitaines m'a tiré d'appart, m'advertissant que sy Vostre Excellance desiroit scavoir et entendre la volonté des susd. princes marquis et duc de Guise en ce mesmes, cy leurs trouppes vouldroient attenter à l'estat et villes de Vostre Excellance, ou bien pour declairer leurs volontés envers Vostre dicte Excellance, que difficillement l'on treuveroit seigneur plus propre que led. s^r de Sainct Ballemon tant à cause des bonnes correspondances qu'il a avec les susd. princes qu'aussy pour le desir qu'il auroit à s'employer à tel service pour Vostre Excellance, s'il en estoit requis. Et pour ce qu'il m'a semblé tel advertissement ne ce debvoir négligé, et qu'avec l'assuré parler du susd. capitaine il me promettoit beaucopt de la bonne volonté du susd. s^r de Sainct Ballemon, j'ay prins l'hardiesse en escripre cettes à Vostre Excellance, joint que par tel moyen elle seroit certainne des intentions et voulloir des susd. princes, desquieulx elle est en doubte, selon que Vostre Excellance m'a escript par cy devant. Que cy à tel ou aultre office je suis propre pour faire tres humbles services à Vostre Excellance, me commandant elle cognoitra par effect le desir qu'ay de la servir comment convient à ung vassal et tres fidele serviteur de Vostre Excellance, avec mesme affection que luy baisant bien humblement les mains, je prie le Createur luy donner en santé ses graces.

Dez Clerval, ce 5 de janvier, stil nouveau 1588.

De Vostre Excellance le tres humble vassal et serviteur.

VAULX.

Original sur papier.

Suscription : A tres illustre et excellant prince Friderich, conte de Wirtemberg et Montbeliart.

Archives Nationales, fonds Montbeliard, K 1966.

XXVIII

Lettre missive de Guillaume de Vaux, capitaine de Clerval, au secrétaire Thevenot, au sujet du passage et du séjour des troupes lorraines dans le pays.

1588 — 5 JANVIER.

Monsieur le Secretaire,

J'ay escript à Son Excellance n'y a pas long temps chose que je desirois estre sceu, pour ce qu'il me semble que c'est advertissement pour son service, et pour ce je vous prie luy faire à tenir au plus tost, et jaçois que je scay fort bien qu'elle communiquera le tout à son Conseil, cy es se que je desire fort qu'elle mesme en soit advertie.

Nous avons de jour à aultre soldars nouveaulx qui passent aulx environs de ce lieu, chacun juge selon qu'il pence, quant à moy j'ay opinion que ces princes lorrains tachent d'entretenir leurs compagnies par ces quartiers, attendans meilleur occasion, car ilz ont tiré de France icelles par ordonnance du Roy françois. Je me desire pres de vous pour en discourir daventage, ce que ne puis faire, ne pouvant abandonner cette place, et m'assurant qu'avez advertissemens de divers et plusieurs lieux qui seront par aventure plus certains que les miens. Ce pendant, *Vigilate, nescitis diem, neque horam.* Dieu vous soit en garde et nous aussy, me rendant à vous de bien bon cueur.

Dez Clerval, ce VIe de janvier 1588.

Monsieur de Sainct Ballemon disna hier luy septieme ou huictieme seullement en ce lieu au logis de monsr de Marnol, où il le vint treuver de sa part ce jourd'huy de Pompierre, tirant ce me semble contre Granges.

Vostre entierement bien bon amys à commandement.

VAULX.

Suscription : A Monsieur le secretaire Thevenot (1), mon bon amys.

Original sur papier avec signet.

Archives Nationales, fonds Montbéliard, K 1966.

(1) Jean Thevenot remplaça comme secrétaire de la Cour et chancellerie de Montbéliard, Léonard Binninger, décédé vers le 23 mars 1587 ; il occupa ce poste nombre d'années, et mourut dans les premiers jours de mars 1630, laissant huit enfants, quatre de son premier mariage avec Catherine Gros, et quatre du second avec Madeleine Golin. L'aîné de ses fils, Jacques Thevenot, était à l'époque de la mort de son père, membre du Conseil de régence ; l'une de ses filles Madeleine avait épousé Jacques Vurpillot, procureur d'office et receveur à Blamont ; une autre, Marguerite, était mariée à Claude Carlin, l'un des maîtres bourgeois de Montbéliard ; une

XXIX

Lettre missive du docteur Jean Bauhin (1) à Frédéric de Wurtemberg, comte de Montbéliard, le renseignant sur la marche des troupes suisses et lorraines dans le comté.

(1587 — 28 décembre, v. st.) 1588 — 7 janvier.

Le 22 de ce mois 1587 commencerent à l'impro-
viste les Suisses à arriver, la plus grande part passa
le 23, qui ont été environ 1000 ou 1500, aiant beaucoup d'enseignes la plupart de Bale et Zurich. Quelques capitaines de Zurich et de Bale ont logé ici

troisième, Anne, se trouvait également mariée à un marchand
bourgeois de cette ville, Jean Dupont; enfin, Hélène Thevenot,
femme de Pierre Lhoste, maître bourgeois de Montbéliard, décédée
avant 1630, laissa cinq enfants. Le testament que fit Jean Thevenot, et dont le texte est inséré dans le registre des causes testamentaires porte la date du 10 mai 1624. (*Archives Nationales, fonds
Montbéliard, Z² 1678, 1683*).

(1) Jean Bauhin, médecin et botaniste de premier ordre, auteur
de la lettre dont nous reproduisons le texte d'après la copie de
M. Duvernoy, est trop connu pour que nous ayons besoin de lui con-
sacrer une notice biographique, il nous suffira de rectifier et com-
pléter certains faits erronés ou insuffisamment élucidés. On sait
qu'avant de s'établir à Montbéliard où il créa un jardin botanique,
l'un des plus anciens d'Europe, Jean Bauhin séjourna deux années à
Lyon, et qu'il s'allia à l'une des plus honorables familles de cette ville.
Denise Bernardt, sa femme, que les auteurs de la *France protestante*
(t. ii, p. 38) appellent Denise Bornand, y possédait deux maisons,
l'une place Mercière, l'autre dite la Grenette, maisons qui avaient
été confisquées et mises en vente par les officiers royaux en vertu
d'un édit promulgué contre les rebelles; à la date du 7 août 1587,
le conseil de la ville de Bâle prit fait et cause pour le docteur Jean
Bauhin et écrivit à François Mandelot, gouverneur du roi à Lyon,
en le priant d'intercéder en faveur du fils de leur compatriote, injustement frappé, puisqu'il ne s'était jamais mêlé aux troubles de

étant malades, mais n'ont guere arreté, les Bernois et autres ne sont passé par ici. En passant par Bourgogne on a pris le bagage d'un capitaine de Bale, comme aussi en un autre endroit d'un de Berne, on en a tué en divers endroits et devalisé plusieurs. Le 25 de ce mois ont été vues des compagnies vers Plancher (1) de Lorrains et Italiens lanciers qui se sont jetés au Magny d'Anigon (2), pillé le village et emmené beaucoup de prisonniers, entr'autres le pauvre maitre d'ecole qu'ilz ont attaché à la queue d'un cheval et miserablement traité, et estime t'on qu'ils l'ayent tué; le lendemain sont venus à Clairegoute (3) ravager et amener prisonniers. Outre plus sont passées plusieurs troupes par Baume (4), qui avoient brulé un de vos villages

France. *(Archives de Bâle, Missiven buch).* D'après les frères Haag *(France protestante,* t. II, p. 38), Jean Bauhin se serait fixé à Montbéliard en 1570, et vers cette même époque aurait succédé comme premier médecin du comte Frédéric à Nicolas Vignier, réfugié français; ce fait nous semble inexact, Nicolas Vignier ayant été nommé médecin du même comte Frédéric, le 26 mai 1571, ainsi qu'il résulte de lettres insérées au *Bestallungen buch.* (Registre d'institutions d'officiers, fol. 5.) *(Archives Nationales, fonds Montbéliard, K 1916.)* Les auteurs de la *France protestante* ne sont pas mieux fondés à admettre comme année de la mort de Jean Bauhin, l'année 1613; la date du 26 octobre 1612 adoptée par M. C. Duvernoy, d'après l'épitaphe du célèbre médecin, est seule conforme à la vérité historique. D'après un registre de Causes testamentaires, Jean Bauhin ajouta à son testament un codicille, le 26 octobre 1612; le 14 novembre suivant, le testament en question fut produit par Gaspard Bauhin, professeur en médecine à Bâle, frère « de feu messire Jean Bauhin, médecin de Son Altesse. » *(Fonds Montbéliard, Z² 1681).*

(1) Plancher-les-Mines, Haute-Saône, arr. de Lure, canton de Champagney.

(2) Magny-d'Anigon, Haute-Saône, arr. et cant. de Lure.

(3) Clairegoutte, Haute-Saône, arr. de Lure, canton de Champagney.

(4) Baume-les-Dames, Doubs, ch. l. d'arrondissement.

de Passavant nommé Pierrefontaine (1). Hier, d'autres troupes ont pillé Saint Maurice (2) et amené beaucoup de prisonniers entr'autres le fils de votre forestier. Hier, on prit un allemand à cheval qui se disoit estre des reistres de Berne, mais il s'est trouvé du contraire, car il venoit de certaines compagnies de cavalerie allemande et lorraine qui sont avec beaucoup de chariots et bagages à Pontpierre, entre Clerval et Lille. On dit qu'un prevot de Lorraine a été de ceux qui ont pillé le Magny qui est.... qui disoit : *Votre prince s'en est fui, nous le trouverons bien.* Aujourd'hui 28, viennent divers avertissemens qu'il logera des compagnies ce soir en votre seigneurie de Granges à Arcey et Montenois (3), il y a été aujourd'hui de votre cavalerie pour decouvrir. Les eaux sont ici debordées, on travaille à fortifier la ville et fait on bonne garde.

Mon petit prince, votre fils (4), a une apostume en la cuisse, mais il ne laisse de dormir, manger et

(1) Pierrefontaine-les-Varans (Doubs, arr. de Baume-les-Dames, ch. l. de canton), compris dans la seigneurie de Passavant, fut l'un des premiers villages brûlés par les troupes lorraines ; une lettre en date du 27 décembre 1587, adressée par la ville de Bâle à celle de Berne, annonce l'entrée de l'avant-garde des Albanais dans la seigneurie de Passavant et l'incendie du village de Pierrefontaine. *(Archives de Bâle, Missiven buch).*

(2) Saint-Maurice, Doubs, arr. de Montbéliard, cant. de Pont-de-Roide.

(3) Arcey et Montenois, Doubs, arr. de Baume-les-Dames, cant. de L'Isle-sur-le-Doubs.

(4) Louis-Frédéric de Wurtemberg, deuxième fils du comte Frédéric et de Sibylle d'Anhalt, né le 29 janvier 1586 au château de Montbéliard, avait donc à peine deux ans lorsqu'il fut confié au bailli Samuel de Reischach et à la bourgeoisie. Il devint comte de Montbéliard en 1617 en vertu du traité des Cinq Frères.

cheminer, Dieu aidant, elle percera bientot sans danger.

Copie par extrait sur papier.

Bibliothèque de Besançon, collection Duvernoy.

XXX

Lettres de sauvegarde données par le marquis de Pont pour la maison de Charles et Martin Viet, à Orchamps, siège de son quartier général pendant deux jours.

1588 — 7 JANVIER.

Henry de Lorainne, marquis de Pont à Mouson, general de l'armée de Son Alteze, commandons et deffendons à toutes personnes quelles elles soient de sesd. armée de ne louger ny souffrir lougez aulcungs de leurs soldars, gens et serviteurs en la maison de Charles et Martin Viet de ce lieu, en laquelle nostre personne a lougez avec nostre train deux jours entiers, ny permectre qu'il y soit prins, empourter ou fouraiger, ou lez despendances choses quelconques, soit pour homme ou chevaulx, meubles, utensille, bestial, ny choses quelconques à eulx appartenans, ains les favorisez du tout qu'il vous sera possibles, d'austant que nous avons pour les raisons que dessus exempter et exemptons par cestes lad. maison et depandances de losger lesd. gens de guerre. En tesmoing de quoy avons à ces presentes signez de nostre main faict mectre et aposer en placquard nostre cachet. Fait et donné à Orchamps (1), septieme jour de janvier mil cinq cens quatre vingtz et huict. Ainsin signé, Henry et scellé de cyre rouge (2).

Et en bas par monseigneur le marquis,

    Signé : Barnet.

        Signé : Brycourt.

    Pour coppie extraicte sur le vray original.

Copie ancienne sur papier.

Archives Nationales, fonds Montbéliard, K 1966.

XXXI

Ordre du capitaine Laforét portant défenses de loger en la maison du sieur de Maizières au village de Pierrefontaine, conformément à la volonté expresse du marquis de Pont.

1588 — 7 janvier.

Mareschaulx des logis et fouriers,

Ne logés, ny soufrez loger en la maison de mons^r de Maissiere (3) assize en ce vilage de Pierre fontaine, lequel at esté par le commandement de

(1) Orchamps-Venne, Doubs, arr. de Baume-les-Dames, cant. de Pierrefontaine.

(2) Des lettres analogues datées de Dammartin (Doubs, arr. de Baume-les-Dames. cant. de Roulans) furent expédiées le 6 janvier 1588 en faveur de Nicolas Parreault de Dammartin ; il n'en subsiste qu'une traduction allemande.

(3) Pierre de Maizières, écuyer, était l'un des vassaux du comté de Montbéliard ; il possédait tant en son nom qu'au nom de Simonne d'Epenois, sa femme, un petit fief à Pierrefontaine-les-Varans, relevant de la seigneurie de Passavant, et dont il fit reprise

monseigneur le marquis exemptez, encore que aud. vilage eust departement, ce neantmoings sa volunté est tel qu'il ne veult ne entend qu'i loge aulcungs en la maison d'iceluy. Faict et aresté au camp d'Orchant, le jeudy VIIe janvier 1588.

Signé: La forest (1).

Original sur papier.

Archives Nationales, fonds Montbéliard, K 1966.

---

avec dénombrement, le 12 janvier 1584. *(Archives Nationales, fonds Montbéliard, K 1842, K 2155).* Au mois de mars 1589, le même Pierre de Maizières fut chargé par le comte Frédéric du commandement de l'arrière-ban, pour la comté de Bourgogne ; on voit par une requête signée de lui le 12 janvier 1593, qu'il recevait pour cet office une pension de 20 francs, quatre bichots d'avoine et trois chariots de foin *(fonds Montbéliard, K 1981).* Son fils, Claude de Maizières, mentionné dans la requête ci-dessus, était lieutenant du sieur de Varambon, et commandait 500 Francs-Comtois dans les Pays-Bas; il fut tué cette même année 1593 au siége de Gertruydenberg. (De Thou, *Histoire de France,* t. xi, p. 651.*)*

(1) Un capitaine de ce nom, retenu prisonnier à titre de représailles par Roger de Comminges, sieur de Saubolle, lieutenant du roi au pays Messin, et gouverneur de Metz, fut réclamé au mois de juillet 1589 par le duc Charles III de Lorraine qui donna à cet effet des instructions au sieur de la Bastide. (H. Lepage, *Lettres et instructions de Charles III, duc de Lorraine, relatives aux affaires de la Ligue,* p. 145.)

XXXII

Certificat de Charles de Lenoncourt, lieutenant de la compagnie italienne du marquis de Pont, constatant le dépôt entre les mains du sieur de Maizières, seigneur de Pierrefontaine, d'un cheval bai, blessé.

1588 — 8 JANVIER.

Nous Charles de Lenoncourt, barron d'Ormes (1), lieutenant de la compaignie italienne de monseigneur le marquis, certiffions à tous qu'il appertiendra que ce jourdhuy avons laissé ez mains du s^r de Maizieres, seigneur de ce lieu, ung corcier souz poil baye, lequel ne se pouvoit menner, parce qu'il estoit esté encloué, l'ayant laissé pour le faire penser et guarir, par quoy prions tous seigneurs et aultres n'en faire aud. s^r de Maizieres ny à nous aulcun desplaisir, ains en faire comme ilz vouldroient qu'en pareil ou plus grand cas ilz vouldroient estre faict pour eulx. Pour asseurance de ce avons signé ceste de nostre propre main au lieu de Pierrefontaine, le huictieme janvier mil V^e quatre vingtz et huict.

Signé : DE LENONCOURT.

Original sur papier.

Archives Nationales, fonds Montbéliard, K 1966.

(1) Charles de Lenoncourt, capitaine de cent chevaux légers en 1585, gouverneur des ville et marquisat de Pont-à-Mousson en 1587, devint successivement sénéchal de Barrois, sénéchal de Lorraine, et enfin lieutenant général en l'armée du duc Charles III. (H. Lepage, *Lettres et instructions de Charles III, duc de Lorraine, relatives aux affaires de la Ligue*).

XXXIII

Récit de l'occupation du château de Granges par le colonel Schlegel et ses reîtres, du 8 au 22 janvier, sous forme de journal, signé de Nicolas Liégeard, capitaine et châtelain.

1588 — 8 JANVIER.

Le huittieme jour du mois de janvier 1588, ariva à Granges Johans Rudolf Schlegell, coronal d'une compaignie de reÿttres.

Le jour susdit, estant arivé, fut mandé monsʳ le chastelain par led. coronal, après avoir tenu quelque propos luy dict qu'il me deust dire que je me comportasse modestement à chasteau.

Le neufieme jour, environ les cinq heures du soir, je fuz mandé par led. sʳ coronal par son maistre d'hostel avec asseurance du chasteau et de ma personne.

Estant sorty hors du chasteau treuva monsʳ le chastelain et greffier, et leur dict que led. coronal me mandoit pour parler à luy, et que je les priois me assister, ce que ne fut faictz.

Sur ce estant arivé en son logis me interoga sy j'estois servitteur à monsʳ le comte de Montbeliart et son capitaine à chasteau de ce lieu de Granges.

A quoy respond que ouy.

Plus me interoga si monsʳ le comte le tenoit desoubz Sa Majesté. Je respond que ouy et que j'avois presté serment es mains de monsʳ le gouverneur de Bourgogne pour le garder fidellement.

Lors me dict que je me deuse contenir modestement avee mes gens sans attoucher aulx siennes, et qu'il estoit tres humble et affecttionnez servitteur à mons^r le comte de Montbeliart, et que il luy feroit volontier service et luy estoit entier amys, encoure que la guerre estoit contre luy. Et comme il dict qu'il estoit saxon, que aultres fois il se estoit vouslu mesler de faire marier mons^r le comte en la maison de Comdé, et que je ne me deuse doubter de rien, qu'il ne voulloit faire aulcung desplaisir à chasteau ny à personne que y fut, mais estoit venu par deça à celle fin que aultres trouppes albanoisses ne y vinssent loger, et que elles y estans y eusent pourter grand dommaiges et tout ruyné.

Plus me dict se il y avoit du vin et froment à chasteau de celluy de mons^r le comte.

Respond que ouy, quelque peu seullement.

Sur ce me dict qu'il luy en failloit avoir et que son hoste n'en avoit plus guerres, et que s'il y avoit quelque chosse de bon, que l'on luy en fist part.

Sur ce luy respond qu'il n'y avoit aultre chose pour le present, à raison que se doubtant de ce passaiges et de prendre le chasteau, que l'on avoit tout retiré dehors.

Puis me dict que je advisase de luy faire part de quelque chose de bon pour le lendemain à disné, et qu'il attendoit son compaignon mons^r le comte de Mansfeld (1) logé à Arcey et Montenoy avec sa compaignie.

---

(1) Charles de Mansfeld, fils de Pierre Ernest de Mansfeld, colonel de reitres au service de Charles III, duc de Lorraine, et du roi d'Espagne, était l'un des chefs de l'armée du marquis de Pont. Au mois de février 1593, il reçut le commandement des troupes espagnoles qui envahirent le Nord de la France, fit le siège de Noyon, et se porta avec le duc de Mayenne au secours de Laon. (V. A. de Ruble, *Mém. de La Huguerye*, t. III, p. 392.)

Le lendemain 10e, luy fut envoyé ung beuf avec des poulles et chappons.

Le lundi suyvant unzieme, led. sr coronal me manda en son logis, et incontinant y estant arivé, les portes furent fermé et gardé par ses allebardiers, et à mesme instant y ariva monsieur le chastelain, lequel fut de mesme arestez.

Tost après led. sr décendit de sa chambre avec nonbre de soldatz avec leurs armes et s'adressa à moy disant tel propos : « Monsieur le capitaine, je vous prie de me monstrer vostre chasteau. »

Sur ce luy fis responce qu'il me deust pardonner et que je ne pouvois pour m'estre deffendu de n'y mettre personne sans ordonnance de monseigneur le comte ou par lettre.

Sur ce me respondit que luy deuse faire l'entrée de par Sa Majesté, et que il avoit lettre du prince de Palme.

Après ses propos, je dict à monsr le chastelain present à ce, que il luy senbloit bon, lors me respond qu'il ne se mesloit du chasteau, sur luy dit qu'il me seroit tesmoing.

Considerant qu'il n'y avoit moyen de resister contre telles compaignies avec trois ou quattre hommes seullement, pour iceulx avoir esté par deux jours passé le gay et sentinelles jusque à pied des murailles et portes du chasteau, et par iceulx avoir appellé de jour par plusieurs fois, poultron! aulx gay estant sur les murailles, encoure que iceulx ayant remarqué les endroit plus propres pour y entrer, et pour evitter le feuz et aultre grand dommaiges qui en eusent peu survenir, je luy pria que luy pleust ne faire aulcung desplaisir aulx personnes y estans en la place.

Sur ce me respond que l'on ne feroit aulcung dommaige ne desplaisir à personne que ce fut, non pas seullement attoucher à bien de mons' le comte.

Après estant entré à chasteau, visita les murailles à l'entour et me interoga s'il y avoit aulcune piece d'artillerie ny de faulce porte.

Sur ce luy fis responce que non, sy non quelque petite piece, et que il n'y avoit faulce porte.

Estant en la court basse, me demanda que c'estoit des maisonnements des neuf greniers.

Respond que c'estoit des greniers seullement.

Plus me demanda s'il y avoit aulcune faulce portes qui montase à daujon dessus.

Je luy respond que non.

A mesme instant il ordonna à trois ses allebardiers d'aller à la porte et prendre les clefs, et dict qu'il y voulloit laisser pour la garde douze de ses soldatz avec son maistre d'hostel.

Ce qu'il fit.

Plus demanda où estoient les armes du chasteau et qu'i les voulloit avoir.

Je luy declaira qu'il n'y en avoit aulcunes, seullement quelque vielle allebardes.

Incontinant les fit amasser et enfermer en ung poigle, et ordonna à son maistre d'hostel de prendre les clefs.

Plus deffendit à ses gens sur pennes d'estre pendu de n'attoucher à quelque chose que se fut, et qu'il ne vouloit que l'on pourtaisse aulcung dommaige à monseigneur, et me dict que leur dheuse baller du vivre seullement.

Le lendemain douzieme, il ordonna à son maistre d'hostel de mettre dehors les gay y estans et qu'il n'y deust laiser que le portié, moy et mon mesnaiges.

Le treizieme, led. s' coronal, environ les quattres

heures après mynuit, me manda et dict qu'il estoit mary de ceste guerre et que il voulloit prendre son chemin contre Montbeliart, que il ordonneroit à son maistre d'hostel me rendre les clefs, et que quant à l'avenne que l'on avoit prins aulx greniers, comme l'on luy avoit dict, qu'il entendoit que les paysans la debvoit rendre.

Sur ce luy fis responce que quant à l'avenne que l'on avoit prins, ceulx de la ville n'en ayant point, que pour leur survenir l'on leur en distribuoit de celle de monseigneur le comte, en faisant des billetz signez de leur main de la quantité qu'il en prenoient.

Puis après le maistre d'hostel estant retourné dois le logis dud. sᵣ coronal à chasteau pour rendre les clefs, me declaira encoure qu'il alloient contre Montbeliart et que peult estre il seroient contrainct de retourner en ce lieu, comme son maistre luy avoit dict le me declairer.

Tost après qu'il furent sorty, environ une heures il furent de rettour fort à la hattes, et incontinant se vindrent presenter devant le chasteau estant fermé ung grand nonbre de reyttres, ung chascun d'eulx le pistolet en la main, appellant par plusieurs fois que l'on leur deust ouvrir la porte, et avant que faire responce escriarent encoure par plusieurs fois. Sur ce je leur demanda qu'il voulloient, et me firent responce avec injures qu'il vouloient entrer à chasteau, et que le coronal leur avoit escript qu'il deusent retourner, à cause de prendre leur mesmes logis, pour ce qu'il y avoit compaignie qu'estoient en chemin pour y venir loger.

Sur ce leur fis responce qu'il n'y entreroit pas, mais que s'il y avoient oblier quelque choses, que je leur rendrois.

Après ses responces faictes, il ce commencearent à despitter et dire entre eulx qu'il ruyneroit le chasteau, si l'on ne leur en fasoit ouvertures et qu'il estoient tout prest.

Sur ce je leur fis responces que il n'y entreroit pas si je n'avois aultres nouvelles certaines du coronal.

Sur ce faict survient le lieutenant de l'oberst-lieutenant qui me dict que led. s^r coronal leur avoit ordonné de retourner, aulx enseignes que son maistre d'hostel me avoit dict qu'il retourneroit en brief.

Ce ayant entendu, comme n'ayant à chasteau synon le pourtié et deulx des gay y estant rappellé, leurs fis ouvertures.

Lors entré dedans environ vingt souldatz, led. lieutenant ordonna garder la porte.

Le soir, environ les cinq heures, led. s^r coronal estant arivé, incontinant envoya ses hallebardiers et aultres à chasteau avec le maistre d'hostel, lequel fit sortir dehors ceulx y estans.

Le lendemain XIVe jour, je fuz mandé à logis dud. coronal, et demanda s'il avoient faict quelque degart estant entré à chasteau.

A quoy luy respond que non, seullement de boire et manger.

Sur ce me dict que j'estois esté fort bien advisé de les laisser entrer, et que s'estoient de malvaises gens, comme Brunschwig et aultres nations. Après me demanda s'il y avoit encoure quelque vin tant à mons^r le comte que à aultre particulier.

Je luy respond qu'il n'y en avoit guères.

Lors me dict que je dheuse rendre à ung chascun de ceulx y ayans du vin et de la chair, et tout ce qu'il y pouroyent avoir, à celle fin de entretenir ceulx estans logé en leur maison.

Ce que fut faict.

Puis me [dict] qu'i luy falloit du vin et de l'avenne pour ses chevaulx, que il n'y en avoit poinct en son logis.

Sur ce je luy dict ce qu'il luy plairoit, et me dict sy je voullois nourir ses gens estant à chasteau, scavoir, ses hallebardiers et arquebusiers.

Je luy respond que ouy.

Le dixneufieme jour, led. s^r coronal estant incitté par quelqu'un monta à chasteau avec sa garde, estant quelquement fasché me demanda s'il y avoit encoure beaulcoup de vin, que l'on luy avoit fait entendre que il y en avoit et plusieurs aultres meubles y retirez tant des huguenotz que aultres.

Sur ce je luy fiz responce que s'il luy plaisoit, je luy monstrerois le tout, et que par cy devant mons^r son lieutenant le maistre d'ostel l'avoient desjay veu, pour estre marqué de croix blanche les thonneau de la main dud. s^r lieutenant.

A l'instant me dict que je luy deuse monstrer les chanbres et poigles où mons^r le conte se tenoit.

Ce que fut faict.

Sur ce me demanda où estoit la tapisserie et coffre que l'on disoit y estre.

Je luy respond que il n'y avoit aulcune tapiserie ny en avois jaymais poinct veu, et que il n'y avoit aultre chosse synon des coffres apartenans aux pouvres peyssans, et comme j'avois dict par cy devant, l'on avoit tout retiré.

Après ce me dict luy faire ouverture des greniers et que il y avoit des meubles.

A quoy luy respond n'avoir les clef en mains, et comme le recepveur de ce lieu ayans les graines en charges les pouvoit avoir en son logis.

Se faict, me dict luy ouvrir où estoit le vin.

Ce que fut faict et ayant recongneu le vin, ordonna de distribuer par rolles à ses gentilhommes et aultres ung thonneau de vin tenant sept thines et demi (1), puis après fit emplire deulx petit thonneau tenant deulx thines et demy, l'ung pour envoyer à mons^r le comte de Mansfeld et l'aultre pour son lieutenant.

Le 22e jour, led. coronal sortit et print son chemin contre Belfort.

Signé : N. Liegeard (2).

Original sur papier.

Archives Nationales, fonds Montbéliard, K 1966.

(1) Rolle des gentilhommes ausquels le sieur coronal fit delivrer du vin pour une fois :

Lieutenant	14
Fendreich	13
Wachtmeister	8
Quartiermeister	13
Proviandtmeister	13
Profes	8
Buchenair	8
Crantz	6
Der jungh Russermann	6
Zorff und Krell	6
Diene	6
Sibert von der Deibe	9
Der jungh von der Deibe	4
	101
Herman Ludwich	8
N'a poinct heu Hans	6

Und stalmeister.

Geferte von Stal	6
Munster Schreibe	4
Henrich Harnenburg	4
Oberst wagmeister	11
Borchman	4
Heinrich auch	4

(2) Nicolas Liégeard, originaire du comté de Bourgogne, occupait depuis plusieurs années le poste d'*escharguet* au château de

XXXIV

Lettre missive de Henri de Lorraine, marquis de Pont, à
M. de Rosne, lui envoyant l'état nominatif des villages
de l'évéché de Bâle, qu'il entend affranchir de tout logement et de toutes contributions de guerre.

1588 — 9 JANVIER.

Monsieur de Rone (1), je vous envoye le roole des villages de monseigneur l'evesque de Basle qui sont sur les frontieres du conté de Montbeliart, lequel je desire favorizer sur tous aultres, je vous prie de non les vouloir seulement exempter, mais faire faire aussy tost ung ban que nul de mon armée ayt à y aller, soit pour y loger ou fourrager sur peine de la vie, affin qu'en cela led. s^r evesque puisse cognoistre l'affection que j'ay au soulagement de ses villages,

Granges, lorsqu'il fut nommé par lettres du 17 avril 1585 (v. st.),
capitaine et châtelain en remplacement d'Hugues Fournier, décédé
le 9 janvier 1582. Nicolas Liégeard, malgré la reddition de la place
confiée à sa garde, conserva ses fonctions jusqu'en 1615; il eut pour
successeur Guillaume Verneroy. *(Archives Nationales, fonds
Montbéliard, K 1952.)*

(1) Chrétien de Savigny, sieur de Rosne, capitaine ligueur qui
joua un certain rôle dans les troubles de cette époque, fut lieutenant du duc de Guise à Châlons, et reçut du duc de Mayenne le
titre de maréchal de France. Le duc de Lorraine le nomma le 5 octobre 1587 maître de camp de dix compagnies de chevaux légers,
et nous le trouvons au nombre des chefs de l'expédition conduite
par le marquis de Pont. Chassé de France par Henri IV, il passa
au service de l'Espagne et fut tué dans les Pays-Bas pendant la
campagne de 1596. Une longue notice est consacrée à ce personnage par M. H. Lepage dans les *Lettres et instructions de Charles
III, duc de Lorraine, relatives aux affaires de la Ligue*, p. 34.
(V. A. de Ruble, *Mémoires de La Huguerye.*)

laquelle je luy ay fait entendre par lettres. Vous prendrez quatre de mes gardes pour envoyer en quatre desd. villages, et mons^r de Guise en fournira quatre des siens pour les aultres quatre, n'estant cestes à aultre fin.

Je prie Nostre Seigneur qu'il vous ayt, monsieur Rosne, en ses saintes gardes.

De Neufvie (1), ce 9 janvier 1588.

Vostre bien affectionné amy,

HENRY DE LORRAINE.

Damfereulx.	Courdematruy.
Montigney.	Cournol.
Lungney.	Fregiecourt.
Bournevesain.	Asuel.
Bonfol.	Charmoigle.
Vandelincourt.	Fontenoy.
Cueve.	Vilers.
Alle.	Bresaulcourt.
Courgenay.	Courtedoub (2).
Miecourt.	

Copie sur papier.

Archives de Porrentruy, liasse intitulée : Guerres de France, passage des troupes de Navarre et de Lorraine, n°s 299, 301.

(1) Neuvier, Doubs, arr. de Montbéliard, cant. de St-Hippolyte.
(2) Tous les villages mentionnés ci-dessus se trouvent dans un rayon très-rapproché de Porrentruy (Suisse, canton de Berne).

XXXV

Attestation de Ferrant Cavalquin, colonel de cavalerie au
service du duc de Lorraine, portant qu'il a laissé ses bagages en la maison du sieur de Maizière à Pierrefontaine.

1588 — 9 JANVIER.

Noi Ferrante Cavalchino, colonello di cavalli per
l'Altezza serenissima di Lorena, facciammo fede di
esser allogiato con la nostra gente nel vilaggio di
Pirfontaine, et noi con la nostra casa in casa di
Monsur de Maesiera, dove per non puoter commo-
damente condurre le nostre robe, le habbiammo las-
siate in casa del suddetto mons^r di Maesera in con-
segna, per mandarle apigliare quanto prima sara
commodo, et in fede di cio habbiammo firmata la
presente di nostra mano in Pirfontaine, li 9 di ge-
naro 1588.

Signé : FERRANTE CAVALCHINO.

Contresigné : LE MARQUIS DE MALESPINE.

(1) Nous reproduisons ci-dessous la lettre de recommandation
donnée au marquis de Malespine par Christine de Danemarc, mére
du duc Charles III de Lorraine, peu de temps avant la campagne
des princes lorrains.

« Mon filz, le sieur marquis Gabriel Malespine, present porteur,
« qui est lieutenant de la compaignie du sieur Ferrand Cavalquin,
« s'en allant presentement en Lorraine avec ladicte compaignie,
« pour estre employé à vostre service et vous assister de tout son
« pouvoir, m'a faict entendre de quelle affection et bonne volonté
« il desiroit vous le faire paroitre à ceste bonne occasion qui se pré-
« sente maintenant par delà, et comme je le cognois honneste gen-
« tilhomme qui est ja faict et dressé aux armes, et qui a servy le
« Roy de France en beaucoup d'occasions, où il a esté employé aux
« guerres, je ne peux que pour ces bonnes occasions je ne vous en

Au dessous : Je Nicolas Wernier sertifie que le baigaige du capithaine Ferande Cavalquin n'est pas arivée au lougis de mons^r de Maisiere, lesquelz est pas(s)é plus avant.

Signé : Nicolas Wernier.

Original sur papier.

Archives Nationales, fonds Montbéliard, K 1966.

<hr>

XXXVI

Sauf-conduit délivré par André de la Routte, capitaine des gardes du marquis de Pont, à Pierre Cuvier, son prisonnier, en vue du payement de sa rançon.

1588 — 10 janvier.

Nous soubsigné André de la Routte le chevallier, cappitaine des gardes de monseigneur le marquis,

« meité ce mot pour vous prier bien instamment l'avoir pour bien
« recommandé pour l'amour de móy, et luy faire à ma faveur tout
« le meilleur visage et traictement que vous pourrez ; de sorte qu'il
« coignoisse que la priere que je vous en faict ne soit point inu-
« tile à son endroit, l'asseurance que j'ay que vous le ferez me gar-
« dera vous en faire cette plus longue que pour prier Dieu qu'il
« vous donne, mon filz, en santé, bonne, heureuse et longue vie. »
De Derthonne, le 17 septembre 1587.

Vostre bonne mère, Chrestienne.

A mon filz, Monsieur le duc de Lorraine et de Bar.

Copie sur papier. (*Arch. Nat., fonds Montbéliard, K 1966.*)

Plus tard, nous voyons le marquis de Malespine entrer au service du roi d'Espagne ; dès 1592 il avait le commandement d'une partie des troupes italiennes à la solde de l'Espagne qui passèrent l'hiver en France et qui se joignirent au début de 1593 à Charles de Mansfeld, pour coopérer aux opérations militaires dirigées par ce capitaine. (V. De Thou, *Histoire de France*, t. xi, p. 646.)

certiffions avoir donné ce present congé à Pierre
Cu(v)ier, nostre prisonnier, pour aller se prouveoir
à apporter sa ranceon en noz mains montans à
trois cents escus sol, affin d'estre eslargy d'icelle,
laquelle il nous doit apporter dans lundy prochain,
douzieme jour du present mois de janvier octante
huict; et affin d'y prouveoir, comme il a promis,
l'avons laissé aller sur sa foyd, et qu'il puisse ra-
chepter Jacques Cu(v)ier, son nepveu, presentement
encor tenus et non eslargy. Par quoy prions à tous
chef et conducteurs d'armées, prevostz des mareschaulx, leurs lieutenans et aultres, si comme à luy
appartiendra, ne vouloir retarder led. Pierre, ains
à nostre faveur et respect le laisser passer, come en
tel cas vouldrions faire le reciproques, le cas y es-
cheant. Tesmoin nostre seing manuel cy mis ce sab-
medy X^e janvier mil V^e octante huict.

Signé : La Routte.

Original sur papier.

Archives Nationales, fonds Montbéliard, K 1966.

XXXVII

**Extrait d'une lettre donnant des nouvelles de la situation
d'Héricourt.**

1588 — 11 JANVIER.

Je me suis arrestez en ce lieu, attandant une promesse que la ville d'Hericourt nous ont faict, c'est
qu'il nous ont promis à se soir ou demain le matin
nous laisser entendre aud. Hericourt, que sera ung
grand soulagement pour les terres de son Alteze,

car nostre infanterie survient, quelque chose me-
ritant vous adverty, je ne fauldrez de la faire,
qu'est tout se que je vous peu adverty, priant Dieu
le createur.

Copie sur papier (1).

Archives Nationales, fonds Montbéliard, K 1966.

XXXVIII

**Mandement du marquis de Pont aux troupes sous ses
ordres, portant défenses, sous peine de mort, de faire
aucune incursion hors du comté de Montbéliard.**

1588 — 12 JANVIER.

De par monseigneur le marquis de Pont, general
de l'armée,

Il est tres expressement deffendu à tous les
cappitaines, chefz et conducteurs des gens de
guerres, soldatz ou autres, de quelque qualité ou
condition qu'ilz soient en ceste armée, de ne sortir
et habandonner leurs quartiers, soit en trouppes
ou à part, sans le congé de leurs cappitaines ou
autres ayans charge de leurs commander, et ne
courir ou fouraiger hors les terres du Conte de
Montbeliart, et ce sur peine de la vye, leur enjoin-
gnant de s'informer de ce qui sera desd. terres
ou non, affin qu'ilz n'en pretendent cause d'igno-
rance, dont ilz ne seront neanlmoings excusables,
et respondront les cappitaines de leurs soldatz, sur
la mesme peine.

(1) Au verso est écrit : Extract auss einem schreib vom 11 januarii anno 88.

Que lesd. soldatz n'yront au fouraige esd. terres
dud. Conte de Montbeliart sans le congé et licence de leurs cappitaines, et que leursd. cappitaines leurs ayt donné quelqu'un pour les conduire et commander, ce que leurs enjoingnons sur lesd. peines.

Est en outre deffendu, sur les mesmes peines de la vye, à touttes personnes estantz en lad. armée, de quelque qualité ou condition qu'il soit, de desmolir ny mectre le feu en aulcuns des bastimens et maisons estans es terres dud. Conte de Montbeliart.

Faict au camp de Vandoncourt (1), le XII janvier 1588 (2).

Original sur papier.

Signé : HENRY.   Contresigné : BARNET.

Archives Nationales, fonds Montbéliard, K 1966.

XXXIX

Lettre missive du colonel des troupes cantonnées à Etupes, demandant l'envoi de vivres et promettant d'épargner le village, si on lui donne satisfaction.

1588 — 12 JANVIER.

Hanc ancillam in hoc vestro vilagio repertam ad vos mittimus, aliquid istinc nobis ad manducandum et bibendum allaturam, quod si obtinuerimus, vilagium ab igne et alia molestia salvum erit, sin

(1) Vandoncourt, Doubs, arr. de Montbéliard, cant. de Blamont.

(2) Ce document a été publié par M. Ch. Duvernoy dans le Journal de l'Institut historique, année 1835, page 32.

minus comburetur, vobis interim promittentes
nihil damni eventurum fore, cui nobis monitione
oneratum misseritis. Datum in Etup (1), dudecimo
januarii 1588.

Colonellus militum levis armature
qui hospitatur in Etup.

Original sur papier, sans suscription.

Bibliothèque de Besançon, collection Duvernoy.

XL

Lettre missive d'Henri Farine, bourgeois de Porrentruy, notifiant à Jean Docourt, son cousin, que le baron de Schwartzenberg exige une somme de 400 écus pour sauver de l'incendie les trois maisons dudit Docourt sises au village d'Audincourt.

1588 — 12 JANVIER.

Monsieur le licentier mon cousin (2), depuis
nostre dernier depart de Montbeliard, j'ay conti-

____

(1) Etupes, Doubs, arr. de Montbéliard, cant. d'Audincourt.

(2) Jean Docourt, licentié es loix, était membre du Conseil de régence dès 1573; à cette date, les princes tuteurs du comte Frédéric
lui imposèrent l'obligation d'assister avec plus de régularité aux
séances et délibérations du Conseil *(Archives Nationales, fonds
Montbéliard, K 1926)*. Il parvint à gagner la confiance du comte de
Montbéliard qui, vers la fin de l'année 1589, l'envoya à Dôle avec
une mission spéciale. Jean Docourt devait répondre aux demandes
du gouvernement franc-comtois portant principalement sur l'aboli-
tion du péage du pont de Voujaucourt, sur le prélèvement d'une
taxe par les fiscaux de Bourgogne à cause de la recherche de mine-
rai d'argent à Damjoux, enfin sur le changement de religion des
sujets de Luze et Chagey *(fonds Montbéliard, K 1805)*. Jean Docourt mourut dans les premiers jours d'octobre 1597 laissant un fils
Samuel, et deux filles; la première, Anne Docourt, mariée en premières noces à Thiébaud Maigret, chancelier de Morspach, et en

nuellement estez detenu en arrest en vostre maison où j'ay receu beaulcop de faveurs, biens et
courtoisies de mons^r le baron de Schwartzenburg
qui y est logez, cheff de cinq compagnies de chevaulx lanciers et carabins. Toutesfois à ce vespre
est arrivez monsieur nostre Grosswoueble, qu'a ap-
pourté lettres de la part de mons^r de Guyse, par
l'intercession et prieres qu'ont fait de nostre part
messieurs les maistre d'hostel, chancelier et conseilliers de mon seigneur et prince l'evesque de
Basle aud. seigneur de Guyse verballement au lieu
de Vendoncourt, de maniere que tout ce que dix sept
hommes lanciers que nous avoyent courrus nous
sera restitué, comme led. seigneur baron nous a declairé. Et suis fort mary que n'estes demeuré en voz
maisons, d'aultant qu'eussiez heu moings de domaige que n'avez. Au reste, led. seigneur baron ce
jourdhuy après sopper m'a fait à declairer que je
vous debvois escripre expressement par lettres
que envoyeroit par sa trompette du bon matin,
que sy vouliez que vos trois maisons qu'avez à
Audincourt fussent preservées de feug et domaige,
que luy debviez envoyer quatre cens escuz, et que
sy ceulx du villaige vouloyent estres au semblable

secondes à Jean-Georges Moller, docteur en droit, conseiller du cardinal Andréas; la seconde se nommait Alexandrine. Par son testament, daté du 11 septembre 1597, il légua à sa fille aînée qui était
d'un premier lit, les deux tiers d'une maison à Porrentruy; à son fils
Samuel, ses maisons d'Audincourt, avec ses livres, ainsi que les
chaîne et médaille d'or qui lui avaient été données par le comte Frédéric; sa fille Alexandrine eut pour sa part les maisons et vignes
de Seloncourt. Jean Docourt contracta plusieurs mariages, sa première femme, originaire de Porrentruy, s'appelait Marie Buchinger,
la seconde, Françoise Vergier. *(Archives Nationales, fonds Montbéliard, Z² 1678, Registre des Causes testamentaires, 6 octobre
1597.)*

exempt de tel feug et domaige, qu'ilz luy en debvoyent envoyer trois cens, sinon qu'il mectroit au
departir tout en feug et en cendre, ce que par moy
entenduz estant fort plus triste et dolent que de
mon propre detenement, luy feists gracieusement
à respondre que je ne me pouvois ny debvois aulcunement mesler de tel faict, le priant humblement
de me tenir pour excuser. Toutesfois il m'ordonna
precisement et sans refus de le vous escripre, et
que absoluement debviés deans les onzes heures
du matin mander une responce, sinon mectroit le
faict en execution, sur quel faict je feis rechieff
prier Sa Seigneurie m'excuser de tel faict, voyre que
n'estiés poinct des subjectz de monseigneur le comte,
ains subjectz originel de mon seigneur et prince
l'evesque de Basle et feodal d'icelluy, que n'aviez
voz maisons à Audincourt sinon à cause du ma-
riaige de vostre seconde femme, qu'aviés voz enffans
en nostre ville de Pourrentruy aux escolles catholicques, voyre qu'estiés de la religion de mond. seigneur et prince, et que partant priois estre exempt
à vous escripre tel fait, comme aussy de ne mectre
le fait en execution. Sur ce sommairement il me
feist à dire que voz debvois escripre cestes et qu'il
scavoit le contraire par les lettres missives et livres
qu'il avoit veu en vostre maison, voyre ne vouloit
moings prendre, que m'occasionna à luy faire dire
que Sa Seigneurie demandoit plus que vostre pour-
tée n'estoit, et que sy Sad. Seigneurie voz demandoit cent escuz non seulement pour la garantisse
de feug des maisons d'Audincourt (1), mais aussy
pour les deux de Seloncourt (2), que se seroit plus

(1) Audincourt, Doubs, arr. de Montbéliard, ch. l. de canton.
(2) Seloncourt, Doubs, arr. de Montbéliard, cant. de Blamont.

que trop, sur quoy me feist responce qu'il n'en
prendroit moings des quatre, mais qu'il feroit garder de domaiges celles de Seloncourt par gens qu'il
y envoyeroit, aussy bien que celles d'Audincourt,
jusques à ce que toutes les trouppes seroyent passées. Que m'a occasionné à vous mander les presentes oultre mon gré et volonté, mais vous pouvés
estimer en quoy je suis constitué presentement et
qu'il me convient obeyr. Par quoy, monsieur mon
cousin, pensez bien à vos affaires et regardés quel
moyen voulez tenir à ce que Dieu vous veuille preserver de telz inconveniens de grans feugs que sont
esté ces jours passés à Mandeurre (1), Escurcei,
Bondevaulx, Vendoncourt (2), et aultres villaiges de
la seigneurie de Blamont. Il m'est d'advis que
vostre presence envers Sa Seigneurie feroit beaulcoup, ou defferant et renvoyant le faict à mons^r le
prevost, mayre ou maistres bourgeois de Porrentruy pour capituler avec luy, et que aussy voz por-
royent retirer seurement dehors, sy bien faire le
vouliés, et que l'intercession de mond. seigneur et
prince et de ses officiers que sont esté ce jourd'huy
à Vendoncourt y proffiteroit aussy. Je n'ay encour
entendus que ayent domaigez aulcungs subjectz
aux coups qu'ung seul, sinon des vivres, de pillaige
et de feug, et ne vous heust on pourté tel domaige,
sy vos meubles, coffres, lictz et pappiers fussent
esté en leurs places, comme on vous a fait, car les
soldas que n'ossent entrer en voz maisons ne heussent heu le moyen de les recuillir parmy les vies.
Vous ne fauldrez infailliblement d'envoyer à mond.

(1) Mandeure, Doubs, arr. de Montbéliard, cant. d'Audincourt.

(2) Ecurcey, Bondeval, Vandoncourt, Doubs, arr. de Montbéliard,
cant. de Blamont.

seigneur du vin de la ville avec quelque aultre munition, n'y en y ayant presentement aulcung vin en
vostre dicte maison, et ce pour rabiller la faulte que
Jehan a fait, qui debvoit retourner, *periculum est in
mora,* et pour vous garder de domaiges. Les soldas
ont beaulcoup emportez de voz biens par les maisons du villaige, que l'on pourroit faire à restituer,
en en faisant instance envers led. seigneur baron,
comme aussy de vostre cheval et aultres choses;
vous scavez beaulcoup mieulx qu'avez à faire que
moy mesmes, et ne fauldrez de mander vostre intention aud. seigneur deans les onze heures, affin
que pis n'advienne, me recommandant de tres bon
cueur à vous et à mes amys, priant le bon Dieu
qu'il vous veuille donner ses graces. De Audincourt hastivement, ce lundi au soir 12 de janvier 1588.

. Vostre à jamais serviteur, cousin et amys,

Henri Farine, bourgeois
de Pourrentruy.

Suscription : A Monsieur, monsieur le licentier
Jehan Docourt, mon bon seigneur, cousin et amys,
à Montbeliard.

Original sur papier.

Archives Nationales, fonds Montbéliard, K 1966.

XLI

Lettre missive de Vernier Vergier, prévôt de Porrentruy, et d'autres bourgeois de cette ville, parents du licentié Jean Docourt, à l'adresse de Jean Guyot Lovy, prévôt de Delle, le priant de leur procurer le cheval tout équipé qu'exigeait le baron de Schwartzenberg pour épargner les maisons d'Audincourt et Seloncourt menacées d'incendie.

1588 — 13 JANVIER.

Monsieur le prevost,

Ces jours passez nous susmes estez advertir que monsieur le baron de Schwartzberg estoit logez en la maison de monsieur le licentié Jehan Decourt, nostre cousin et beau frere, au lieu d'Adincourt, et qu'à son departement il avoit desliberé de mectre le feug deans les maisons tant dud. Adincourt que Seloncourt, si donc l'on ne luy donnoit la somme de 400 escuz d'or, et ce une fois pour tout. Estans advertir de son dessein avons presenter requeste à mon seigneur et prince, lequel à la faveur dud. s^r Decourt et de nous a rescript aud. s^r baron de avoir esgard et respecté led. Decourt. A quoy led. baron à l'honneur de Son Excellence a quicter lad. ranson, à condition touttes fois que pour avoir memoire de sa grace, il auroit desiré ung cheval et monture pour porter ung homme d'arme lancier, et selon que son estat mesme le requeroit; et pour ce faict a despescher deux trompettes pour nous faire scavoir son entier desir et resolution, moyennant quoy il mectroit des gardes esd. maisons pour icelles salver, ensemble des libvres, pappiers

et aultres meubles restans en lad. maison. Et pour
aultant que ne susmes forny de telle monture ou
cheval, estans advertir que pour le present en estes
fornyr, nous vous prions pour le respect et advan-
cement dud. s^r Decourt, que sans doubte scavons
bien estre vostre bon amys, nous voulloir accomo-
der pour l'argent d'une telle piece, seller et brider
et equipper, comme il appartient, et ce pour le bien
payer. Ce faisant nous obligerez à le desservir envers vous et les vostres, d'aussi bon cueur que
nous nous recommandons à voz bonnes graces,
prians Dieu vous donner,

Monsieur le prevost, les siennes et une bonne et
heureuse année, avec santé et longue vie. De Pourrentruy en haste, le 13 de janvier 1588.

Voz serviteurs bons voisins et amys,

VERNIER VERGIER, prevost; GERMAIN
GINDRE; HENRI GINDRE, mayre; NI-
COLAS ROSSEL, NICOLAS L'HOSTE,
maistres bourgeois; JEHAN ROSSEL
et aultres de la parenté dud. s^r
licentié Decourt.

Suscription : A Monsieur, Monsieur le prevost de
Dele, Jehan Guyot Lovy, nostre bon voisin, cousin
et amys, à Dele.

Original sur papier.

Archives Nationales, fonds Montbeliard, K 1966.

XLII

**Lettre missive de Jacques-Christophe de Blarer, évêque
de Bâle, à M. de Rosne, général de l'armée du marquis
de Pont, se plaignant des excès commis par les troupes
lorraines dans plusieurs villages de son évêché, malgré
les défenses expresses du marquis de Pont, et demandant réparation.**

1588 — 13 JANVIER.

Monsieur de Rone,

Nous ne doubtons qu'ayés receu le mandement
obtenu dimenche dernier à Neufvie par noz commis de mons^r le marquis du Pont, par lequel vous
estoit ordonné de faire à faire ung ban en l'armée,
que nul des soldatz eust à loger et fourrager dans
noz villages sur peine de la vie, ainsy que pourrés
encor veoir par la copie dud. mandement allante
avec cestes, et quant bien aurions aussy depuis et
de plus impetré dud. seigneur une exemption generale pour toutes noz terres de nostre evesché de
Basle, neantmoins et sans y prendre esgard seroient noz subjectz de nostre seigneurie de Pourrentruy depuis avant hier jusqu'au present estez
par les soldatz de lad. armée en diverses et infinies
manieres oultragez, vexez et molestez tant par la
prinse de leurs meubles que chevaulx et bestail,
s'estant l'insolence du soldat desbordée jusque là
d'avoir desvalizé noz officiers, scavoir, noz maire et
recepveur de ce lieu, qu'avions envoyé ausd. villages pour modestement destourner l'arrivée desd.
soldatz, leur ayant prins leur chevaulx à nous apar-
tenants, leur armes, bague et argent, comme de

mesme ils ont faict au sʳ de Milandre, gentilhomme, nostre cousin, subject et vassal; oultre ce ont arresté nostre messager qu'envoyions à monsʳ le marquis, luy ayant prins la boite d'argent où estoient noz armes, tellement qu'à raison de telz notables griefz sommes esté plus qu'occasionné nous en rendre complaignant par lettres le jour de hier à monsʳ le marquis, et par icelles le prier de faire à faire dehue perquisition desd. chevaulx et armes prinses, y ordonnant par après la restitution, et de plus nous envoyer ung gentilhomme par deçà à nous fraiz, ou bien quelque aultre personnage signalé pour soy tenir auprès de nous ou chevaucher avec noz officiers la part que le soldat se vouldroit jetter dans noz villages contre le vouloir et expresse defence de monsʳ le marquis. Mais nosd. lettres ne luy sont estées delivrées, parce qu'il estoit desja party, qu'est l'occasion que nous adressons presentement à vous comme general de lad. armée et commandant sur icelle en l'absence de monsʳ le marquis, vous faisant les mesmes doleances et priant, d'aultant que sommes et noz gens catholicques, n'ayant jamais faict ny mal ny desplaisir aux vostres, et partant que sans propos telz griefz ne nous doibvent estre faictz, mesme en consideration que sommes prince de Sainct Empire et aussy estroictement alliez et confederez avec messʳˢ les cantons catholicques (1), qu'ilz vous plaise de tenir la main en toute seuereté et diligence que la declaration du bon vouloir et affection que monsʳ le

---

(1) Jacques-Christophe de Blarer de Wartensée, chanoine de Bâle et Constance, élu évêque de Bâle le 22 juin 1575, fit alliance à Lucerne avec les sept cantons catholiques de la Suisse, le 28 septembre 1579. (Voir la biographie de ce prélat dans Trouillat, *Monuments de l'Histoire de l'ancien évêché de Bâle*, t. ɪ, p. ᴄxxxɪ).

marquis et aussy mons[r] le duc de Guise nous ont
faict entendre verbalement et par lettres soit exac-
tement et diligemment gardée et executée, et le ban
predict de non point entrer en noz terres et villages (quelz qu'ils soyent) soit en tous les quartiers
de l'armée derechef publié et maintenu, lesd. chevaulx, armes et aultres choses saisies sur les nostres
restituez, de m'envoyer ung personnage d'estat et
de marque pour remedier et pourveoir à tout desordre occurrent par deça que plus grand que ne
pourriés penser, et generalement vous comporter
au soulagement de noz paouvres subjectz (qui à verité dire sont pour ce peu de sejour desja esté plus
rudement traicté par telz soldatz qu'ils ne sont estez par cy devant par les huguenotz passez par ces
quartiers soub la charge de Clervant (1), comme
debvons justement attendre et nous confier en vous
seigneur vertueux, grand justicier et bon catholicque, à icelle fin que nous puissions sentir fruict
et contentement de si bonnes provisions qu'avions
obtenu de mess[rs] le marquis et duc de Guise, et
qu'il ne soit dict qu'aurions plus receu de dommages par nous amys que par noz ennemys. Nous
avons desja entendu la bonne affection qu'aviés au
soulagement des nostres que declarastes à nosd.
commis sambedy passé devant le Pont de Roide (2),
dont vous en mercions bien affectueusement et
nous confions d'autant plus en vostre droicturiere
et bonne intention que ne manquerés à l'effectuer,

(1) Claude-Antoine de Vienne, seigneur de Clervant, agent dé-
voué du roi de Navarre qui l'envoya en mission auprès de Casimir
de Bavière, était colonel général des Suisses dans l'expédition de
1587. (V. A. de Ruble, *Mémoires de La Huguerye*, t. III, p. 24.)

(2) Pont-de-Roide, Doubs, arr. de Montbéliard, ch. l. de canton.

et partant nous obligerés à le recognoistre envers vous et les vostres la part où aurons moyen faire chose qui puisse reussir et vostre contentement d'aussy bon cueur que prions Nostre Seigneur qu'à vous,

Monsieur de Rosne, vueille eslargir en santé tout bon heur et prosperité. De nostre chasteau de Pourrentrui, ce 13 janvier, l'an 88.

Vostre bien affectionné amy.

Suscription : A Monsieur, Monsieur de Rosne, general de l'armée de messieurs les princes, marquis du Pont et duc de Guise.

Minute sur papier.

Archives de Porrentruy, liasse intitulée : Guerres de France, passage des troupes de Navarre et de Lorraine, n° 316.

XLIII

Lettres de Jacques-Christophe de Blarer , évêque de Bâle, attestant les déprédations commises dans plusieurs villages de la châtellenie de Porrentruy par les soldats du marquis de Pont, et sollicitant la restitution des biens enlevés ainsi que délivrance des prisonniers.

1588 — 13 JANVIER.

Nous Jacob Christophe par la grace de Dieu evesque de Basle, prince du Sainct Empire, etc.

Attestons par cestes que nos pauvres subjects de

nostre vilage de Rocourt (1), comprins en nostre
chastellenie de Pourrentruy, se sont venus ce matin
complaindre à nous comme envyron neuf ou dix
harquebousiers à cheval du camp de serenissimes
et illustrissimes princes et seigneurs messieurs les
marquis du Pont et duc de Guyse, nos bons seigneurs
voisins et amys, se seroient hier envyron heure
de midy transpourté aud. vilage, où nos pauvres
subjects leurs donnarent à boyre et manger, et
leurs exhibarent tous offices et services à eulx possibles, mesme à leurs requisitions leurs donnarent
guydes qu'ilz contraingnirent de les conduyre en la
montagne ou nosd. pauvres subjects avoient retiré
en seurtée leurs chevals, lesquelx lesd. soldats prindrent et amenarent tous aud. Rocourt sur la nuit,
mais veans que lesd. pauvres subjects se commencerent à lamenter et plaindre que c'estoient les
leurs, ilz n'y arrestarent dadvantage, puis marcha-
rent oultre et furent pourşuyvy par nosd. subjects
jusques au vilage d'Aubevilers (2), comté de Montbeliard, lequel lesd. soldats passarent. Estimans
nosd. subjects qu'ilz sont logés à Erimoncourt (3)
proche dud. Aubevilers, et avoient pour guyde et
ayde à conduyre lesd. chevals prins ung de nos
subjects en une vacherie de lad. montagne, riere
nostre dite chastellenie, qui estoit contraint de mener ung cheval par le licol devant les aultres que
lesd. soldats chassoient après sans brides en trou-
peau d'envyron vingt six. De mesme se sont com-
plains à nous nos subjects de Dampvant et Res-
cler (4) que le jour devant d'aultres soldats auroient

(1) Rocourt, Suisse, sur la route de Besançon à Bâle.
(2) Abbévillers, Doubs, arr. de Montbéliard, cant. d'Audincourt.
(3) Hérimoncourt, Doubs, arr. de Montbéliard, cant. de Blamont.
(4) Damvant et Reclère (Suisse), près de la frontière française,
sur la route de Besançon à Bâle.

esté en leurs vilages et auroient prins guydes qu'ilz
auroient aussi contrains de les mener où nosd.
pauvres subjects avoient retiré leurs chevals, lesquelx lesd. soldats auroient prins, et comment aussi
nos subjects de nostre vilage de Courtedoubs (1),
proche des portes de ce lieu, lundy au soir furent
envahis par aulcungs soldats desd. trouppes qui
leurs emmenarent leurs chevals.

Semblable plainte font noz subjects de Vilars,
Fontenoy et Bressaulcourt (2) en nostre montagne,
à scavoir que la nuit passée ont aussi esté courus
et leurs ont aulcungs desd. trouppes emmené leurs
chevals. Le mesme ont ilz fait à nos subjects de
Courchavon (3) et de Fay (4), ils ne se contentent
lesd. soldats des chevals, mais emmenent et detiennent prisonniers plusieurs de nosd. subjects ; que
sont tous actes contraires aux exemptions et assu-
remens qu'il a pleu aux Altesses desd. seigneurs
princes nous outtroyer pour nos terres et subjects.
Si prions humblement et affectueusement leurs dites
Altesses et en leurs absences, messieurs les general,
colonnels, capitaines et aultres officiers commandans
en lad. armée de nous faire jouyr du fruit de
l'exemption et assurement predit, et pour ce y
mettre quelque execution plus arcte et pregnante,
comme aussi de faire restituer à nosd. pauvres
subjects pourteurs de ceste lettre le peu de bien
que leurs a esté tollu, comme dit est, et en oultre de
reslargir en liberté tous captifs qu'ils detiennent

(1) Courtedoux (Suisse), près de Porrentruy.

(2) Villars, Fontenois, Bressaucourt (Suisse), localités dans le
rayon de Porrentruy.

(3) Courchavon (Suisse), à proximité de Porrentruy, dans la direction de Delle.

(4) Fahy (le), (Suisse), sur la frontière française.

de nosd. subjects. Quoy faisans la volontëë et commandement de leurs Altesses sera accomplies, ce que nous obligera tant plus à leurs rendre tous humbles services et debvoirs à noz possibles. En tesmoignage desquelles choses avons fait sceler ceste de nostre seau accoustumé.

Donné à nostre chasteau de Pourrentruy, le 13 de janvier 1588.

Minute sur papier.

Archives de Porrentruy, liasse intitulée : Guerres de France, passage des troupes de Navarre et de Lorraine, n° 315.

XLIV

Plainte des sujets de l'évêque de Bâle dans la châtellenie de Porrentruy relative aux déprédations commises à leur détriment par les soldats du marquis de Pont.

1588 — 14 JANVIER.

Les subjects de monseigneur le reverendissime evesque de Basle des vilages dè sa reverendissime seigneurie en la chastellenie de Pourrentruy cy en bas speciffiez se complaingnent que mardy et hier leurs ont esté prins et emmenez par divers soldats du camp de serenissimes princes et seigneurs messeigneurs les marquis du Pont et duc de Guyse plusieurs leurs biens et chevals. Parquoy icelluy reverendissime seigneur supplyent tres affectueusement messeigneurs les general, colonnelz et capitaines du camp desd. seigneurs princes, de en confor-

mitée de l'exemption outtroyée favorablement par
leurs Altesses aud. seigneur reverendissime et à ses
subjects de faire rendre à iceulx pourteurs de ceste
leursd. biens et chevals que dit est, et par tel effect
faire jouyr led. seigneur et reverendissime du fruit
de lad. exemption. En quoy sera accomplye la
bonne volontée desd. seigneurs princes, et led. seigneur reverendissime dadvantage oblige tant envers leurs Altesses que mesd. s^{rs} leurs deputez que
desd. En tesmoingnage de quoy led. s^{r} reverendissime a fait seeler ceste de son seel accoustumé.
A Pourrentruy, le 14 de Janvier 1588.

> Les subjects et habitans de Boncourt (1).
> Les subjects et habitans de Roche d'or.
> Les subjects et habitans de Cheveney.
> Les subjects et habitans de Recler.
> Les subjects et habitans de Bressaucort.
> Les subjects et habitans de Vilars sus Fontenoy.

Minute sur papier.

*Archives de Porrentruy, liasse intitulée : Guerres
de France, passage des troupes de Navarre et de
Lorraine, n° 318.*

(1) Toutes ces localités sont en Suisse dans un rayon très-rapproché de Porrentruy.

XLV

1588 — 14 JANVIER.

Messieurs,

Comme il pleut aux Altezes de messeigneurs les
serenissimes et illustrissimes princes mess^{rs} les
marquis du Pont et duc de Guyse, noz tres honorez
et redoubtez seigneurs, lundy passé vous commettre à noz requisicion et pour le respect de monseigneur le reverendissime et illustrissime mons'
l'evesque de Basle, nostre maistre, pour garder et
preserver de l'incurssion et injure des soldatz suyvans les camps desd. seigneurs illustrissimes princes
les vilages et biens des subjects, terres et seigneuries de nostredit seigneur et maistre, et que à cest
effect vous repartismes par aulcungs desd. vilages
sur les advenues de ceste terre de Porrentruy et
chastellenie de Saint Ursanne, appartenans entierement à nostredit seigneur et maistre, en quoy vous
vous demonstrastes tres volontaires, et depuis jusques à oyres, comme sumes infformez, vous vous
estes comportez au soulagement des vilages où re-
sidez dehuement, sans qu'ilz ayent depuis receu
dommages, or, comme par les plaintes que noz
subjects des aultres vilages nous font d'heure en
aultre, que lesd. soldatz ne s'arrestent aux vilages

où estes logez, ains passent plus avant deans lesd. terres et seigneuries de Pourrentruy et voyre jusques à lad. seigneurie de Saint Ursanne qu'est oultre la Montagne, où ilz font de grands degasts, prenans et emmenans les chevauls et biens de nosd. subjects. A ceste occasion et pour tant myeulx prevenir à telz inconvenians, envoyons devers vous avec ceste nostre patente le present porteur, receveur de nostredit seigneur et maistre, et vous prions de vous repartyr ung à ung et loger aux aultres vilages telz qu'il vous desclairera, où serez bien receu et traité, et tant faire que lesd. vilages soyent preservez de telles injures, quoy faisants ferez chose conforme et aggreable aux bonnes volontées et commandements de leurs Altezes, voz maistres, et nous obligerez tant plus. En tesmoingnage desquelles choses avons fait seeler ceste patente du seel ordinaire de nostredit seigneur et maistre. Donné aud. Pourrentruy le 14 de janvier 1588.

Voz bons amys et voysins à vous obeyr, les deputez de monseigneur le reverendissime et illustrissime evesque de Basle.

Minute sur papier.

Archives de Porrentruy, liasse intitulée : Guerres de France, passage des troupes de Navarre et de Lorraine, n° 320.

XLVI

Lettre missive de l'évêque de Bâle à M. de Savigny, le priant de faciliter la recherche et restitution des chevaux enlevés à ses officiers et à son cousin le sieur de Milandre, et d'envoyer un trompette pour conduire et sauvegarder les députés des cantons catholiques.

1588 — 14 JANVIER.

Monsieur de Savigny,

J'ay entendu par le rapport de mes gens les bons offices employez au solagement de mes subjectz et à la restitution de ce que quelques soldatz desreiglez leur avoient prins, mesme voz honnestes offres que de plus aviez faictz à tenir la main que perquisition se fera des chevaulx saisys tant à noz officiers qu'au s^r de Mylandre, mon cousin, et aultres des nostres, dont je vous en mercie tres affectueusement, et vous prie qu'en continuation de celle vostre bonne volunté en mon endroict soit le plaisir vostre de faire assister mon groz vallé et serviteurs presents pourteurs avec les meilleurs moyens qu'aviserés, à icelle fin que les chevaulx et aultres biens puissent estre treuvez, recogneuz et restituez, et qu'à l'advenir mes paouvres subjectz soyent respectez et espargnez comme appartenantz à ung prelat qui desire infiniement faire service et rendre toute bonne amityé à mess^{rs} les princes, voz maistres, et à vous, me confiant entierement que de ce n'estes moins enclins que mess^{rs} les princes, lesquelz m'en ont donné toute bonne asseurance et signifié affectueusement leur debonaire et droicturiere intention. Quant au soldat qui avoit desvalizé mon messager et luy osté la boite de mes armes, je vous prie en faveur de moy luy pardonner et le faire esloigner. Et d'autant que mes tres chers amys et alliez mess⟩ˢ des cantons catholicques, estans advertys de l'arrivée de mess⟩ˢ les princes, voz maistres, en ces quartiers envoyent derechef leurs ambassadeurs par deça, que j'attend au disné en ce lieu, je vous prie leur envoyer une trompette ou aultre suffisant personnage encor ce jourd'huy en ce lieu pour les conduire à demain en seurté jusqu'en l'armée où ilz desirent aller, en quoy ferez à moy et à eulx plaisir singulier, que recognoistrons la part où aurons commodité faire chose à vostre contentement, autant vous presentant mes amytiés et services, prieray Nostre Seigneur qu'à vous,

Monsieur de Savigny, vueille eslargir en santé longue vie, tout bon heur et prosperité. De nostre chasteau de Pourrentruy, le 14 janvier 1588.

Vostre tres affectionné amy.

Suscription : A Monsieur, Monsieur de Savigny (1), colonnel general de reitres de l'armée de monsieur le marquis du Pont.

Minute sur papier.

Archives de Porrentruy, liasse intitulée : Guerres de France, passage des troupes de Navarre et de Lorraine, n° 321.

---

(1) Probablement Philippe de Savigny, seigneur de Montreuil, gentilhomme de la chambre du marquis de Pont, qui fut nommé bailli de Vosges le 13 janvier 1589 en remplacement de Claude de Reinach, et qui devint maréchal de camp en 1591. (H. Lepage, *Lettres et instructions de Charles III*, p. 208.)

XLVII

Lettre missive d'Antoine d'Oiselay, seigneur de la Villeneuve, à Frédéric de Wurtemberg, comte de Montbéliard,
confirmant le RUDE ET DESPLORABLE TRAICTEMANT
subi par les pauvres villageois du pays durant le passage
des troupes lorraines.

1588 — 14 JANVIER.

Monseigneur,

Celle qu'il a pleu à Vostre Exellence me daigner
escripre d'ois Harbourg (1) du 26ᵉ decembre m'a
estez seullemant randue ce jourd'huy environ les
dix heures du mattin, lhouant Dieu que Vostre Exellence soit en bonne disposition et santée, je luy
randray tres humble et tres fidele service en ce qui
luy plaira me commander de zele et entiere affection ; elle aura bien estez advertie du rude et desplorable traictemant qu'ont receuz les pauvres villageois de ce peys par le passage de messieurs les
marquis du Pont et duc de Guyse par ced. peys
avec leurs trouppes. Or Dieu par sa grace nous
veulle d'oresenavant preserver et guarder de telles
foulles et veulle donner,

Monseigneur, à Vostre Exellence tres heureuse et
tres longue vye, luy baizant très humblement les
mains. D'ois sa petitte maison de la Villeneufve (2),
ce XIIIIᵉ janvier 1588.

Tres affectioné à randre à Vostre Exellence
tres humble service.

A. D'OISELEY.

(1) Le comte Frédéric de Wurtemberg s'était retiré dès le début
de l'invasion dans ses domaines d'Alsace, et se trouvait à Horbourg
(anciennement Haut-Rhin, arr. de Colmar, cant. d'Andolsheim).

(2) Villeneuve (la), Haute-Saône, arr. et cant. de Vesoul.

Suscription: A Monseigneur, Monseigneur le conte de Wirtemberg et de Montbelyard.

Au verso se trouve cette mention : Monsieur de la Villeneufve escrit qu'il a receu les lettres de son Excellence et luy veult rendre service.

Présentées le 9 de janvier 1588 (vieux style) environ les 9 heures du matin.

Original sur papier.

Archives Nationales, fonds Montbéliard, K 1966.

XLVIII

Capitulation d'Héricourt conclue entre Gérard de Reinach, séigneur de Saint-Baslemont, colonel de reîtres, assisté de Jean de Cobréville, grand prevôt des Ardennes, d'une part, et les maîtres bourgeois d'Héricourt, au nom des habitants de cette ville, d'autre part.

1588 — 14 JANVIER.

Sur ce que messire Gerard de Reinach, chevalier, baron de Montquentin, coulonnel ordinaire de mil reitres pour le Roy catholicque d'Espagne et au present de douze compagnies d'infanteries lorrenois pour Sa Majesté, aussy d'ung regiment desd. reitres pour l'Alteze de monseigneur le duc de Lorenne, de Callabre, son chamberlam et capitaine de ses gardes de Suisses, gouverneur et capitaine de Longvy, auroit par diverses fois faict sommer ceulx de la ville d'Hericourt d'eulx redhuire et soubmectre à l'obeyssance, garde et protection de Sad.

Majesté catholicque, et quicter toutes armes et deffences contraires aux desseins des armées et forces
catholicques, se retreuvans presentement aux envyron d'illec, les maire, maistres bourgeois, jurez et
habitans de lad. ville, tant pour eulx qu'au nom des
aultres bourgeois et subjectz fourains d'icelle ville
et seigneurie d'Hericourt, doubstans et prevoyans
ce que aparraument leur adviendroit, et pour evyter
leur eminentes ruynes et totales desolations, ont
sur ce traicté, capitulé et conditionné avec led. seigneur de Montquentin, et Jean de Cobreville, escuyer, seigneur dud. lieu, Huvin et Lavaulx, grand-
prevost des Ardennes et commissaire-general des
montres de Sad. Majesté en la duché de Lucem-
bourg, presentement envoyez par Son Altezc de
Parme, en la sorte et maniere que s'ensuit :

Premier, que le capitaine et soldardz ayant faict
garde de lad. place, en nombre de cent et vingt ou
envyron, se pouront librement retirer où bon leur
semblera, avec enseignement et sauf-conduicte,
affin qu'aulcungs tord, moleste, ny recerche ne leur
soit faict en leurs personnes ou biens, pour cause
de leur service ou aultrement, et particulierement
sera condhuict led. capitaine avec toutes seureté de
sad. personne et biens deux, trois ou plus de lieux
vers la part qu'il vouldra tirer.

Que lesd. seigneurs entreront avec leur suittes
en lad. ville, et de plus avec vingt cinq soldars ar-
quebouziers, pour ayder à la garde d'icelle avec les
bourgeois, sans aultres garnisons ou charge de
gens de guerre pour le present, s'il n'est de besoing
et ilz en requierent.

Que tous lesd. bourgeois et habitans tant en
general qu'en particuliers seront reçeuz et maintenuz en la garde, protection et deffences de Sad.

Majesté catholicque avec promesses que à leurs
personnes, biens, femmes, enffans ou familles ne
sera faict aulcungs tord, moleste, ny recherche pour
chose que se soit, vivant en l'obeissance dehue à
Sad. Majesté, et comme tous aultres habitans et
bons subjectz de ses peys, terres, villes et seigneuries, et ceulx de ses bons vassaulx catholicques
font, et dont promptement ilz feront le serement
dehuz et requis aud. sʳ de Montquentin, quy de-
meurera leur chefz et gouverneur tant et sy longuement qu'il plaira à Sa Majesté.

Que moyenant ce ilz seront maintenuz en leurs
anciennes franchises, previlleges et libertez, sans
aulcunement faire ny permectre estre faict au contraire par quelques rançons, impositions de deniers, ou aultres charges extraordinaires.

Que s'il advient aulcungs sejours de lad. armée
et troupes estans es envyrons, ilz n'entreprendront
rien allencontre ny au prejudice du present traicté,
ains sy veullent quelques solagement et assistances
de lad. ville, ce sera avec payement raisonnables.

Que sy aulcungs desd. bourgeois et habitans de
lad. ville ont volonté d'eulx retirer d'icelle pour
vivre ailleurs, faire le pourront promptement,
enpourtans leurs biens et meubles à leur volonté
et sans empeschement quelconques.

Comm' aussy lesd. bourgeois fourains, ayans
aulcungs biens, meubles ou vivres retirez en lad.
ville et chasteau, les en pouront sacquer et trans-
pourter ailleurs sans contredictz.

Lesquels poinctz et articles susd., en general et
particulier, iceulx sieurs de Montquentin et de Cobreville pour une part, et lesd. de la ville pour
l'aultre, ont promis et par cestes promectent soubz
leurs foys d'honneur et serementz respectivement

de tousjours et inviolablement accomplir, effectuer
et maintenir, sans aller au contraire, ayant iceulx
seigneurs pour asseurances et tesmoingnaige de
verité signez cestes de leurs noms, comm' aussy
ont faict honnorables hommes Nicolas Jacquin,
procureur; Guillaume Vuillot, maire (1); Jean Perdrix, recepveur (2); Jean d'Argent, Pierre Brihenridot, maistres-bourgeois; Henry Ouldot, Jean Mourel,
Estienne Paignot, jurez; Henry Perdrix, Jean Carpet, Gaspard George, Michiel Thuetté, Regnauld du
Vaulx, Jacques Barbauld, Servais Barbauld, Nicolas
Barbauld le jeune, Jean Belot, Nicolas Belot le
jeune, Jacques Richardot, Nicolas d'Argent, Guidot
Verennet, Pierrot d'Ormoy, Jacques Chargepot,
Jean Chargepot, Anthoine Recepveur, tous bourgeois, deputez et representans la generalité desd.
bourgeois ét habitans dud. Hericourt. Ainsy faict,
passé, capitulé et accordé, le quatorzieme jour du
mois de janvier, l'an mil cinq cens octante huict (3).

(1) Guillaume Vuillot exerçait les fonctions de maire et prévôt à
Héricourt dès l'année 1567; il figure en qualité de maire, ainsi que
Jean d'Argent, maitre bourgeois, Jean Carpet et Antoine Receveur, bourgeois jurés dans le registre de la justice d'Héricourt de
l'année 1577. (*Archives Nationales*, *fonds Montbéliard*, *Z² 2301
et 2308*).

(2) Jean Perdrix fut nommé receveur d'Héricourt par lettres du
13 juin 1583, et dut succéder à Claude Fallot que nous voyons cité
comme receveur de 1575 à 1577. Malgré son adhésion au traité conclu avec Gérard de Reinach, le 14 janvier 1588, il resta en fonctions;
les habitants de Bussurel lui intentèrent, de 1589 à 1591, un procès
pour malversations au sujet desquelles une enquête fut ordonnée,
et Jean Perdrix fut cité le 10 février 1591 devant le Conseil de Montbeliard pour se justifier des faits qui lui étaient imputés. Il eut
comme successeur Jean Jacquin qui fut également poursuivi pour
concussion dans sa charge, condamné à être décapité, et vit sa
peine commuée en détention perpétuelle. (*Archives Nationales,
fonds Montbéliard, K 1916, Bestallungen buch, fol. 191; K 1946*).

(3) Ce document a été publié par M. Duvernoy à la suite de son
récit de l'Invasion des Guises. (*Journal de l'Institut historique*
1835, p. 32-33).

Signé : G. DE REINACH, JEHAN de COBRE-
VILLE, JACQUIN, G. VILLOT, D'ARGENT,
P. BRIHENRIDOT, J. CARPET, N. BELOT,
JEHAN BARBIER, M. TUETTÉ, H. PER-
DRIX, MOUREL, E. PAINIOT, AINRI OU-
DOT, JAIQUE RICHARDOT, PIER D'OR-
MOY, SERVOY BARBAULT, NICOULAS
BARBAULT, A. RECEPVEUR, JAQUES
CHARGPOT, JAIQUE BARBAULD, R. DU
VAULX, JEHAN BELOT.

Au mesme jour et instaument se sont faict les
promesses reciproques icy dessus contenues, et s'est
ensuivy l'entré desd. seigneurs, suitte et soldars,
aussy la sortie et sauf-condhuictz du capitaine et
ceulx ayans servy en ceste ville à leur contentement; et le seizieme dud. mois envyron le mydy
les habitans d'icelle generalement assemblez et con-
vocqués tous par ensemble en la place du chasteau,
ont faict le serement de fidelité à Sa Majesté catholicque et jurez de luy estre obeissans et le recongnoistre à tousjours pour leur souverain protecteur
et deffenceur. Tesmoing le nom et seing de moy
greffier soubsigné.

(La signature du greffier est absente).

Original sur papier.

Archives Nationales, fonds Montbéliard, K 1966.

XLIX

Lettres de sauvegarde accordées par Gérard de Reinach, seigneur de Saint-Baslemont, aux habitants du village de Bussurel, qui ont fait leur soumission entre ses mains.

1588 — 15 JANVIER.

Nous messire Girard de Reynach, chevallier, seigneur de Bellemont et de Moncointin, colonnel de reitres, certiffions que les habitans du village de Buxerel (1) ne sont estez rebelles et se sont rendus volontairement entre noz mains au service de Son Alteze, prions à tous seigneurs colonnelz, capitaines, lieutenans, officiers et aultres ayans charge de gens de guerre vouloir soulager et suporter lesd. habitans en tout ce que pourrez et comme estans subjectz et serviteurs à Sad. Alteze. Donné à Héricourt, ce 15° de janvier 1588 (2).

Signé : G. DE REINACH.

Original sur papier.

Archives Nationales, fonds Montbéliard, K 1966.

(1) Bussurel et Byans sont deux localités de la Haute-Saône, arr. de Lure, cant. d'Héricourt; Semondans est situé dans le département du Doubs, arr. et cant. de Montbéliard.

(2) Des lettres analogues, conçues en termes identiques, furent délivrées aux habitants des villages de Byans et Semondans; les lettres concernant le village de Byans ont été publiées par M. Ch. Duvernoy à la suite du récit contemporain de l'Invasion des Guises. *(Journal de l'Institut historique, 1835, p. 33.)*

L

Lettres de sauvegarde délivrées par Gérard de Reinach, seigneur de Saint-Baslemont, à sept soldats de la garnison d'Héricourt, qui s'en retournent en leur village de Seloncourt.

1588 — 15 JANVIER.

Nous messire Gerard de Reynach, chevalier, seigneur de Saint Ballemont et de Moncointin, collonnel de reittres, savoir faisons à tous qu'il appartiendra que les soldatz presentz porteurs quy sont en nombre de sept, se sont rendus voluntairement entre noz mains pour le service de Son Alteze avec ceulx de la ville d'Hericourt, prions à tous seigneurs collonnelz, capitaines, lieutenans, officiers et autres ayans charge de gens de guerre vouloir donner passage ausd. soldatz pour s'en retourner en leurs village de Seloncourt, suivant la promesse que leurs en avons faicte en entrant en la ville, et ne permetre leurs estre faict desplaisir, comme en cas semblable ferions pour eulx, sy requis en estions. Et pour verrification de ce nous avons signé cette de nostre main aud. Hericourt, le 15 de janvier 1588.

Signé : G. DE REINACH.

Original sur papier.

Archives Nationales, fonds Montbeliard, K 1966.

LI

Lettre missive de l'évêque de Bâle à M. de **Savigny**, le remerciant de l'envoi de deux gentilshommes pour accompagner les députés des cantons catholiques, le priant de faire grâce au soldat qui avait dérobé la boîte à ses armes, et le renseignant sur la prise d'armes des Bernois que les gens de Neufchâtel avaient appelés à leur secours dans la crainte du passage des Lorrains.

1588 — 15 JANVIER.

Monsieur de Savigny,

Vous m'avez faict plaisir de m'avoir adressé ces deux notables gentilhommes pour accompaigner jusqu'en vostre armée les ambassadeurs de messieurs des cantons catholicques, ayant de plus remarqué la bonne affection qu'avez en mon endroict en ce que de si bonne volunté vous voulez employer à faire restituer à mes subgectz les chevaulx et autres choses que quelques soldatz de vostre armée leur pourroient avoir prins et ostez, je vous mercie du tout tres affectueusement et me confie que tiendrés si bon ordre et ferés telle assistance à mes officiers qu'à cest effect j'envoye vers vous, que le tort faict aux miens leur sera reparé par vostre moyen, ainsy que je m'asseure que messieurs les princes voz maistres desirent estre faict. Et vous prie de ne vous formaliser en severrité de justice contre le paouvre soldat qui avoit osté à mon messager la boite de mes armes, il en est desja assé corrigé, et serois marry, voire me seroit ung regret perpetuel, si pour mon respect et si petit cas il deubt aultrement estre traicté qu'en toute douceur, attendu mesme que lad. boite m'est rendue, dont

vous en scay bon gré, par quoy vous prie derechef
qu'en ma faveur il n'en ayt à souffrir aultre chose,
ains qu'il soit eslargy et dispensé pour ceste fois de
la rigueur de justice; ayant ceste confiance en vous
que tel faict luy sera pardonné je n'en escripray à
mons^r le marquis, ce que je ferois indubitablement
si je deusse scavoir que led. soldat en deubt estre
recensé plus oultre. Quant aux nouvelles desirés
scavoir de l'amas de gens que les Schwisses protestans pourroient faire, il n'y a aultre fond, sinon
que ceulx de Neufchastel sur le lac cuidans que
messieurs les princes les vouloient envahir avoient
en grand sursault et frayeur invocqué en ayde
ceulx de Berne, Soleurre, Fribourg et mes subjectz
de Bienne et Vaulx de Sainct Immier, comme aussy
d'aultres. Et est bien vray que les Bhernois estoient
desja sorty de leur maisons avec deux mil comba-
tans en intention de secourir lesd. de Neufchastel,
et que plusieurs aultres voisins se mettoient aussy
en armes pour led. secours, mais ayans tous entendu que vostre armée prenoit son chemin contre
Montbeliard, ung chascun s'est retiré en sa chascune, de mode qu'au present en toute la Schwisse
il n'y a amas de gens que soit venu à ma notice.
J'avois à l'instant qu'en fus adverty envoyé defence
estroicte à mes subjectz de s'en tenir quoy sans
rien entreprendre à mon insceu, à quoy ilz ont
obey, et vous sera dict le surplus par lesd. s^{rs} ambassadeurs ausquelz je me refere, vous presentant
mon amytié, salut et tres affectueuses recommen-
dations, et priant Nostre Seigneur qu'à vous, Monsieur de Savigny, vueille impartir en santé tout bon
heur et prosperité. De mon chasteau de Pouren-
truy, ce 15 janvier, l'an 1588.

   Vostre bien affectionné amy.

Suscription : A Monsieur, Monsieur de Savigny, premier mareschal de camp de l'armée de mons^r le marquis du Pont, prince de Lorraine.

Minute sur papier.

Archives de Porrentruy, liasse intitulée : Guerres de France, passage des troupes de Navarre et de Lorraine, n° 323.

LII

Lettre missive du capitaine Arbitre à Michel Zecker, trésorier du comte de Montbéliard, l'invitant à verser entre ses mains la somme de cinq cents écus pour racheter de l'incendie sa maison sise au village de Bart.

1588 — 16 JANVIER (N. ST.)

Monsieur le tresorier maistre Michel (1), il est advenu que je suis logé en vostre maison laquelle

(1) Michel Zecker, neveu du secrétaire d'Etat Léonard Binninger, remplit l'office de trésorier du comte Frédéric, de 1567 à 1600; c'est en cette qualité que le 10 août 1588, il rédigea et adressa à son maître un important mémoire traitant des moyens à employer pour donner cours en Franche-Comté et en Allemagne aux monnaies du pays de Montbéliard. Le 12 septembre 1598, il fit son testament à Montbéliard dans la maison où il résidait, rue des Febvres, et y ajouta un codicille, le 6 mars 1600. Aux termes de ce testament, il laissa l'usufruit de ses biens à sa femme Cathin Poinssot, légua cent francs forts à Jean Vernet fils de Georges Vernet, son neveu, et institua ses héritiers, Anne Zecker, sa sœur, pour un tiers, Esther Velfin, sa nièce, mariée à Michel Delaunay, capitaine de Franquemont, pour un autre tiers, Albrecht Binninger, greffier de Blamont, et Vuillemette Paget, sa femme, pour le dernier tiers, désignant comme exécuteur testamentaire, son cousin, le vice-chancelier Hector Carray. A la date du 21 avril 1600, son décès se trouve mentionné dans le registre des *Causes testamentaires*, et le 10 septembre suivant, ses héritiers furent invités à rendre les comptes de sa gestion comme trésorier. *(Archives Nationales, fonds Montbéliard, Z² 1679, fol. 57; K 2009, 2028.)*

je fais conserver pour me semble estre tres belle,
et seroit grand dommage d'estre bruslée, encor
que en ayée donné subjet, veu que n'avons trouvé
ne pain ne vin dedans, pourtant si la voulée conserver du feu, envoyée moy cinq cens escus, si
donques ceux de la ville n'entre en composition
pour toute la terre. Et si ceux de la ville n'entrent
en composition, s'il y a quelque particulier qui desire conserver ces trois premiers villages, regardés
de vous cottiser ensemble, si ne vouler voir un
beau feu dont vous pourrés chauffer de vostre ville.

Signé : ARBITRE.

Suscription au verso : Monsieur le trésorier, maistre
Michel, à Mombeliart.

Au verso se trouve cette note : Les voleurs logez
en ma maison de Bart demandent cinq cens escus
pour ne brusler le villaige.

Present(é) le 6 de janvier 1588.

Original sur papier.

Bibliothèque de Besançon, collection Duvernoy.

LIII

**Lettre missive du capitaine Arbitre déclarant qu'il n'ac-
ceptera pas moins de quatre cents écus pour épargner la
maison du trésorier Michel Zecker, et que quant aux
autres maisons du village, elles seront immédiatement
livrées aux flammes.**

1588 — 16 JANVIER (N. ST.)

J'ay sceu par la vieille femme comme il y a ung
des amis du tresorier qui veult donner quelque

argent pour sauver la maison et biens dud. tresorier, ilz feront bien de l'envoyer demain au matin, mais qu'ilz n'envoyent rien moins de quatre cens escus.

Quant aux aultres qui n'ont voulu convenir, qu'ilz s'asseurent que demain au matin ilz verront belle danse partout et se pourront bien chauffer au feu de leurs maisons, car je vous jure qu'il n'y en aura nulles exceptées que celles qui se rachepteront. Envoyez-moy response par cette femme et vous ferez bien.

Signé : ARBITRE.

Original sur papier.

Bibliothèque de Besançon, collection Duvernoy.

————

LIV

Réponse de Georges Vernet à la lettre du capitaine Arbitre qu'il a reçue en l'absence de Michel Zecker, exprimant tous ses regrets de ne pouvoir payer la somme demandée, son cousin le trésorier se trouvant ruiné par l'incendie de ses maisons à Vandoncourt.

1588 — 16 JANVIER (N. ST.)

Monsieur l'Arbittre,

En l'absence de mon cousin le tresorier, j'ay receu voz lettres, pour ausquelles respondre je n'ay voullu faillir vous advertir qu'il est impossible vous envoyer les quatre cens escus par vous demandez pour n'avoir moyen de ce faire, en consideration de ce qu'il ne m'a laissé denier quelconque, bien sachant aussi qu'il n'en est fourny, parce qu'il n'y a

guere de temps qu'il a achepté maisons et heritaige
au lieu de Vandoncourt qu'ont esté bruslez avec
grande quantitey de grainne, que luy causera sa
ruynne entiere, parce que lesd. maisons et heri-
taiges ne sont encore du tout payé, dont je vous
suplie tres affectueusement et pour l'honneur de
Dieu prendre esgard à ce et tenir la bonne que la
maison qu'il a au lieu de Bart (1) de reste luy soit
conservée, affin que luy et sa pouvre femme qu'est
aussi absente en Allemaigne se puissent cy après
retirer en icelle. Sur ce m'estant recommendé à voz
bonnes graces, je prie Dieu vous maintenir en la
sienne.

Votre serviteur,

GEORGE VERNET.

Original sur papier non daté.

Bibliothèque de Besançon, collection Duvernoy.

LV

Lettre missive du capitaine Arbitre en réponse à celle de
Georges Vernet lui annonçant qu'eu égard aux pertes
subies par son cousin le trésorier, il réduit de moitié le
chiffre de la rançon exigée pour la maison du village de
Bart.

1588 — 16 JANVIER (N. ST.)

Monsieur Vernart,

J'ay veu la lettre que me escrivés et les pertes
que a receu vostre cousin le tresorier, avec la volumpté que je n'ay poinct de bruler, qui me faict
remettre la somme à moytié, ou à ce que aviserés

______

(1) Bart, Doubs, arr. et cant. de Montbéliard.

comme trouverés honneste, et je promès sur ma foy faire conserver la maison et tout ce qu'il aura dedans; partant anvoié le moy incontinant par ung tambour qui s'en retournera avec ce garson (1), vous voiés que je me remés à la raison, avisés an faire de mesme, si desirés le bien de vostre cousin.

Signé : Arbitre.

Je me oblige par cette lettre, et gardés la, de conserver la maison, et n'an viendra faulte sur mon honneur.

Suscription au verso : A Monsieur Vernart, le cousin du tresorier Michel.

Original sur papier.

Bibliothèque de Besançon, collection Duvernoy.

LVI

Lettre missive du trésorier Zecker au capitaine Arbitre par laquelle il s'engage à lui faire remettre trois cents écus dans les vingt-quatre heures qui suivront le départ des troupes lorraines, s'il veut bien préserver de l'incendie la commune de Bart.

1588 — 17 janvier (n. st.)

Monsieur l'Arbittre,

Comme ce matin suis de retour du pays d'Allemaigne, j'ay trouvé en mon logis à moy delivré par

---

(1) D'après la Chronique de Hugues Bois de Chêne (édit. Wetzel), « le 8 de janvier 1588 (18 janvier, n. st.) l'on print un jeune garçon qui fut accusé d'avoir mis le feu à Bart en la maison du trésorier Zicker, lequel fut pendu devant les halles, et certains Italiens et François à un serisier sur la Crotte, » ne s'agirait-il point de cet émissaire du capitaine Arbitre, mentionné dans la présente lettre.

mon cousin quelques lettres que m'avez escript
pour avoir certainne somme d'argent, moyennant
quoy promectez preserver mes maisons de Bart,
affin qu'ilz ne soient bruslez, qu'est la cause que je
vous prie bien affectueusement d'avoir esgard au
grand desastre à moy ja advenu au lieu de Vandoncourt de quatre maisons et granges que me
sont ja esté bruslez avec grande quantité de grainnes
et tout ce qui estoit, aussi perdu tout le bestial, et
je vous promectz, en tant que preserviez tout le villaige de Bart de n'estre bruslé, deans ung jour après
que les troupes seront sorties de vous faire tenir
soit au lieu de Beffort, l'Isle ou aultres que nou-
merez trois cens escus, et de quoy je vous asseure
qu'il n'y aura nulle faulte dud. payement; si vous
mesmes n'estiez present, donnez seullement charge
à quelcung pour les recepvoir en vostre nom, me
confiant que aurez esgard à ce que dessus ne feray
ceste plus longue, me recommendant humblement
à voz bonnes graces, je prie le Createur vous avoir
en sa grace. Dez Montbeliard, ce 7e de janvier 1588.

Votre serviteur,

Michel Secke, tresorier.

Suscription : A Monsieur, Monsieur l'Armitre,
conducteur de l'armée, mon bon seigneur, à Bart.

Note inscrite au verso : Lettres de quelques capitainnes ayans bruslé et ravaigé rière le comté de
Montbeliart, 1588.

Original sur papier.

Bibliothèque de Besançon, collection Duvernoy.

LVII

**Lettre missive du capitaine Dupuis invitant les bourgeois
de Montbéliard à lui envoyer quelque argent, s'ils veulent
sauver de l'incendie la papeterie de Courcelles. (1)**

1588 — JANVIER.

Messieurs,

S'il y a quelq'un de vous aultres qui aye envye
que la papeterye (2) se conserve, qu'il me face envoyer quelque honnesteté, et je promest ma foy
qu'elle sera conservée, et y mecterèz garde pour
ceste effect, vous assurent aussy, que sy l'on y
menque, je vous en ferèz veoir la flame dans la
nuict, mais malheureulx soige, sy m'envoyez honnestement quelque chose, sy elle ne demeure entiere. Adieu (3).

Le cappitaine Du Puys (4).

Original sur papier.

Bibliothèque de Besançon, collection Duvernoy.

(1) Quoique non datées les lettres du capitaine Dupuis et La Grâce
se rapportent à la même époque et peuvent prendre place à la suite
des lettres dont nous venons de donner le texte.

(2) Il s'agit de la papeterie nouvellement construite dans le village de Courcelles-les-Montbéliard et qui devint la proie des
flammes, ainsi que l'imprimerie fondée par Jacques Foillet.

(3) Cette lettre a été publiée par M. Duvernoy dans ses notes servant d'éclaircissement au récit de l'Invasion du comté de Montbéliard par les Guises. *(Journal de l'Institut historique, 1835, p. 29.)*

(4) Le capitaine Dupuis était un de ces aventuriers qui ne vi-
vaient que pour le pillage, embrassant indifféremment toutes les
causes; nous le retrouvons en 1595 du côté de Neufchâtel, en Suisse,
sur la frontière bourguignonne; il commandait une bande qui, vers

LVIII

Lettre missive du capitaine La Grace au sieur Barbier, bourgeois de Montbéliard, l'engageant à payer sans retard certaine somme d'argent, s'il désire conserver la maison de son parent menacée d'une ruine complète.

1588 — JANVIER.

Monsieur,

J'ay receu vostre lettre où j'ay veu que avés volumpté de conserver la maison de vostre parant, part quelque somme d'argent que je remestz à vostre volumpté, considerés la perte qu'il aura an la maison, regardés à me anvoyer la somme part ce porteur, je vous assurerés foy de cavaliere que la maison sera conservée, et laysserés soldasts dedans pour la garder de nos troupes. Avisés à ne faillir à ce, où je vous avertie de la ruine antieremant de la maison. Adieu.

Signé : LA GRACE.

Original non daté.

Suscription au verso : A Monsieur, Monsieur Barbier à Montbeliart.

Bibliothèque de Besançon, collection Duvernoy.

---

le mois d'avril 1595, pilla le prieuré de Mouthe et commit tous les excès imaginables. A la date du 21 avril, le Conseil d'Etat de Neufchâtel mis en cause par le comte de Champlitte qui l'accusait de favoriser le brigandage du capitaine Dupuis, se défendit d'entretenir aucune intelligence avec ce capitaine. *(Archives cantonales de Neufchâtel,* M 15, nᵒˢ 6 et 27.)

LIX

Lettre missive du capitaine La Grace à Georges Quailot, bourgeois de Montbéliard, fixant une rançon de deux cents écus pour la maison dudit Quailot au village de Sainte-Suzanne où il a établi son logis.

1588 — JANVIER.

Monsieur George Culo,

Je desire vous faire courtoisie, pourveu que m'en recognoissiés, je vous conserveray vostre maison pour estre mon logis, regardés aussi de m'envoyer deux cens escus et je vous conserveray la maison, les granges et ce qui sera dedans. C'est tout ce que vous scaurois mander, pourtant advisés d'y pourvoir, car si messieurs de la ville ne tiennent la composition, il vous en prendra comme aux aultres.

Signé : LA GRACE.

Note au bas de la pièce : Ledit capitaine estoit logé au villaige de Sainte-Suzanne ung quart de lieu de Montbeliard.

Suscription au verso : A Monsieur George Culau, à Montbeliart.

Original sur papier entièrement autographe, non daté.

Bibliothèque de Besançon, collection Duvernoy.

LX

Autre lettre du même capitaine La Grace, annonçant au sieur Georges Quailot l'incendie de deux maisons voisines de la sienne qui ne tardera pas à subir le même sort.

1588 — JANVIER.

George Culau,

Je vous ay rescrit ce matin et pensois que dussiés faire plus d'estat ce bien que n'en faictes, à ce matin mesme il y a deux maisons de vos voisins bruslées, et ay conservé la vostre, attendant vostre response, mais je voy bien que ne faictes grand estaut, et vous prometz la foy que vous en feray repentir, si ne me mandés par ceste femme vostre volunté.

Signé : LA GRACE.

Suscription : Au sire George Culau à Montbeliart.

Original sur papier.

Bibliothèque de Besançon, collection Duvernoy.

LXI

Lettre missive de Jean Clerc, intendant de Sébastien de Reinach, seigneur de Morvillars, l'instruisant des dangers auxquels il s'exposerait en se rendant à Morvillars, eu égard au désespoir des paysans.

1588 — 21 JANVIER.

Monsieur,

Estant en ses quartiers pour negotier quelques affaires pour monseigneur Le Grand au faict d'Eri-

court, je m'estois resolu vous aller treuver à Morvillers, mais l'on m'a faict entendre que passant
oultre je serois en danger de ma personne mesme
des paysans qui sont comme desesperés. Come j'ay
vehu que ne veniés, je suys esté contrainct admo-
dier les fours pour ung an, qui sont esteés monteés
publicquement aux halles après proclamations en
faictes en l'eglise où ont assister mons^r de Seroz
et plusieurs aultres, qu'ilz ont montés à quatorze
vingtz frans, qu'est plus que je n'esperois, come
plus à plain le pourrés scavoir. Il convient admo-
dier les terres pour semer les avennes au plus tart
deans trois sepmaines, sy vous playt, me mande-
rés quant pourrés venir à Cheix, ou comme avés
intention faire en voz affaires; l'on m'a faict deffences de ne distraire voz vaches et beufz en terre,
que je me suys offert de payer du mien propre
deux fois austant que la valeur, ou l'on treuveroit
estres estées saisies ou conté de Bourgoigne, et
pour ce seroit bien faict que mons^r de Sainct Belmont en escrit ung mot à mons^r le gouverneur ou
à la court par où il attesteroit n'avoir estée prinses
oud. conté. Je ne feray rien en voz affaires jusques
je aye entendu responce, pryant Dieu que à vous
mond. seigneur et à ma demoyselle doient l'entier
acomplissement de vos genereux desirs. Dez Mont-
boson (1), le XXIe janvier 1588.

Vostre tres humble serviteur,

JEHAN CLERC.

Je salue monsieur vostre tres cher pere auquel
je luy baise bien humblement les mains.

(1) Montbozon, Hte-Saône, arr. de Vesoul, ch. l. de canton.

Suscription : Monsieur, Monsieur de Morvillers (1)
à Morvillers.

A côté se trouve cette note : Le facteur du boiteux
de Morvillers.

Original sur papier.

Archives Nationales, fonds Montbéliard, K 1966.

LXII

Lettre missive du capitaine Etienne Saige au bailli de Montbéliard, lui annonçant qu'il est resté un parti de soldats
dans le château du Magny-d'Anigon, qui achèvent de
ruiner le pays, et renouvellant sa demande des munitions pour la place d'Héricourt.

1588 — 24 JANVIER (N. ST.)

Monsieur,

Je vous envoye la responce de la lettre que messieurs les maistres bourgeois avoient envoyé à
monsieur de Sainct Belmont, il y en a beaucop
qui percistent tousjours en leurs oppinions et cher-
chent par tous moyens de remedier à leur re-
prinse, je croy qu'ilz en ont advertiz le gouverneur
de Bourgoigne. L'on m'a asscuré que dans le chasteau du Maingny dan Hugon il y avoit quinze ou

(1) Jean-Sébastien de Reinach, seigneur de Morvillars, de 1589
à 1593, par l'effet de son mariage avec Elisabeth d'Arbois, fille de
François d'Arbois possesseur de cette seigneurie, ne laissa point
d'enfants, et eut pour successeur Walter d'Andlau qui épousa sa
veuve vers 1595.

vingt soldatz qui ruinent encore le reste des subjectz, et croy veritables que ce sont voisins dud.
lieu, pour ce que le reste de l'armée a passeez oultre,
est desja avancé jusques en Lorraine; qui envoie-
roit quelque troupe d'arquebuziers, je pensse qu'on
leur feroit à quitter la place. Les reiters qui ont
prins le chemin d'Allemaigne s'encheminent à
grandes journées et ont peur de rencontre de Son
Excellence, s'il m'arive quelque nouvelle, je ne
faudray de vous envoyer ung homme exprès. J'ay
rescry à monsieur de Vuillarmin (1) touchant la
neccessité en quoy nous soumes en ce lieu, (je pensse
qu'i vous l'aura coumuniqué) qui est de pouldre,
de plon et de vin. Je vous supplie bien humblement,
Monsieur, de nous en envoyer, me recommandant
bien humblement à voz bonnes graces, et priant
Dieu,

Monsieur, qui vous doint accomplissement de voz
bons et vertueux desir. D'Hericourt, ce XIIIᵉ de
janvier 1588.

Vostre tres affectionné soldat et serviteur.

Signé : Lesaige (2).

(1) Laurent de Willermin avait le commandement de l'une des
compagnies formant la garnison de Montbéliard sous les ordres de
Paul de Beaujeu.

(2) Etienne Saige ou Le Saige, réfugié bisontin, frère de l'or-
fèvre Ferry Saige qui vint s'établir à Montbéliard au mois de janvier 1572 *(Archives municipales de Montbéliard, Livre rouge)*,
était capitaine d'une des compagnies françaises composant la garnison de Montbéliard, et commandait la place d'Héricourt au mo-
ment de sa reddition entre les mains de Gérard de Reinach. Dans
le cours de sa longue carrière, Etienne Saige remplit d'impor-
tantes missions diplomatiques; au mois d'octobre 1589, il fit partie
de l'ambassade française envoyée auprès des électeurs et princes
de l'Empire sous la conduite de Nicolas de Harlay. Plus tard la
maison de Wurtemberg utilisa ses services, cette famille princière
avait avancé à Henri IV des sommes considérables (plus de 756,000

Suscription : A Monsieur, Monsieur le bailly de Montbeliart (1), à Montbeliart.

Original sur papier.

Archives Nationales, fonds Montbéliard, K 1966.

livres) dont elle sollicita le remboursement ; ce fut le capitaine Saige qui se rendit à la Cour de France pour négocier le règlement de cette créance, mais sans succès, car aux termes d'une lettre du 8 avril 1594, Henri IV s'excusa de ne pouvoir faire droit aux réclamations qui lui étaient présentées, en invoquant sa pénurie d'argent et, « n'estimant à propos de retenir le capitaine Saige plus longuement en cette poursuicte » le renvoya à son maître (J. Guadet, *Lettres missives de Henri IV*, t. viii, p. 527-28.) En avril 1596, le capitaine Saige et le chancelier Zenger furent dépêchés auprès du roi de France, et rendirent compte le 3 mars 1597 du résultat de leurs négociations *(Bibliotèque publique de Besançon, collection Duvernoy).* Après la mort du comte Frédéric, Etienne Saige resta au service de son successeur et figure en 1608 parmi « les capitaines entretenuz » qui prêtèrent serment au nouveau duc Jean Frédéric. *(Archives Nationales, fonds Montbéliard, K 1916, Bestallungen buch, fol. 69.)* Etienne Saige mourut au mois de juillet 1622. Par un premier testament en date du 20 mai 1614, qu'il fit à Montbéliard, dans sa maison de la rue d'Aiguillon, il légua à son compère Jean Thevenot, secrétaire de Son Altesse, « l'effigie » d'or qui lui avait été donnée par le comte Frédéric avec deux doubles ducats, à Michel Virot, bourgeois de Montbéliard, « l'effigie » de l'électeur palatin, enfin à Abraham Morlot, celle du roi et de la reine de France, et laissa à sa femme, Anne Bertrand, l'usufruit de ses biens qui durent revenir à ses frères et sœurs. Un second testament passé le 6 janvier 1621 à la Ferté-sur-Amance, modifia ces dispositions, au moins en ce qui concerne les legs particuliers, Jean Thevenot reçut le médaillon du prince Frédéric, et Michel Virot, celui du duc de Wurtemberg ; sa succession fut partagée entre ses frères, sœurs et neveux. *(Archives Nationales, Z² 1682, fol. 2.)*

(1) Samuel de Reischach, ancien gouverneur du comte Frédéric, successeur de Jean de Mundolsheim au gouvernement de la principauté de Montbéliard.

LXIII

1588 — 27 JANVIER.

Joan. Baptist. Nobilio, archiepiscopo Vercellensi.

Quas VIII calendas decembris Vercellis datas litteras D.(ominatio) T.(ua) scripsit, eas pridie accepimus, et ut quod sat est, ingenue fatear, maximopere dolemus te fructu tuorum laborum absque nostra culpa tamdiu caruisse. Nam cum pontificiae custodiae capitaneo tuo nomine ut ageret in mandatis dederam, qui cum ubi esses vel loco ubi degeres ignoraret, accedente presertim falso quodam tum forte rumore de tuo obitu nescio quid sparso, quicquid in suam fidem recipere vel agere voluit, atque ita nos in hunc usque diem magna nostra cum molestia longius quam par est protracta fuit, nobis interim nescientibus alias secure quicque in illas partes transmittendi commoditates; sed ablegabitur quam primum proprius iterum tabellarius Lucernam, experturi si capitaneus urbem necdum repetyerit et an num vel r.(everendissimus) fortassis nuncius apostolicus tantum suo vel nostro nomine in se recipere velit. Mirum est quam res me Giex anxium habeat, sed dabitur opera, ut prima nobis oblata occasione nihil ex nostra parte amplius desiderari possit. Eatenus afflictis quotidie

novas supperadditur afflictiones, necdum cessatum
est. Dux etenim Guisius, cum Germanas equites,
qui contra nostram religionem et Regem in Gallias
hostiliter profecti fuerant, usque in Burgundiam et
nostra confinia numeroso exercitu prosequeretur,
accidit ut cum redire in Lotharingiam per comitatum Montispeligardiae nobis vicinum vellet, aliquot
diebus in eodem cum suo milite consisteret, sin-
gula misceret et undequaque latissime omnia circum circa depraedaretur, subditi mei maximum
atque irrecuperabile, omni illorum pecore et equis
pro majori parte abactis, damnum persensere. Dis-
cessit hinc tandem, prius comitis illius heretici
pagis omnibus inflammatis atque exustis, vino, fru-
mento, pecoreque omni suo quoque perditis vel
devastatis. Atque ita fit ut ab inimicis pariter et
amicis, certissimo meorum interitu, assidue verte-
mur, hisce D.(ominationem, T.(uam) viribus suis
iterum confirmatam deinceps incolumem, quam
optime videre exoptantes. In castro nostro Prun-
trut, VI Kal. februarii, a° 88.

Minute sur papier.

*Archives de Porrentruy, liasse intitulée : Guerres
de France, passage des troupes de Navarre et de
Lorraine, n° 321.*

LXIV

Avis des capitaine et officiers de Blamont au comte Frédéric de Montbéliard constatant que pendant le passage des troupes lorraines, deux soldats faits prisonniers et arquebusés par le peuple avaient avoué que le pillage du pays leur avait été donné en récompense par le duc de Guise.

1588 — 20 FÉVRIER (N. ST.)

Sur l'ordonnance et rescription qu'il a pleu à nostre redoubter souverain seigneur et prince, monseigneur le conte Fridrich, d'envoyer aux cappitainne et officiers, tres humbles serviteurs de Son Excellence, donnent responce et advertissement avec toutte dehue humilité, mesmes lesd. cappitainne et procureur pour l'absence des aultres officiers n'estans à la ville, que pendant le passage des trouppes lorrainnes et françoizes, il n'y a heu aulcungs d'eulx detenus ny constituez prisonniers, (pour ce qu'ilz n'aprochoient de la portée du canon) sinon deux alemandz que sont esté envoyez par led. cappitainne à Montbeliart, item, ung jeune homme que fut harquebousé par les barbisiers après avoir declaré que le Guysard leur avoit baillé du pillaige le peys de par deça, et confessa d'avoir aydé à brusler ung village, que fut cause que par la furie du peuple il fut ainsi harquebousé. Et l'Italien, dont lad. rescription faict mention, lequel, comme led. cappitainne fut adverty d'aulcungs subjectz qu'il estoit au lieu de Villers soubz Dampjour (1)

(1) Villars-sous-Dampjoux, Doubs, arr. de Montbéliard, cant. de Pont-de-Roide.

malade, l'envoya querre nuitamment, le detint prisonnier par quelques jours, pendant lesquelz ayant
esté reiterés fois soingneusement enquis et interrogué, l'on n'a sceu entendre de luy ny d'aultres aulcungs desseings desd. trouppes, sinon qu'iceluy
Italien a declaré, en s'excusant qu'il estoit Napoli-
tain venant de Flandres, qu'il avoit entendu que
lesd. trouppes vouloient faire sejour par deça, qu'estoit la cause qu'il estoit venu pour se joindre à eulx;
bien vray estoit qu'il avoit entendu que mons^r de
Guyse leur avoit baillé en pillage pour six jours les
peys de par deça pour eulx recompansser, et que
mons^r de Rosne avoit dit, que par la sang Dieu s'il
y auroit ung soldat que partit de son logis sans y
mectre le feug, qu'il le brusleroit luy mesme, s'excusant led. Italien n'estre cause ny n'avoir nulle-
mant consantu aux maulx qui se faisoient, qu'il
estoit seulement à l'entrée du peys et au premier
village, neantmoins, après qu'il fut conduict hors
la ville, il fut suyvy et harquebousé par la furie du
peuple. Il y demeura quelques autres gogeardz et
soldatz par les villages au depart, mais ilz ne furent
de rien interroguez, pour ce que à cause de la furie
du peuple ilz furent à l'instant mis à mort. Et n'ont
sceu lesd. cappitaine et officiers aultre chose comprandre, sinon ce qu'est sy en escript.

Led. cappitainne dit qu'il a entendu par l'ung de
ses soldatz nommé Jehan Maire qu'il avoit envoyé
à Grandvillers (1), lequel Jehan Maire ouyt et entendit aud. lieu qu'ung certain particulier qu'on dit
monseigneur d'Essert se jactoit et se vantoit avec
grandz blasphemes, comme de chard et mord Dieu.
qu'ilz avoient bien tenus et chevauchés (usant de

(1) Grandvillars, Haut-Rhin, territoire de Belfort.

propos villains et detestables que ne s'osent rediger par escript) les filles et femmes de par deça, et qu'ils ne se soucioient gueres des coups de canons qu'on leur laschoit sus dez le chasteaud, que ce n'estoit que pouldre et munition perdue. Sur ce prient lesd. cappitainne et officiers Dieu le createur que à Sad. Excellence donne santé, longue et heureuse vye. Dez Blaumont en haste, le X° en febvrier 1588.

Il n'y a pour le present aulcungs prisonniers.

De Sad. Excellence les tres humbles serviteurs.

Signé : Paul Noel, Vurpillot (1).

Suscription : A hault et puissant seigneur, monseigneur Fridrich, par la grace de Dieu conte de Wirtemberg et Montbeliart, seigneur souverain de Blaumont, audit Montbeliart.

Original sur papier.

Archives Nationales, fonds Montbéliard, K 1966.

---

(1) Jacques Vurpillot, receveur de la seigneurie de Blamont, qui épousa l'une des filles du secrétaire Jean Thevenot.

LXV

1588 — 3 MARS.

Sieur Pierre Robillot,

J'ay resceu les letres du seigneur de Magnau-
court par le prevost de Bruyeres (1), aveque lequel
j'ay treté e acordé pour trois sans escus solz pour
la ransson de Jaques Cuyer de Poucé (2) de la seigneurie de Ricourt à Clemont, mon prisonnyer,
auquel prevost j'ay promys en me dellivrant lesd.
trois sans ecus solz, je luy dellivreray led. Jaques
Cuyer en ses mains pour le vous fere randre à
Lusseu, e partant advisei de fere devoir, e le pleus
tost sera le meilleur pour le prisonnyer, me recommandant à vos bonnes graces, priant Dieu,

Sieur Piere, vous conserver. De Nancy, ce 3ᵐᵉ jour
de mars.

Vostre tres afectionné à vous servir,

LA ROUTTE.

Vous savés que les despans sont chers.

Suscription : Au sieur Piere Robillot, à Lusseu.

Original sur papier, autographe.

Archives Nationales, fonds Montbéliard, K 1966.

(1) Bruyères-en-Vosges, Vosges, arr. d'Epinal, ch. l. de cant.
(2) Jacques Cuvier était originaire du village de Poset.

LXVI

Lettre missive de Sébastien de Reinach à M, de Willermin, baron du Chatelard, lui exprimant tous ses regrets des dommages que lui ont fait subir les troupes lorraines, dont il a eu lui-même à souffrir, et le priant d'intercéder auprès du comte de Montbéliard au sujet du séquestre injustement mis sur ses terres et seigneuries.

1588 — 4 MARS.

Monsieur mon cousin,

J'ay receux hier vostre lettres par lesquelles j'entens le domache que on vous a faict, que j'en suis fort mary, mais Dieu vous restituera quelque aultre choses en recompance de cella, et tous vous voisins et amis vous assisteront à remesoner, et moy pour le premier en choses qu'il me sera possible. J'ay receux une lettres par vous et mon oncle de Francquemont (1), que vous prions d'aller querir mes tantes et mes cousines qui sont à Montbliardt pour ce retirer en quelque part, je vous envoya une lettres par le capitaine Lesages come j'etois devant les portes pour les rescevoir et les mener la oux qu'il leur eut pleu pour estre en sauvegarde, et mesme je feux trouvé mons^r le marquis et mons^r de Guise pour avoir scaves guardes pour vóstre maison et je n'en suis jamais peut avoir. Ont m'at porté domage à ma signorie de plus de quatre mil escus en ma signorie, aussy estant arrivé à ma maison es enten-

_____

(1) Jacques de Franquemont avait épousé en premières noces Ursule de Brunighoffen, tante d'Elisabeth d'Arbois, dame de Morvillars; c'est par son mariage avec Elisabeth d'Arbois que Jean Sébastien de Reinach était devenu neveu de Jacques de Franquemont.

deux par mon granger de Dalle et d'autre part que
Son Excellance avoit mis la mains es terres et signories sur sa juridiction et faire defendre ne moy
rien payer de ce que ont me devoit en sad. signorie,
mais je scaurois volontiers les resonns pourquoy
moy n'ayant faict nulle tor ou mal à Son Excellance
qu'el puis prandre mon bien, mais au contraire Son
Excellance scait bien que je luis suis de tout an-
cieneté serviteur moy et mes parens, nostre armez
de reitre l'ayant plustot prescervé que de luy porter
domage, sinon que vivre resonablement, mais entre
nos povres soldas faut obeir aux chef que nos co-
mandé aurest. Je vous supplie de supplier à Son
Excellance de me pardoner ceste pour ceste fois, et
que je luis suis tousjours serviteur come du tans
passé, et vous prie de me favoricé envers Son Excellance de avoir responce de ceste pour queles
reisons il me detient mon biens, et serez tousjours
atteneux de vous faire service. Du surplus touchant
la cedule qu'avez de moy, je me troveré ces jours
à Monbliardt pour aller revisoter mes tantes et
mes cousines et mes bons voisin, et cepandant nous
traiterons par ensemble de ce que je vous dois,
aultre choses pour ceste, sinon mes tres humbles
recomandations à vous bonnes graces et à celle de
madame vostre famme, ma cousine, et à tous les
betites cousin, et s'il vous plaict, vous ferrez le semblable à tous mes oncles et tantes, et mes bons amy
de ma cognoissance de par delà, que prie à Dieu
que à vous doinst,

Monsieur mon cousin, en santé, prosperité, heureuse et bone longue vie. De Monthereulx (1), ce
quatrieme en mars, l'an 1588.

---

(1) Montreux, Haut-Rhin, territoire de Belfort, cant. de Fontaine.

Ma fame vous baise les mains ensemble de madame vostre fame, sa cousine, et à tous les petites cousins.

Vostre humble serviteur à jamais,

SÉBASTIAN DE REINACH (1).

Suscription : A Monsieur mon cousin, Monsieur de Willermin, barron du Chatellardz, à Monbliardt.

Original sur papier, autographe.

Archives Nationales, fonds Montbéliard, K 1966.

LXVII

Lettre missive du sieur Besançon de Belfort, archer de la garde du duc de Lorraine, à M. de Beaujeu, gouverneur de Montbéliard, pour se disculper des accusations dirigées contre lui principalement au sujet d'Héricourt.

1588 — 10 MARS.

Monsieur,

La bonne affection et amitié que j'ay cogneu que mon seigneur le comte de Sallme (2) vous pourte m'ont occasioné l'advertir que l'on m'avoit mandé

---

(1) D'après les enquêtes qui furent instruites après le départ de l'armée des Guises, Jean Sébastien de Reinach, seigneur de Morvillars, surnommé le *Boiteux* de Morvillars, aurait prêté les mains aux désordres commis par les troupes lorraines dans le comté de Montbéliard, ce qui explique le séquestre mis à titre de représailles sur ses terres et seigneuries par Frédéric de Wurtemberg.

(2) Jean IX, comte de Salm, fils de Jean VIII et de Louise de Stainville, mort sans alliance en 1600.

que Son Excellance estoit tres mari en mes endroict par quelques faulx rappors que l'on luy
pourroit avoir faict ou à ces officiers, je vous prie
bien humblement en faveur de mon seigneur le
comte vouloir faire entendre à Son Excellance que
je luy supplie tres humblement vouloir commander
à quelque personage des siens que information soit
faicte en ces terres de moy envers ces pauvres
soubject, et s'il ce trouve ung seul homme qui
puisse dire avec verité que j'aye logé une seule
heure, ni moy ni ceulx qui estoyent en ma puissance, ny prins hommes, ny bestial, ny la valeur
d'ung denier, mais aultant s'en fault que je l'aye
faict. Que l'on demande le maieur d'Arbre (1)
et tous les villages à l'entour, cy je ne suis party
nuictanment d'auprès de Clerevaulx pour les advertir, et leur dire: « Retirez vous incontinant
avec tout vostre bestial, ou aultrement, vous estes
perdu. » Et mesme je treuvat de nuict beaulcoup de
ces pauvres soubject, lesquelz ce retiroyent du
costée de que l'ennemi venoit, dont je les conduict
jusque hors des troupes. Et ce treuverat ausy qu'il
n'est esté jour que je n'aye faict rendre hommes et
bestial, et mesme au petit village où que j'ay une
grange, les soubject de Son Excellance ensemble
des femes, enfans et bestial c'y estoyent retirée, qui
assureront que je les ay faict à garder par des soldatz, comme les mien propres, sans en avoir prins
la valeur d'ung blanc, et ce treuverat que j'ay ren-
voyée cinq de ces soubject depuis la coste de Sa-
verne, dont le plus jeusne avoit l'age de soysante,
comme que je preuveray facilement que j'ay rache-
tez jusque au nombre de dix sept des soubject de

(1) Aibre, Doubs, arr. et cant. de Montbéliard.

Son Excellance, sans en avoir prins la valeur d'ung
blanc, car je savoys bien les volontez de Son Alteze
et de monseigneur le marquis et de monseigneur le
comte de Sallme, qu'estoyent de ne faire aulcungs
desordres aux terres de Son Excellance, sinon que
de passer le plus ligierement que possible seroit,
dont Son Alteze a sceu à la verité le bon debvoir
que j'en ay faict de ma petite puissance, dont Son
Alteze m'at dict à mon departement à la presance
de monseigneur le comte que je luy avois faict services bien agreables, et m'at commandez de ne rien
demander à Claude Bourrelie (1) qui est esté exan-
tez par voz faveurs, neanlmoins que j'ay payé et
contanté le capitaine La Forest des quatre vingt
escus que j'avois promis, Son Alteze m'at dict
qu'en cas que le capitaine La Forrest ne me ren-
droit les quatre vingtz escus, qu'il les me feroit
à rendre de ces finances. Touchant Esricourt, je
ne puis nier que je n'y sois esté avec mons^r de
Sainct Bellemont lequel estoit mon corronel, et vous
promect la foy que le capitaine Sage est esté cause
que la terre d'Esricourt n'est poinct esté brulez, car
les aultres avoyent conclu entierement, que cy
mons^r de Saint Bellemont n'y entroit, qu'il entre-
royent par forces, mesme le peuple desiroit l'entrée,
car il sont venu eulx quatres bourgois jusque au

(1) Claude le Bourrelier, bourgeois de Montbéliard, que l'on voit
receveur de Blamont en mars 1582, avait été fait prisonnier et mis
à rançon par le sieur de Frenicourt, lieutenant de la compagnie
de gens d'armes de M. de Rosne; nous le trouvons mentionné
dans une lettre du comte de Salm, datée du 9 février 1588, dont
le texte est reproduit plus loin; il figure également dans un
acte de partage du domaine de Taillecourt avec Henri et Jacques
de Franquemont en date du 15 janvier 1580. *(Archives Nationales,
fonds Montbéliard, K 1797, K 2212)*.

village de Regiessant (1), signorie de Belfort, pour
faire entreer en leur ville, et dire que quant le capitaine Sage ne le voudroit, qu'il le feroyent sans
luy. Et promect la foy que je n'y coucha qu'ung soir,
dont le capitaine Sage y estoit encour au lougi d'une
mienne parante vefve de feu Bichin, dont ung officier de Son Excellance y estoit, qu'est le foretié de
Luse, qui dirat que quant il ce fasoit quelque desordres pour des livres que l'on bruloit, je allay
treuver led. corronel et luy fit entendre que je ne
voulois plus demeurez en la ville, et si j'euse pansé
que ce ne fuse les volontez de mons[r] le marquis, je
n'y fuse pas allé, et depuis je ne me y suis plus
arrestée. Vous priant bien humblement de croyre
que tout ce qu'est cy desus est veritable, et vous
requier en faveur de mon seigneur le comte de
Sallme, m'advertir si je serois assurée au terres de
Son Excellance ou non, ce me seroit ung grant re-
greet d'estre exullée des terres d'ung prince sans
l'avoir méritée, et vous assure sur ma foy que si je
l'avoys meritez, je n'en ferois aultre poursuitte, sinon de me garder si je pouvoy et rechercher ceulx
qui ont puissance de me commander, dont je m'assure que me manderez ce que s'en est, car mons[r]
le comte m'at commandé d'ensuyvre vos volontez,
ce que je feray et vous rendray toute ma vie tres
humbles et fideles services d'ausy bon ceur,

Monsieur, que je prie le Craulteur vous tenir en
santez heureuse et longue vie, de Belfort, ce 10me en
mars 88.

Vostre obeissant soldat et serviteur,

BESANÇON DE BELFORT.

Archier de la garde de Son Altesse.

(1) Argiésans, Haut-Rhin, territoire de Belfort.

Des nouvelle de Lorraine, j'espere qu'il ce traic-
terat unge pay pour les faict de Jamais (1), Dieu
veulle qu'elle soit bonne.

Suscription : A Monsieur, Monsieur de Beaulxjeu,
gouverneur de la ville de Montbillard (2).

Original sur papier.

Archives Nationales, fonds Montbéliard, K 1966.

(1) Allusion à la guerre du duc de Lorraine dans le duché de
Bouillon et au siège de Jametz par M. d'Haussonville.

(2) Paul de Beaujeu, seigneur de Villers-Vineux, gentilhomme
bourguignon, réfugié à Montbéliard pour cause de religion, et bien
connu par l'entreprise audacieuse qu'il dirigea contre la ville de
Besançon, le 21 juin 1575 ; ce jour il réussit à pénétrer dans cette place
à la tête d'une troupe d'émigrés, réunie à Montbéliard, mais fut ren-
versé de cheval et grièvement blessé, ce qui occasionna une pa-
nique et fit échouer l'expédition. En 1587, il servit dans les rangs
de l'armée allemande sous les ordres du baron de Dohna, et reçut
du comte Frédéric le commandement de la place de Montbéliard,
qu'il réussit à préserver de l'invasion. Après la campagne des Guises,
il resta attaché à la personne du comte Frédéric ; les Mémoires de
La Huguerye, (t. iii, p. 261), mentionnent le capitaine Beaujeu en
première ligne « des gentilshommes françois, retirez à Montbéliard,
qui pratiquoient et gouvernoient ce prince » et l'excitaient à tirer
vengeance « des feuz mis partout en son petit estat par l'armée de
Lorraine. » Paul de Beaujeu mourut en mars 1590 au château du
Magny-d'Anigon dont la jouissance lui avait été donnée en récompense de ses services, et ne laissa aucune postérité. (V. Haag,
France protestante, p. 91-92). Sa sœur, Etiennette de Beaujeu,
mariée à Henri de Franquemont, fit son testament le 19 juin 1619.
(Archives Nationales, fonds Montbéliard, K 1797.)

LXVIII

Mémoire adressé au comte Frédéric de Wurtemberg par
les maîtres bourgeois d'Héricourt contenant réponse aux
allégations du sieur Besançon de Belfort, et justification
de leur conduite lors de la capitulation de cette ville.

1588 — 13 MARS (N. ST.)

A tres illustre prince et seigneur, Friderich, conte
de Wirtemberg et Montbeliard, souverain seigneur
d'Hericourt, Chastellot, Blamont, Clemont.

Tres illustre prince,

Nous soubsignez, tres humbles subjectz de Vostre
Exellences, receumes hier vostre ordonnance par
lettres de mons^r vostre tresorier, contenant que
deussions incontinant respondre par escript sur
tout le contenu de telles quelles lettres envoyez par
Pierre Besançon de Belfort à mons^r de Beaujeu,
pour à quoy satisfaire Vostredicte Exellence soit
advertie que lesd. lettres (par le serement que debvons à Dieu et à Vostredicte Exellence, et saufz
l'honneur et reverence que debvons à icelles) sont
remplies de choses mensongieres et controuvez,
mesme vostre prudence (illustre prince) le peult
clairement congnoistre, en ce que led. Besançon se
contrarie de luy mesme, disant qu'il scavoit bien
les voulontez de Son Alteze, de mons^r le marcquis
qu'estoyent de ne faire aulcung desordre aux terres
de Vostredicte Exellence, synon que de passer le plus
ligierement que possible seroit, et d'aultre part en
parlant de l'entré de Saint Bellemont en ce lieu et
du desordre, que s'il heust pencé que ce ne fust esté

les volontez de mons^r le marcquis, il ne s'y fut pas
treuvé. Lequel Besançon a faict austant et plus d'ef-
fort d'y entrer que poinct d'aultres, ayant usé de
tel et semblables propos devant la porte du costet
de Breuvelier, accompaignant led. Sainct Bellemont,
assavoir, que par la mort, par la chair, par le ventre
Dey et aultres execrables blaphemes, baillant son
corps et son ame à tous les diables, que sy l'on ne
se rendoit, l'on brusleroit entierement la ville, et
mectroit on le tout à feug et à sang, car l'on adme-
noit de l'artillerie, assavoir cinq pieces de Besançon,
et que l'on en auroit encoire à Beffort, sy besoing
faisoit, mais qu'il n'en failloit pas tant pour nous
avoir. Crioit contre les femmes et filles que l'on les
chevaulcheroit devant leurs propres marys, usant
d'aultres plus vilains et detestables propos, que ne
sont de dire et n'oserions escripre, voire que incontinant à la mesme heure l'on verroit le feug en tout
et par tout les villages de ceste seigneurie, ce que
bailla une frayeur aux subjectz estans en garnison,
de quoy le capitaine Sage en poura, s'il veult, rendre tesmoingnage, lequel ayant promis d'envoyer
aud. s^r de Sainct Bellemont, quy vouloit sou-
dainement entrer, prenant terme de luy seullement
le mesme jour ou le lendemain de bon matin qu'il
auroit parlé à ce pauvre peuple de ce lieu (ainsy le
nommoit-il). Par son ordonnance et commandement, propre vouloir et consantement, après avoir
parlé aud. peuple, furent envoyez quatre hommes
au lieu de Regiesans expressement choisiz, pour
encoire empescher le desseing et vouloir dud. Sainct
Bellemont et non point pour le faire entrer en leur
ville, de quoy ilz ne parlerent oncques aud. s^r de
Sainct Bellemont ny aud. Besançon, moings à d'aultres de telz propoz, car aussy ilz ne les treuvarent

aud. Regiesans, de quoy ilz furent tres aises et
jouyeulx, comme aussy fut led. capitaine Sage,
quant il le sceut et qu'ilz furent de retour, selon
que de mesme il en poura rendre tesmoingnage,
esperant qu'ilz deslogeroyent sans plus nous tourmenter, et ce que dessus lesd. quatre hommes le
maintiendront aud. Besançon en jugement et hors
jugement et devant tout le monde, jusques à la derriere goutte de leur sang. Et de tant s'en fault qu'iceluy Besançon se soit comporté sy modestement qu'il
dit, qu'au contraire Vostredicte Exellence poura
estre dehuement infourmée tant par ceulx de Breuvelier (1), par ceulx de Bian et par d'aulcungs de
Chenebié (2) des saccagementz et volleries que luy
et les filz de Jean Cuenin ont faict tant esd. lieux
que aultres, enmenans sur chariotz fourment,
chair, linges, meubles, bestiaulx, et ce que leur estoit propre en leurs maisons, selon mesme que leur
voisins quy scavent le pillages qu'ilz ont en leur
maisons en pouront rendre tesmongnage; item,
ayant declairez led. Besançon avoir encoire vingt
vaches donnant laict en sad. maison, septante ficses
de lard, sans le bestial qu'il a faict mener vendre au
lieu de Sereney (3) que alleurs, n'ayant jamais voulu
permectre l'entré de sad. maison à voz pauvres
subjectz pour recongnoistre leurs bestial, et jurant
et blaphemant Dieu contre ceulx quy en repetoyent
que s'ilz s'aprouchoyent il les tueroit, y en ayant
quy en ont recongneu quy ne les ont peu ravoir.
Et quant à ce qu'il jure sa foy qu'il ne coucha qu'ung
soir en ced. lieu, il se faict tort à soy mesme, y ayant

---

(1) Brevilliers, Haute-Saône, arr. de Lure, cant. d'Héricourt.
(2) Chenebier, Haute-Saône, arr. de Lure, cant. d'Héricourt.
(3) Cernay, Haut-Rhin, arr. de Belfort, ch. l. de canton.

tousjour esté jusques au dernier jour, selon mesme
que Vostredicte Exellence le poura recongnoistre
par lad. lettres, en ce qu'il dit que pour le desordre
de ce que l'on brusloit les livres qu'il s'en alla, lesquelx livres furent en premier bruslés la veille de
leur partementz, quy fut le vendredy, et lesd. livres
furent bruslés le jeudy matin, ayant demeurez neufz
jours en ced. lieu, menant vie insolentes. Et ce que
dit est, tres illustre prince, est pour la pure verité,
comm' aussy est la verité, ce que nous en avons
desja respondu et signé par devant mons^r vostred.
tresorier, à quoy persistons et le voulons maintenir
jusques à la fin, suplians vostre clemence les recepvoir avec cestes de bonne part, prions Dieu le souverain Createur quy doint à Vostredicte Exellence
heureuse prosperité en bonne santé longue vie.
D'Hericourt, ce 3 mars 88.

De Vostre Exellence les tres humbles subjectz.

J. D'ARGENT, AINRI OUDOT, P. BRIHENRIDOT,
J. MOUREL.

Ainsy signé à requeste de Nicolas Barbauld et
Anthoine Gremillot ne sachant signer.

Original sur papier.

Archives Nationales, fonds Montbéliard, K 1966.

LXIX

Rapport du châtelain et des officiers de Granges en réponse à la demande du comte de Montbéliard, concernant l'époque de l'arrivée du colonel Schlegel à
Granges, le jour de son départ et les excès commis
par ses reîtres.

1592 — 2 FÉVRIER.

Tres illustre prince,

Pour satisfaire au commandement de Vostre
Exellance, donner advertissement en quel temps et
à quel jour le colonel Scelegue arriva en ce lieu de
Granges, en quel nombre de reistres, par quel
temps ilz auroient sejournez aud. lieu, du dommage
par eulx y faict, du chemin qu'il auroit prins à son
retour, et si luy et ses gens auroient esté present au
bruslement, saccage et pillerie faict riere le comté
de Montbeliart et aultres seigneuries de Vostre
Exellance.

Nous susmes certains que led. colonel et ses gens
arrivarent tant au lieu de Granges que Crevans et
Cecenans (1) le propre jour des Rois, sixieme jour
du mois de janvier, l'an mil cinq cens octante huict,
selon le nouveaul kalendrié, en nombre d'envyron
six cens chevaulx, leur sejour fut de quinze jours
non comprins celluy de leur sortie que fut le vingt
deuxieme dud. mois de janvier qu'ilz prindrent leur
chemin contre Belfort, retornans en Allemaigne,
sans avoir à leur retour logez riere la seignorie

(1) Crevans et Secenans, Haute-Saône, arr. de Lure, cant. de
Villersexel.

d'Hericour, car le mesme jour de leur sortie ilz passarent par devant led. Belfort, où l'on feit rendre plusieurs chevaulx desrobez. Quant au dommage par eulx faictz, Vostre Exellance nous commanda en informé en terme général de la gendarmerie du sieur marquis du Pont tant desd. Allemans que aultres, ce que fut faict, et le besoingne envoyé à Vostre Exellance; pour à ce satisfaire nous estions separez, informans l'ung d'ung costel, l'aultre d'ung aultre par la seignorie, et nous i estans rassemblez, tous les besoingnes furent reduictz en ung volume que fut envoyé à Vostre Exellance, sans qu'en ayons treuvé aulcune copie par devers nous; bien sumes nous souvenant que le dommage et interestz des bourgeois et subjectz faict tant par lesd. reistres que les Lorrains que dez Lile repassarent par ses cartiers se montoit bien à cinquante mil frans, selon le rapport qu'en fut faict par les subjectz, chascun d'eulx par serement, scavoir es villages de ceste seignorie de Granges.

Quant au bruslement, nous n'avons jamais entendu que les reistres dud. colonel Scelegue y ayent assistez, soit riere le comté de Montbeliart ou aultres seignories de Vostre Exellance, mais au contraire il y avoit beaulcoupt de ses gens que disoient estres faschez desd. bruslemens et disoient que ceulx qui les faisoient estoient des Schlem.

Et combien que oud. temps l'on derompeit le molin de Grange et que l'on brusla le four de Moffans (1), ce ne fut par le moyen desd. reistres, mais desd. Lorrains.

Quant aux pilleries tant de bestial que aultres meubles, les Allemans faisoient comme les aultres,

(1) Moffans, Haute-Saóne, arr. et cant. de Lure.

et la pluspart des susd. dommages furent faictz par lesd. reistres. En lad. somme desd. cinquante mil frans estoit comprins les dommages faictz·à Son Exellance tant en prinse de vin, graines, que degastement de la maison es Veneurs que extimions à huict cens frans.

Tres illustre prince, nous prions le souverain Createur conserver Vostre Exellance en bonne prosperité et santé. Dez Granges, ce 2 de febvrier 1592.

> De Vostre Exellance
> Les tres humbles et obeissans serviteurs,
> Les chastelain et officiers de Granges,

> POUTIER, N. LIÉGEARD, BOUCHUZ, LABRUZ.

Suscription : A Son Exellance.

Original sur papier.

Archives Nationales, fonds Montbéliard, K 1967.

LXX

Avis du Conseil de régence de Montbéliard, tendant à exonérer les sieurs Claude, François et Claude Ursanne de Valengin, frères, vassaux du comte de Montbéliard, du payement d'une somme de 105 livres, montant d'amendes dues par Claude de Valengin leur père, ledit avis basé sur les services rendus par ledit Claude pendant l'invasion des Guises.

1594 — 26 NOVEMBRE.

Tres illustre prince,

Il y a quelque temps que maistre Pierre Megnin, recepveur de Vostre Altesse, a traduit en poursuite

en la Court et chancellerie de ce lieu les sieurs
Claude, François et Claude Ursanne de Valangin,
freres, pour d'iceux avoir solution et payement de
la somme de cent cinq libvres huict sols, pour
emendes et deffaulx adjugez sur fut Claude de Valangin, leur pere, instant le procureur general, sont
passez dix sept ans, à quoy de la part desd. sieurs a
esté respondu qu'ils ne sont tenuz aud. payement,
pour n'estre heritiers ny biens tenans de leurd.
pere, selon qu'il nous a consté par les pieces des
parties fournies en la cause, ne restant en icelle que
de sur tel negatif appoincter led. recepveur à prou-
ver que lesd. de Valangins, freres, se soient inmissez
en l'hoirie paternelle et faict actes d'heritiers, ce
qu'avons differé de faire pour le danger qu'il y a
que led. recepveur ne peut preuver lesd. inmission
d'hoirie et actes d'heritiers, comm' il est bien vrai-
semblable, pour n'avoir led. fut Claude de Valangin,
pere, delaissé aulcuns biens à luy appartenans, ou
bien si peu qu'on n'en peult faire cas ny estime, selon le bruit comun des gens, faulte de laquelle
preuve lesd. de Valangins, freres, seroient renvoiables
de lad. poursuite avec adjudication de despens sur
led. recepveur. Ce nonobstant lesd. de Vallangins,
pour l'interestz que d'aultre costel ilz pourroient
ressentir pour la bresche qui se feroit à leur bonne
reputation par telle aigre et extreme poursuite, par
laquelle la pauvreté de feu leur pere seroit manifestée à ung chascun et qu'ils auroient repudié
l'hoirie d'iceluy, dont ils se pourroient venger soubz
main par occasion, sumes d'advis pour eviter tel
inconvenient qu'en consideration que lesd. de Valangins sont vassaulx de Vostredicte Altesse à present fort bien qualifiez et en credit es Pays Bas vers
des principaulx officiers de Sa Majesté, ayans puis-

sance de nuire ou d'aider, ayans les trois freres demonstrez toute amityé aux ambassadeurs de Vostredicte Altesse qui naguaires furent de sa part
envoyez en Flandre, et qu'iceluy Claude de Valangin est voisin de ce comté, lequel pendant le ravage
advenu en ce pays feit plusieurs plaisirs et assistances aux subjects de ced. pays, les retenant et
serrant en son chasteau, tant hommes que femmes,
enffans et leur biens, et que par ses prieres et intercession envers les fut duc de Guise et marquis
du Pont, à ce qu'avons apprins, aulcuns villages de
voz terres et jurisdictions furent preservez du feug,
joinct que la debte en question est vielle, non du
faict desd. freres, que Vostredicte Altesse face cesser
lad. poursuite par led. recepveur, ce que iceux de
Valangins reputeront à grace et faveur, et que sera
un moien propre pour les retenir à leur debvoir et
de demeurer fideles vassaulx de Vostredicte Altesse,
de laquelle serons attendans responce, et ce pendant tiendrons en surceance le cours de la proce-
dure. Deliberé au Conseil de Montbeliard, le 26ᵉ de
novembre 1594.

Placet.   Signé : Thevenot.

Presentibus, Cantzler, Vicecantzler, Docourt,
Thresorier, A. du Vernoy.

Au verso : Tres humble advis du Conseil, touchant les sieurs de Valangin, fils de fut Claude de
Valangin, de ne les poursuivre au payement de 105
libvres 8 sols pour ne les irriter, mais conserver
leur affection.

(La sentence a été pronuncée le 16 de decembre,
anno 94).

Original sur papier.

Archives Nationales, fonds Montbéliard, K 1967.

III

ENQUÊTES SUR LES EXCÈS COMMIS

DANS LE

COMTÉ DE MONTBÉLIARD

PAR

L'ARMÉE DES PRINCES LORRAINS.

—

1588-1592.

LXXI

Memoires des poincts et articles sur lesquelx les tesmoings
debvront estre interroguez touchant le ravagement faict
par les trouppes lorraines, l'an 1587, riere le comté de
Montbeliard et aultres seigneuries adjoinctes.

Premierement, s'ilz n'ont pas entendu tant du
marquis du Pont, general de l'armée que d'aultres
principaux officiers desd. trouppes, comm' aussy
des comuns soldatz, qu'ils avoyent charge et co-
mandement du duc de Lorraine de saccager et
brusler le comté de Montbeliard.

Si les trouppes dud. marquis du Pont ne sont pas
entrées dans le comté dud. Montbeliard par certains
chemins qui de tout temps, mesme du vivant des
hommes, n'auroient esté frequentez ny visitez, seront mesme lesd. tesmoings interroguez des chemins pour ce prins et tenu.

Si la ville de Montbeliard n'a pas esté de tous cos-
tez investye, et si l'on n'a pas demandé tant pour
lad. ville que entierement pour le comté dud. Montbeliard la somme de six mil escus de rançon.

Si lad. ville de Montbeliart n'a pas esté pourtraite,
et sur led. pourtraict deliberation prinse de quel
costé l'on debvroit attaquer lad. ville.

Si Monsieur de Sainct Bellemont n'a pas demandé
la reddition et ouverture de la ville d'Hericourt au
nom dud. duc de Lorraine, qualifians et nommans
les bourgeois et habitans de lad. ville subjects dud.
duc.

Seront interroguez lesd. tesmoins du temps et
sejour que le marquis du Pont a faict riere le comté
de Montbeliard et aultres seigneuries pendant le

susd. ravagement, en quel lieu il estoit, s'il approchat de près lad. ville.

Si lesd. tesmoins n'ont pas veu, soit en Lorraine ou aillieurs, par lesd. soldas vendre publicquement sans contredit le buttin faict rière led. comté et aultres seigneuries.

Si aulcuns soldatz desd. trouppes lorraine, soient esté officiers ou comuns soldatz, n'ont pas estez puniz et chastiez à raison des cruautez, tirannies et actes barbares par eulx commis rière led. comté, ou bien s'ils ont esté favorisez et tollerez.

Si lesd. tesmoings n'ont pas aulcunes fois ouy et entendu que led. duc de Guise avoit admonesté led. marquis se deporter desd. bruslemens, item, quelle responce led. marquis luy auroit sur ce donné.

S'ils n'ont pas ouy qu'aulcuns desd. trouppes ayent publicquement crié et demandé aux subjects dud. comté: « Où est vostre prince, le grand veneur et hault bouchier. »

S'ils n'ont pas aussy entendu le langage tenu çà et là par lesd. soldatz, assçavoir que s'ils tenoient Son Excellence, ilz luy osteroient tous les jours ung membre de son corps, d'aultant qu'il a esté l'un de ceulx qui a aydé brusler le pays de Lorraine.

Item, s'ils n'ont pas ouy et entendu desd. soldatz que led. comté de Montbeliard leur avoit esté accordé pour piller.

Item, si les chefz et capitaines à leur departement ne comendarent pas serieusement à leur soldatz mectre le feug par tout en leur logis, ou aultrement on les brusleroit eulx mesmes.

Original sur papier.

Archives Nationales, fonds Montbéliard, K 1967.

LXXII

Enquête instruite à Blamont au sujet des excès commis par les troupes lorraines dans les seigneuries de Blamont et de Clémont.

1588 — 6 FÉVRIER.

Aujourd'huy sixieme jour de febvrier, l'an mil cinq cens octante huict, les officiers de Blaumont et Clemont ont commencé faire inquisition sur les violances de filles et femmes, habitans et subjectz occis et tuez, ceux emmenez prisonniers et arrançonnez, et pour quelles sommes, et finalement sur touttes les extortions, tortures, tormens et aultres execrables actes commis es terres et seigneuries desd. Blaumont et Clemont par les trouppes lorrainnes ayans nagueres passé par lesd. seigneuries.

Premier, Jehan Donzel le viez de Pierrefontainne (1), pauvre viel homme et decrepite, eagé de plus de quattre vingtz dix ans, dit (selon qu'il est veritable) que à cause de son viel et caducque eage se resolut de garder sa maison et ne la point abandonner pendant le passage des gens d'armes qu'on faisoit bruyt passer par deça, estimant que à cause de sond. viel et caducque eage il seroit aucunement respecté, voire qu'il ne se treuveroit personne entre iceulx tant cruel et inhumain qui daingnast mettre la main à ung tel viel homme. Toutesfois entendant leur arrivée et qu'ilz n'avoient respect de personne, fut-elle vielle ou jeune, qu'ilz exerceoient

(1) Pierrefontaine-les-Blamont, Doubs, arr. de Montbéliard, cant. de Blamont.

toutte cruautey et tirannie, voulut absenter sa maison, mais estant aperceu par aulcungs d'eulx qu'estoient à l'instant arrivez aud. Pierrefontainne, fut prins par eulx, conduict et mené sur ung cheval jusques au village de Dampnemarie (1), illecque traicté avec touttes les rudesses et cruaultez, blasphemes execrables et reniemens qu'ilz faisoient du tres sainct nom de Dieu de le pendre, estrangler, et luy faire mille tourmens et langueurs, s'il ne leur bailloit la rançon de cent escuz qu'ilz luy demandoient, le feirent monter sur ung tronc et bille de bois, luy meirent la corde au col, et avant que de l'eslever de terre le tourmenterent de plusieurs manieres, luy mectant au devant le peril et danger de mort où il estoit s'il ne leur delivroit lad. rançon, et quelques prieres que le pauvre viel feit de le despescher et faire mourir incontinent, à cause qu'il luy estoit impossible de leur pouvoir delivrer argent, ne cessoient pourtant à le tourmenter, pousserent le bloc de dessoubz ses piedz, l'esleverent de terre, puis quelque peu après laschans lad. corde, tumba par terre comme mort et tout esperdu, fut mené vers ung cappitaine ou seigneur qui feit semblant d'estre plus humain en son endroict, ordonna de le relascher, mais estant hors le village dud. Dampnemarie fut reprins par d'aultres qui avec le baston duquel il se soustenoit fut tellement baptu qu'il demeura sur le chemin long temps comme mort et tout esperdu.

Il y a deux pauvres filles innocentes et quasy du tout muettes, lesquelles après les avoir long temps chassées et baptues avec leurs espées nues, et comme enragez et forcenez userent en leur endroit de

<hr>

(1) Dannemarie, Doubs, arr. de Montbéliard, cant. de Blamont.

touttes (sortes) de cruaultez, violances, villains et execrables actes.

Ung nommé Thibaut Malfergeot de Roiches (1), vuillant aucunement secourir et preserver une maison du feug qu'aulcungs gougeards allumoient, fut tellement baptu, taillé et navré qu'enfin estant conduict et mené à Blaumont il y mourut à l'instant.

Item, ung aultre bon simple laboureur, subject dud. lieu de Roiches, nommé Jehan Chasserat, dict le Montagnon, fut prins, et lequel, (après) l'avoir cruellement oultragé et baptu, le jettarent et nyarent en la riviere du Doubz au lieu d'Adincort.

Claude Chasserat dud. Roiches fut aussi prins par eulx, et combien que le pauvre homme leur heust par crainte et frayeur enseingné et declaré où il avoit caché tout son peu d'argent qu'estoit de vingt quattre frans, et que les cruelz et inhumains luy heurent prins tous les meilleurs meubles qu'il pouvoit avoir, neantmoings ne delaisserent de l'emmener et prandre à rançon, pour laquelle avoir le traicterent en toutte cruaulté et inhumanité; toutes fois estans arrivez eu ung village proche Belfort, ne scayt comm' il se nomme, treuva moyen de se cacher en du foing où qu'il demeura deux jours et deux nuictz sans boire ny manger, attendant le depart de ces cruelz.

Jehan Frelat Ruyer dud. Roiches, aussy pauvre viel et simple homme, fut aussy prins et traicté avec toutte cruaultey et tirannie, l'ayant baptu et oultragé reiterés fois, et finalement pendu par le col les mains liées derriere le dol, puis luy laschans la corde tumba comme mort par terre et tout esperdu,

____

(1) Roche-les-Blamont, Doubs, arr, de Montbéliard, cant. de Blamont.

et le lendemain, combien qu'il fut fort foible et debile à cause desd. tourmens le menarent jusques à Fesches (1) chargé d'ung gros musquet sur l'espaule, sans luy presenter à boire ny à manger.

Richard Mathiot de Villers (2), bon simple homme, eagé de plus de soixante et dix ans, fut prins et saisy par aulcung d'eulx qui le traictarent et luy feirent tous les oultrages dont ilz sceurent excogiter, après l'avoir despouillé et pour avoir de luy la rançon de quinze escus, luy liarent la teste d'une corde, luy estrangnirent plusieurs fois de telle force et roideur qu'il la pensoit avoir enfoncée et froissée, en estant encoires à present fort malade et indispos. Toutesfois sur promesse qu'il leur feit d'aller querre lesd. quinze escuz au lieu de Blammont il eschappa d'eulx, et s'appelloit le cappitainne pour lequel estoit demandée lad. rançon capitainne George le B...

Pierre Maigrat dud. Villers, pauvre viel homme, eagé aussi de plus de trois vingtz et dix ans, fut aussi prins et saisy par aulcungs desd. gens d'armes en nombre de trois qui le despouillarent et luy prindrent jusques à six frans d'argent, le menarent à Pierrefontainne, et pour en avoir rançon l'attacharent et pendirent reiterés fois à la fumée en la fumée caude du prel dud. Pierrefontaine, toutesfois qu'il eschappa d'eulx soubz promesse qu'il leur avoit faicte de leur aller querre du pain au bois ung sac plain, pour qu'ilz en estoient lors despourveuz.

Jehan Jannin dud. Villers, aussi pauvre simple homme, penssant saulter ung pallis pour s'enfuyr,

(1) Fesche, Doubs, arr. de Montbéliard, cant. d'Audincourt.

(2) Villars-les-Blamont, Doubs, arr. de Montbéliard, cant. de Blamont.

receut une grande playe en l'espaule gauche d'ung coup d'espée et plusieurs coups d'estoc et de poinctes, jusques à ce qu'il demeura gisant sur la place, et pensoient iceulx bourreaulx l'avoir tué.

Maymay Mathiot et Perrin Jamin dud. Villers furent aussi prins, liez et baptuz, ayans receuz et souffertz une infinité de coups d'espées et bastons, estans menacez d'estres penduz et estranglez, s'ilz ne leur enseingnoient de l'argent ou ceulx qui en avoient, toutesfois qu'ilz eschapparent d'eulx soubz promesse de leur en aller querre, mesmes les quinze escuz dud. Richard Mathiot vers sa femme aud. Villers.

Dient qu'ilz prindrent plusieurs jeunes filles dud. Villers gardans les bestiaulx aux bois et forestz, ilz usarent en leur endroit de touttes sortes de violances, cruaultez et inhumanitez, entre lesquelles il y en avoit de fort jeunes qu'ilz forcearent tellement qu'à present elles sont fort malades et impotentes; usoient aussy d'estranges violances à l'endroit de plusieurs pauvres vielles femmes desjà ridées et decrepites de vieilles (se), à quoy ilz n'avoient nul egard. Ilz se demonstroient tant cruelz et inhumains à l'endroit des pauvres subjectz desd. seigneuries, en ce que n'estans contans de les baptre, oultrager, les tourmenter en touttes manieres de pillages, rançonnemens, bruslemens de leurs maisons et aultrement, prenoient tous bestiaulx qu'ilz pouvoient rencontrer, comme chevaulx, beufz, vaches et aultres, et ceulx qu'ilz ne pouvoient emmener ou manger estoient par eulx occis, taillez et harquebouzadez, affin que les pauvres subjectz n'en heussent jouyssance.

Anthoinne Maillard, dict Salin d'Herimoncourt, bon simple homme, a esté prins et saisy par ces bourreaulx, ne pouvant dire, reciter ny declarer les extortions, tourmens et cruaultez desquelz ilz ont usez en son endroit, mesmes qu'estant prins fut par eulx mené hors le village, pendu à ung arbre pour avoir de luy grosse rançon, depuis le menarent sur la riviere près le molin, le menaceans de nyer et attacher à la roue dud. molin, s'il ne delivroit incontinent lad. rançon. Dez là le menerent en la maison du passeur où qu'ilz le pendirent reiterés fois par le col à la fumée, luy liarent les mains derriere le dol et le jettarent sur terre, pour ce qu'il estoit nuict, y demeura ung jour et une nuict sans boire ny manger, ny se pouvoir lever; le controingnirent enfin de les mener à Montescheroux (1), où qu'estans luy feerent plusieurs aultres tormens, et entre aultres, avec un martelet à ferrer chevaulx luy frappoient sur les os des joinctes tant des genoux, coudes, doibs qu'aultrement, souffrant et endurant de grandes douleurs, et telles qu'il ne peult reciter, en estant encoires pour le present fort malade et indispos de sa personne.

Girard Quellé de Seloncourt a esté aussy traicté d'eulx en toutte cruaultey, mesmes que entre aultres après avoir receu plusieurs coups et tourmens, a esté d'eulx finalement mis en ung fourg, et après luy avoir mis le feug après et à la bouchée dud. fourg, luy mectans au devant le danger où il estoit d'estre bruslé ou estouffé de fumée, s'il ne leur delivroit rançon ou enseingnast où il y avoit de l'argent, tellement qu'à cause desd. tormens le pauvre homme est fort malade et aura peinne d'eschapper de mort.

---

(1) Montécheroux, Doubs, arr. de Montbéliard, cant. de Saint-Hippolyte.

Bartholomey Vyenot, fiz de Jehan Vyenot, maire à Glay (1), voyant la cruaultey de ces bourreaulx s'enfuyt au village de Rocort où qu'il fut recerché aud. village environ deux heures en la nuict, et avec plusieurs tormens, blasphemes qu'ilz proferoient et reniemens de Dieu le pendirent et luy meirent reiterés fois la corde au col, luy mectant au devant le danger où il estoit, s'il ne leur enseingnoit l'argent qu'ilz avoient cachez, qu'il estoit d'une bonne maison, et ne pouvoit estre qu'ilz n'eussent de l'argent cachez, bonnement le forcerient aussy de leur enseingner et mener monstrer les chevaulx de la seigneurie. Son pauvre viel pere, eagé de plus de quattre vingtz ans, voyant leurd. cruaultey, demeura caché dans une roiche l'espace de deux jours et deux nuictz, sans boire ny manger, chose miraculeuse d'avoir esté preservé de mort. Sa pauvre mere, quasy de mesme eage, estant demeurée à la maison, la traictarent en touttes sortes de cruaultez, injures et propos villains et detestables, enfin, après leur avoir administré de tous vivres à suffire et faict tous bons traictemens à elle possible, pour payement et recompance meirent le feug en la maison.

La femme de Perrin Dhorryat de Pierrefontainne, ayant esté retreuvée en sa maison par ces cruez fut traictée avec touttes les inhumanitez qu'ilz sceurent inventer, ne cessoient avec blasphemes horribles l'appeller *Vielle diable et sorciere,* la prindrent et la menarent vers d'aultres en l'eglise dud. Pierrefontainne, au milieu de laquelle ilz la feirent mectre à genoux, baisser et presenter le col, luy ostant son couvrechef, puis l'ung d'eulx ayant une grosse espée

____

(1) Glay, Doubs, arr. de Montbéliard, cant. de Blamont.

nue faingnoit de luy copper la teste, si elle ne leur
delivroit argent, ou enseingnast Jehan Vyenot se-
nioux et sa femme, mais comme elle ne pouvoit
satisfaire à leur petition, ce cruel qui tenoit lad.
espée nue, luy bailla d'icelle ung si villain coup de
plat qu'elle tumba à terre comme morte et toutte
esperdue, de quoy par mocquerie les illecque presens se prindrent tous à rire; depuis luy meirent
une corde au col, la pendirent reiterés fois, finalement, après que la pauvre femme heust reblanchi
leurs linges avec grandes peinnes, pour recompance la prindrent derechefz, et ayans mis au feug
et chauffé une vielle faulx à faulcher herbes, la luy
presentoient au col pour luy brusler le gosier, si
elle ne satisfaisoit à ce qu'ilz luy demandoient. Il faul-
droit grand volume de papier pour rediger par
escript touttes aultres sortes de tormens desquelz
ilz se comporterent en son endroit.

Passans par le village de Meilliere (1) et Glay y
prindrent les pauvres simples hommes et subjectz
qu'ilz y treuvarent, les despouillarent de leurs meilleurs vestemens, ne cessoient de les baptre et oultrager villainnement, et entre aultres ung nommé
Jehan Sire-Coulon dud. Meilliere, qu'ilz pendirent
et meirent la corde au col plusieurs fois.

Ilz menarent plusieurs femmes et filles desd. lieux
jusques au lieu d'Abevillers (2), entre lesquelles y en
avoit une, mesme la fille de Groz Jehan Coulon
estant en chemin et voyant proche la voye ung
buysson espés d'espines, se jetta en icelluy, et combien que l'ung de ces cruez et tirans feit tous ses
effortz de la retirer, et qu'il heust avec son espée

(1) Meslières, Doubs, arr. de Montbéliard, cant. de Blamont.
(2) Abbévillers, Doubs, arr. de Montbéliard, cant. d'Audincourt.

couppé grand partie desd. espines, si est ce qu'il ne
la sceut avoir, ains de rage et despit luy bailla par
le dol plusieurs coups de poinctes de son espée ;
estant encoires pour le present fort malade et bles-
sée, l'on peult pansser et juger quel traictement ilz
feirent aux aultres, et lequel ne se peult bonnement
rediger par escript.

Ilz prindrent au lieu de Dampnemarie ung pauvre
viel et caducque homme, eagé de plus de quattre
vingtz dix ans, tout decrepit et en enfance, et sa
femme quasy de mesme eage, envers lesquelz sans
aulcungs respectz les traicterent cruellement, leur
mectant la corde au col et les attachans aux arbres,
combien que le pauvre homme leur heust baillé et
delivré tout le peu d'argent qu'il pouvoit avoir,
qu'estoit de quattre frans et quelques pierres en-
chassées d'argent qu'il avoit mises sur soy. Il fut
enfin par eulx mené sur ung cheval jusques au lieu
d'Aultechauld (1), luy meirent certains fers aux
oncles des poulces au moyen desquelz il supportoit
de grandes douleurs, et depuis les ongles luy en
sont tumbées ; ilz le laissarent aud. Aultechauld pour
ce que à cause de sa viellesse il ne se pouvoit sous-
tenir sur chardz ny chevaulx, aussy qu'il entendit
ung cappitainne dire à ceulx qui le menoient qu'ilz
dheussent laisser là ce vielle diable, qu'il estoit trop
vielz pour l'enmener.

Jehan Mequillet, filz de fut Guyot Mequillet de
Montescheroux, pauvre innocent et pourveu de
tuteur et curateur à cause qu'il n'a l'adresse de se
pouvoir regir ny gouverner, retournans des champs
à la maison, fut prins, lié et oultragé avec la croisée

(1) Autechaux-les-Blamont, Doubs, arr. de Montbéliard, cant. de
Blamont.

de leur espées, luy feirent deux grandes playes en la
teste, le feirent mectre à genoux, son col sur ung
bloc, faingnans luy coupper la teste avec une hache,
n'attendant que la mort, et non contans le pendirent
à la fumée par le col, toutesfois qu'il eschappa
d'eulx, mais il n'alla gueres loing qu'il fut reprins
et bien baptu ; le controingnirent d'aller avec eulx
jusques au Pont de Roide (1), ayant tousjours la
corde au col, mais l'ung d'eulx le licencia, et demeura deux jours et deux nuictz par les bois sans
boire ny manger. Dont et par le moyen desd. tormens il est presentement fort malade, debile et es-
tropiade, ayant les dentz de la bouche rompues,
comme aussy a esté tenaillé avec pincettes de fer
aux parties honteuses, selon que les taches et ves-
tiges le demonstrent encoires de present.

Pierre Lestondart dud. Montescheroux, eagé d'environ cinquante ans, ayant esté laissé pour garde
en la maison au juge Cuvier dud. Montescheroux,
où illecque arrivant lesd. trouppes, fut incontinant
saisy, lié et garrouté, despouillé tout nud, puis pendu
par le col où il penssoit estrangler, n'ayant heu aulcung sentiment quant il fut destaché de la fumée
où l'avoient pendu. Et non contans de ce, après
qu'il fut retourné à vye, fut attaché encoires nud à
ung pilier de pierre estant en la cuisine dud. Cuvier,
ou illecque demeura debout toutte une nuict et
deux jours sans manger, où il receut et supporta
telles injures, opprobres et villennies que Turcs et
gens inhumaines et barbares n'en pourroient inventer de plus grandes, et entre aultres, luy pendre
et attacher aux parties que honnestement ne se
peuvent nommer ung baston fendu avec deux pis-

(1) Pont-de-Roide, Doubs, arr. de Montbéliard, ch. l. de canton.

tolès à rouet, l'ayans tellement offencé qu'il s'en ressentira toutte sa vye.

Jehan Vaulgier, beau filz dud. Pierre, a esté pareillement tenu par lesd. trouppes et encoires plus villainnement tormenté, ayant esté mené prisonnier jusques en ung village delà d'Hericourt, où après avoir souffert tous opprobres, injures et blessures, luy ont arraché toutte la barbe avec la peau du menton, eschappa d'eulx; estant de present à la maison où avec douleurs fault qu'il consume le reste de sa vye, pour avoir aussy esté pendu à la fumée où il a rendu effusion de son sang. Et le plus grand de ces tirans estoit ung nommé Claudot Poulier, bourgeois de Sainct Ypolitte, incitant les aultres à le tant plus tourmenter.

Jehanne, femme dud. Jehan Vaulgier, ayant delivré d'enffant, n'y avoit que trois jours, quant lesd. trouppes arrivarent aud. Montescheroux, lesquelles n'ayans en ce egard moings à son petit enffant, fut prinse, menée et conduitte jusques devant les portes de la ville dud. Sainct Ypolitte, où ilz la contraingnirent d'aller querre du vin, et y fut deux fois d'une nuict dès led. Montescheroux, laissant son petit enffant, et à son retour fut si vilainnement traictée que nature ne peult permettre de le desclairer, et non contans lesd. tirans la chassarent avec sond. petit enffant hors de la maison. Fut controincte de demeurer une nuict entiere par les bois, à cause de quoy et de la grande et vehemente froidure qu'ilz souffrirent, led. enffant a eu tout le corps gellé, tellement que pour le present il n'y a point d'apparance de longue vye.

Claudot Girardot dud. Montescheroux, pauvre viel homme eagé de plus de soixante ans, fut pareillement prins et après avoir esté cruellement

tormenté et en plusieurs especes et manieres de
tormens, comme d'avoir esté pendu par son col à
la fumée, despouillé tout nud et pinssé avec pincettes de fer jusques à luy faire rendre de son corps
grande effusion de son sang et principalement de
ses parties honteuses, luy feirent depuis mectre
les pied sur une paule de fer, laquelle à cest effect
avoit estée mise au feug, chauffée et rougie; luy
demandoient cent escuz de rançon, et combien que
led. pauvre viellard leur demandast pardon et mercy, les suppliant de ne le faire ainsi languir, ce
neantmoings redoubloient les tormens, et ne se
contentans de trois pieces d'ung franc qu'il leur
avoit donné, luy feirent aller querre ses obligations,
lesquelles ilz portarent à Sainct Ypolitte, et depuis
ne les a veues.

Huguenin Vaulgier le viez de Liebevillers (1),
pauvre viel et caducque homme, eagé d'environ
quattre vingtz ans, dit avoir esté prins par lesd.
malheureuses trouppes aud. Liebevillers, où que
par eulx il fut sommé et requis leur donner cent
escuz pour sa rançon, ce que ne pouvant faire, les
pria d'aller avec luy jusques à Sainct Ypolitte où il
esperoit les treuver à emprumpter sur certainnes
lettres qu'il avoit, mais ne pouvant rien treuver, fut
ramené par les tirans avec grandz coups de baston, ayant tousjours la corde au col jusques en sa
maison, et dez là nuictamment le ramenerent à
Montescheroux en la maison François Bouvier dud.
lieu, le pendirent par son col à la cheminée, sur le
point d'estre estranglé, non contans, l'ayant las-
ché, le feirent despouiller et avec une corde luy

____

(1) Liebvillers, Doubs, arr. de Montbéliard, cant. de Saint-
Hippolyte.

attacharent les genitoires, fut tellement eslevé en hault, que si la corde ne fut rompue il a opinion qu'il fut trespassé. Oultre plus fut mené et controing de marcher ayant tousjours la corde au col jusques à Charmont, passant la riviere à pied, dont au sortir estoit tout gelé et morfondu, et n'eust esté ce qu'il fut porté par deux gougeards auprès d'ung feug, il fut mort sur ung fumier, ce que luy fut esté suyvant le jugement et apparance humain son grand prouffit, pour n'avoir depuis son relachement heu santé, ains est demeuré au lict, comm' il est encoires presentement.

Richard Vaulgier, filz dud. Huguenin Vaulgier, dit qu'alors que lesd. trouppes arrivarent aud. Liebevillers il s'enfuyt au lieu dit en Adan, où illec fut prins par aulcungs desd. trouppes, et après luy avoir mis une corde au col, baptu, oultragé et grandement molesté, fut mené et conduict au lieu de Montescheroux où illecque il receust autant et plus de tormens que sond. pere, et non contans le menarent jusques devant Sainct Ypolitte pour, comme ilz disoient, avoir cent escuz pour sa rançon; mais estans parvenus en la charriere dud. Sainct Ypolitte, combien qu'iceluy Richard heust les bras liez, feit debvoir de soy sauver, courant contrebas de la montagne, penssant passer la riviere du Doubz, estant poursuy par ung ayant ung coutelet evaginé de si près qu'il fut controing sauter en l'eau, laquelle n'eust esté ce qu'il est garrotté, il l'eust passé au neiger, qui l'occasionna retourner et soy venir rendre es mains dud. poursuyvant, qui d'une rage et furie luy donna si grand coup dud. coutelet au travers des deux espaules qu'il luy feit une grande playe ouverte jusques aux os, tellement que de present il n'en est encoires guery. Et non contans fut derechefz ramené aud. Montescheroux où encoires il receut plusieurs especes de tormens, luy pendirent aux poulces les rouetz de leurs pistolès, sicques le sang luy sortoit par soubz les ungles; l'emmenarent prisonnier, tousjours attaché par le col, jusques delà d'Hericourt proche de Lure, où il a souffert et enduré telle et si grande neccessité par l'espace de six jours qu'il a esté leur prisonnier, qu'il estoit controing, la fain le pressant, de manger des trezies (1) de froment, racines et aultres verdures, et toutesfois Dieu l'a delivré de leurs mains.

Pierre de Haulterive dud. Montescheroux, se retreuvant malade à la venue desd. trouppes, fut par eulx tourmenté, comme l'on a pehu scavoir par ceulx estans demeurez aud. village, et a un opinion qu'ilz l'avoient attaché en sa maison, auquel lieu il a fini avec douleurs ses jours, estant estouffé, et son corps retreuvé quasi tout bruslé.

De mesme en la maison Michiel Grueresse sont esté bruslé trois enffans de fut Pierre Morel, asçavoir deux filles et ung filz qui avoit desja quelque commencement aux lettres (2).

---

(1) Dans le vocabulaire du pays *trazies* s'entend de jeunes pousses de blé.

(2) La pièce suivante intitulée *Advertissement à son Excellence des hommes et enfans qui sont esté bruslez à Montecheroux*, ajoute quelques détails intéressants aux faits en question sommairement rapportés dans cette enquête.

« Premierement, le mary d'Anne Cuvier nommé Jau de Clemont, « a esté bruslez en sa maison dedans une chambre à four, dont ses « meschans l'avoit enfermez, et sont bruslez avec led. corps trois « bœuf, ensemble de trois vache pourtant veau et septz brebis, avec « une jument et poullain qu'il luy emmenerent, et le reste de son « peu de bien perdu.

« Plus, trois enfans qui estoient à feu Pierre Morel, dont le plus « grand estoit aagé d'environ de neuf à dix ans, le deuxsieme de six « à sept ans, et le dernier de deux ans ou environ, et ont esté tant

Jacques Charretton dud. Montescheroux, s'estant
retiré avec aultres hommes dud. lieu au lieu de
Montjoye (1), fut illecques par lesd. malheureuses
trouppes, ascavoir cinq hommes à cheval, dont led.
Poulier de Sainct Ypolitte les guidoit, prins, saisy,
lié et garroutté, estant au lict, en pure sa chemise
fut mené ayant la corde au col depuis led. Montjoye
jusques aud. Montescheroux; et de mesme fut mené
avec luy prisonnier Jehan Charretton qui depuis
se sauva après avoir souffert plusieurs tourmens
et opprobres, mais led. Jacques est encoires detenu
prisonnier, sans que depuis l'on en ayent receuz
nouvelles certainnes, combien qu'il soit esté faict
tout debvoir par ses freres, parens et alliez de le
reacheter, ayans à cest effect emprumptez six vingtz
escuz pour sa rançon, mais pour ce que l'on en demandoit deux centz, il est demeuré, joinct que l'on
ne peult scavoir quelz chemins ilz ont tenus, et en
sont les pauvres parens en grandes facheries et
tristesses.

Pierre Petit et Michiel Petit dient qu'ilz furent
surprins, liez et garrauttez, baptuz et oultragez
tellement que grande effusion de sang sortoit de
leurs corps, et non contans furent pendus par leur
col à la cheminée où qu'ilz penssoient finir leurs
jours.

Claude Guyot a receu plusieurs tourmentz et à
heu les piedz bruslez, de quoy il s'en recent encoires
presentement.

« bruslé que perdu en lad. mayson trois chevaulx, jument, huict
« bœuf, quatre vache, ensemble de douze brebis et tout le reste de
« leur biens. Promettant le tout estre veritable es presence de monsʳ
« le recepveur et Claude Gallrin, ministre à Montecheroux. *(Archives Nationales, fonds Montbéliard, K 1968.)*

(1) Montjoie (Doubs), arr. de Montbéliard, cant. de Sᵗ-Hippolyte.

Jehannette, femme de Richard Gourauld, Catherine, femme de Jantot Selier, Hugatte, femme de François Girardot, Jannetton, femme de Michiel Grueresse, Claudatte, femme de Jehan Fay et Claudine, femme de Jacques Bouvier, tous dud. Montescheroux, dient et confessent d'avoir estées traictées avec touttes cruaultez, turpitudes et villainies, ayans estées recerchées et ramenées au village par ces bourreaulx avec coups d'espées; l'on n'y oyoit que cris et alarmes des pauvres filles et femmes qu'ilz forceoient plus par rage, forceneries, cruaultez que pour satisfaire à leurs desirs charnelz; lad. Catherine penssant evicter leur rage, s'enfuyt habandonnant ung sien petit enffant, eagé seulement d'ung quart, mourut à faulte de nourrice.

Pierre Cuvier de Poset (1), conjuge en la seigneurie de Clemont, a esté prins et saisy avec Jacques son nepveur, et iceulx liez et garrouttez par lesd. trouppes, menez au lieu du Pont de Roide, où illecque led. juge fut controing s'obliger à ung cappitainne de la somme de trois centz escuz pour leur rançon, mais comme il ne luy fust possible de recouvrer si tost telle notable somme, il ne retourna vers eulx, et enmenarent led. Jacques, son nepveur, lequel ilz detiennent encoires presentement (2).

---

(1) Poset, Doubs, arr. de Montbéliard, cant. de Pont-de-Roide, commune de Noirefontaine.

(2) Pierre Cuvier n'ayant pu obtenir la mise en liberté de son neveu qu'en payant la rançon exigée, adressa le 7 septembre 1588 une requête au comte Frédéric à l'effet de recouvrer partie de ses débours; cette pièce qui complète la déposition faite par le même témoin au mois de février précédent est conçue en ces termes :

Advertissement à tres illustre, hault, puissant prince et redoubter seigneur, Fridrich, comte de Wirtemberg et Montbeliard, seigneur souverain de Blaumont, Clemont, de l'interestz, perte et doumaige

Jehan Vurpillot, maire d'Aultechauld, dict qu'il fut prins de nuict au molin de Roide, couché, et estoit sans souloit (*corr.* dans son lict), on nommoit celluy qui le print mons^r de Reinach, qui l'estacha avec unecorde, et le menoit au costel de son cheval, le baptant et trainnant, quant il ne pouvoit suyvre et marcher, il le mena aud. Aultechauld en la maison Pierre Vurpillot, clerc, où il demeura avec Jehan Penat le viez la nuict. Et quant led. de Reinach voulut partir dud. Aultechauld, il feit mectre led. maire et led. Jehan Penat le viez sur ung chariot, liez, les mena-

souffert et supporter par Pierre Cuvier de Posept, souverainnetez de Clemont, oultre celle contenue et descripte en l'extraict general du ravagement faictz par les trouppes lorainnes, ayant depuis led. extraict payer le contenuz en la presente declairations.

Premier, led. Pierre Cuvier, septuagenaire, et Jaicques Cuvier, son nepveur, furent prins, saisys aud. lieu de Posept par trois hommes à cheval, et conduict et mener au lieu du Pond de Royde le vendredy penultieme de decembre de l'an mil cinq cent octante sept.

Le sambedy matin, led. Pierre Cuvier fut relasché après luy avoir exegié de luy et de sond. nepveur pour leur rançon une obligations de trois centz escus d'or, laquelle ilz luy firent signer et à sond. nepveur, nonnobstant laquelle seurtey du payement retindrent led. Jaicques et l'enmenerent jusques à lieu de Marceau en Lorainne, où il a demeurer l'espace de neuf sepmainnes, et jusques ad ce que payement soyt estez faictz de lad. somme, tellement que pour le recouvrement desd. escus en or a convenir payer aud. Cuvier trois frans huictz gros fort la piece, oultre les despens faictz en pourtant led. payement se montent à plus de deulx centz frans fort.

Lesquelles pertes, interrest et doumaige led. Cuvier supplie et requiert tres humblement à Son Exelence peser, et que à cause d'iceulx il est en grandissime neccessité reduyt, estant controings faire restitutions de partie de lad. somme qu'il luy a convenu emprunter. Faict à Blaumont, le troizieme en septembre de l'an mil cinq centz octante huictz.

Signé : Piere Cuvir.

(Archives Nationales, fonds Montbéliard, K 1968.)

rent en plusieurs villages, mesmes auprès et à l'entour de Grandvillers et Morvillers (1), où qu'ilz coucharent une nuict; ceulx qui ainsi les conduysoient disoient sur chemin qu'ilz les pendroient ou brusleroient, et mesmes que le sire de Morvillers, qui est bigot des piedz, disoit qu'il seroit le bourreauld pour les pendre. Depuis estans parvenus en ung village proche Altquelich (2), duquel ilz ne scavent le nom, led. maire fut prins et attaché sur ung cheval où demeura une nuict, et estoit souvent baptu; il fut avec led. Jehan Penat remis sur une charrette et menez en ung molin près d'Anguecey (3) en certainne valée, où que le mounier les baptoit et traictoit inhumainement, les menaceans de faire mourir. Le lendemain, il y survint ung cappitainne alemand d'Altkilch, demeurant à Thanne, que leur dict, s'ilz avoient moyen de payer leur despens, qu'il les feroit bien rendre à Montbeliard, et que lesd. de Montbeliard estoient leurs freres et bons amys. Dez lequel lieu led. cappitainne les feit mener en ung village près Colombié, et paya leur despens du temps qu'ilz y demeurarent, qu'estoit de huict jours; dez là les feit mener à Thanne où que les reiters procedarent contre led. cappitainne, mectans en avant d'avoir payé cent escuz pour leur rançon, mais il fut resolu par les seigneurs d'Anguecey que lesd. maire et Penat ne payeroient aultre chose que leur despens et quelque honneste present aud. cappitainne qui les avoit ainsi delivré.

(1) Grandvillars et Morvillars, Haut-Rhin, territoire de Belfort, cant. de Delle.

(2) Altkirch, Alsace (Haut-Rhin, arr. de Mulhouse, ch. l. de cant.)

(3) Ensisheim, Alsace (Haut-Rhin, arr. de Colmar, ch. l. de cant.)

Faict aud. Blaumont le dixieme en febvrier, l'an mil cinq cens octante huict.

Signé : ROLAND (1), VURPILLOT (2).

Original sur papier.

Archives Nationales, fonds Montbéliard, K 1967.

LXXIII

Autre enquête instruite à Montbéliard au sujet des excès commis dans les seigneuries de Blamont et de Clémont, complétant la précédente.

1589 — 2 AVRIL.

Au lieu de Montbeliard, le second jour du mois d'apvril, l'an mil cinq cens octante neuf, Jehan Robert Penat d'Aultechauld, souverainetey totale de Blammont, aager de plus de quattre vingtz ans, souvenant de soixante, Adrian Cuppillard dud. lieu, aager de cinquante ans, souvenant de quarante de bonne souvenance, d'ung chascun d'eulx prins et receuz le serment sur et aux sainctz Evangilles de Dieu, enquis, interrogué singulierement et secretement ouys et examinés sur les forces, violances et

(1) Jean Roland, d'abord tabellion général de la seigneurie de Clémont par ordonnance des tuteurs du prince Frédéric, était à l'époque de l'invasion des Guises, greffier de Blamont; il devint châtelain de cette place le 11 juin 1594, et fut remplacé comme greffier par Albrecht Binninger. *(Archives Nationales, fonds Montbéliard, K 1915, 1916, Bestallungen buch,* fol. 200.)

(2) Richard Vurpillot était receveur de la souveraineté de Blamont.

œuvres de faict commises et perpetrées tant à leurs personnes que leurs domestiques par les trouppes lotarigeises cy devant passées en forme et façon d'ostilité tant par la seigneurie souveraine dud. Blammont que aultres appertenantes à l'Excellance de nostre tres redoubter souverain seigneur et prince, monseigneur, monseigneur le comte Fridrich, conte de Wirtemberg et Montbeliard, seigneur souverain dud. Blammont, par leurd. serment depose ce que s'ensuyt:

Assavoir, led. Jehan Robert Penat que le vendredy, sambedy et dimanche avant le premier jour de l'an mil cinq cens octante huict dernier passé, passarent par le lieu et village d'Aultechauld plusieurs gendarmes desd. trouppes sans porter grand dommage, et ce jusques au jeudy après led. jour d'an, que ung seigneur certain nommé mons^r de Rinnach, et auquel grand honneur estoyt faict et respect de ses suyvans, de mediocre stature avec une petite barbe noire, que deliberé de sortir dud. Aultechauld et de la maison de Pierrot Vurpillot, beaulfilz dud. Penot, où ilz avoyent surjourner trois jours, prindrent et saisirent icelluy Penot, auquel pendant leur surjour aud. Aultechauld ilz s'estoyent monstré fort affables, et le firent monter sur ung chariot avec fut Jehan Vurpillot, vannier, lors vivant maire aud. Aultechauld, et les emmenarent par force jusques au lieu de Bouroingne (1) où ilz arrivarent assez tart en la nuict. Et leur fut donné pour soupper quelque peu de pain et souppe, mais il, Penat, ne peut rien manger, et demeurarent la nuict sur ung peu d'estrain et paille au poille du logis du bouchier dud. Bouroingne. Le lande-

(1) Bourogne, Haut-Rhin, territoire de Belfort, cant. de Delle.

main, environ le midy, led. s^r de Rinnach les fit
venir devant aud. poille pour convenir et traicter
de leur rançon et demanda aud. Penat mille escus;
les ayant refuser et remonstré qu'il ne luy estoyt
ou seroyt possible payer, pour n'avoir le moyen et
que tout le villaige dud. Aultechauld ne valoyt lad.
somme, ce neantmoings ne le voulut absouldre
pour moings que de cinq cens escus. Et pour ce
qu'il n'avoyt moyen de les payer, après avoir surjourner aud. Bouroingne par l'espace de trois jours,
le rechargearent avec led. fut maire sur led. chariot
et l'emmenarent en ung villaige de la seigneurie
d'Hericourt, ne scayt comm' il se nomme. Et pendant leur sejour aud. Bouroingne, la trompete dud.
s^r de Rinnach se retreuva devant led. Montbeliard,
où son cheval par ung coup d'arquebouze demeura (1), et à son retour aud. Bouroingne icelle trompette frappa et oultragea de telle sorte led. Penat
contre les brach qu'il en pensa terminer ses jours,
et en a esté griefvement malade; et tient et croyt
que n'eust esté la deffence et remonstrance d'ung
gentilhomme malade estant avec eulx sur led. chariot, que lad. trompette l'eut tué.

D'ois led. villaige d'Hericourt furent conduictz et

---

(1) Une inscription assez bizarre, tracée au charbon de la main
du sire de Reinach, sur un mur, dans la salle supérieure de la maison de Michel de Franquemont à Trémoins, et relevée après le passage des troupes lorraines, rappelle cet incident, voici le texte de
cette inscription :

1587

Si esperance me fault,
Mes peinnes me feront à mourir,
Hanns Adam de Reinach.

1587

L'on m'at tué le cheval de ma trompette devant Montbeliart mes-
chantement le 17e de janv. 88. *(Archives Nationales, fonds Mont-*
béliard, K 1966).

menez au lieu d'Angeot (1), et d'ois led. Angeot et plusieurs aultres lieux qu'il, led. Penat, ne pouroyt nommer, estans à chascune heure du jour sommés et requis de satisfaire à sa rançon ou de la signer, aultrement qu'ilz les feroyent pendre et mourir de la plus cruelle mort qu'ilz se pouroyent adviser, tellement que, n'ayant nul espoir de delivrance, surchargé de peine, travail et labeur leur faisoyent responce que ce leur estoyt tout ung et que la mort leur estoyt plus agreable que de languir en telle sorte. Finalement fut envoyer ung certain gentil homme d'Alklich, lequel avoyt prins sa femme à Tanne, comme chefz de certaine compagnie au nom du regime d'Anguecey, les alibera desd. trouppes sans rien payer de rançon, et leur dict qu'ilz ne dheussent avoir crainte et qu'il les feroyt plus tost conduire et remener jusques aud. Mont-beliard, et que lesd. de Montbeliard estoyent ses bons voisins et amys, leur monstrant tout signe d'amitié; et furent menez aud. Tanne, d'ois lequel lieu ilz s'en retournarent à la maison, après avoir payer tant pour leur despens que pour le vin et present faict au cappitaine environ cent frans tant pour led. Penat que led. maire.

Depose que pendant le passage faict par lesd. trouppes aud. Aultechauld et durant le sejour y faict par led. sᵣ de Rinnach, il a bien entendus que led. Aultechauld appertenoyt à l'Excellance de nostre redoubter souverain seigneur et prince, et que mesme pendant leur detention, reiterés fois luy ont confessé et respondus qu'ilz estoyent subjectz originelz d'icelle, et que toutesfois ne leur servoyt

(1) Angeot, Haut-Rhin, territoire de Belfort, cant. de Fontaine.

de rien, ains au contraire en estoyent pirement
traictés, les appellants huguenotz, qu'ilz les failloyt
tous pendre. Et y estoyt le s^r de Morvillers, lequel
leur faisoyt assez mauvais traictement, tant de faict
que de parolle, disant qu'il les pendroyt luy mesme.

Finalement depose led. Penat que les gens dud.
s^r de Rinnach emmenarent le bestial dud. Aultechauld, tant gros que menuz, en grand nombre et
de bonne et grande valeur, et plus n'en dict.

Led. Adrian par sond. serment depose que le
mardy qu'estoyt le second jour du mois de janvier
de l'an passé mil cinq cens octante huict, environ la
minuict, fut treuve, prins ets aisy par aulcungs desd.
trouppes au Loomont, en certain lieu appellé et dict
soulz les Roches du Paigre, où ilz s'estoyt retirer
avec plusieurs aultres pour y estre en seureté, et
d'ois led. lieu où il fut garoutté et lier les mains derriere le dos, fut conduit et mener au lieu dud. Aultechauld, en la maison de maistre Richard Vurpillot,
procureur à Blammont, et le logarent en la chambre
près le poille où il demeura jusques au jeudy suigant
au vespre sans estre deslier, ains ce que luy estoyt
presenter pour manger, ne le pouvoyt prandre
qu'avec la bouche mesme, n'ayant aultre pouvoir
ny facilité. Le landemain de sad. prinse fut en lad.
chambre par aulcungs examinés, les ungs luy mectans ung courjon de cuir au col avec ung baston
pour l'estroindre, faisant semblant de l'estrangler,
tellement qu'il ne pouvoyt plus souffler, les aultres
luy presentant la pointe de leurs espées, que luy
persuadoyt qu'il n'y avoyt espoir de jamais res-
chapper. Et fut d'eulx enquis et interrogué s'il estoyt subject dud. s^r comte Friderich, respondit que
non, et qu'il estoyt subject des seigneurs de Tanton-

ville (1), luy fut repliquer qu'il mentoyt, et que lesd. seigneurs de Tantonville n'avoyent plus rien par deça, qu'il avoyent tout vendus, ce qu'il Adrian confessa, et que l'Excellance dud. s^r comte Fridrich avoyt tout acheter, et qu'il estoyt son subject; ce entendus, le traictarent plus rudement, disant qu'il estoyt huguenot, qu'il le failloyt pendre et brusler, et par force traictarent avec luy pour trente cinq escus pour sa rançon qu'il debvoyt payer deans le landemain à peine de mourir; et estoyt present ad ce que dessus le secretaire d'ung certain seigneur appellé mons^r de Rinnach. N'ayant aud. landemain peu satisfaire pour sa pauvretté à sa promesse et payer lesd. trente cinq escus, ung certain cappitaine alemand luy chaussa ung esperon, et luy mesme le monta à cheval sur l'ung de ceulx du village, et luy fit lier avec une corde toute neufve les pieds par desoubz le ventre dud. cheval, luy mit sur ses espaules ung manteaul et devant luy certain arnois, et l'emmena jusques à Bouroingne où ilz surjournarent deux jours, d'ois led. Bouroingne à Vyan (2), seigneurie d'Hericourt, et d'ois led. Vian à Angeot, où quattre seigneurs d'Anguecey se re-

---

(1) Le fief de Tantonville, possédé par les seigneurs lorrains de ce nom qui l'avaient acquis en 1460 des seigneurs de Grandvillars, consistait en 1581 en terres et prés à Blamont, en granges à Roches, en diverses censes à Hérimoncourt, Vandoncourt et Abbévillers, et en trois *meix* à Audechaux, le *meix dit es Montagnons*, le *meix es Penatz* et le *meix Girard de Montagne*. Le *meix* Penat, appartenant au déposant qui figure en la présente enquête, payait une redevance annuelle de 15 gros et 5 poules. La *chevance* de Tantonville, dont Jacques de Ligneville fournit dénombrement en 1573, fut engagée le 9 octobre 1584 par Christophe de Ligneville au bandelier Vernier Virot, pour un capital de mille livres, et passa peu de temps après entre les mains de la seigneurie de Montbéliard. *(Archives Nationales, fonds Montbéliard, K 2144.)*

(2) Vyans, Haute-Saône, arr. de Lure, cant. d'Héricourt.

treuvarent, qui aigrement tançarent led. s^r de Rinnach tant du sejour qu'il faisoyt aud. Angeot que pour la detention des prisonniers qu'il emmenoyt. Et croyt que aulcungs desd. seigneurs d'Anguecey estoyent affins et alliez dud. s^r de Rinnach, à la remonstrance et solicitation desquels seigneurs d'Anguecey il fut relasché. Pendant sa detention, il fut assez inhumainement et cruellement traicté, et souventes fois requis, sommé et interpellé par led. s^r de Rinnach au payement de sad. rançon, et qu'il la dheut envoyer querre, aultrement qu'il n'en eschapperoyt et qu'il luy convenoyt mourir miserable.

Depose que led. s^r de Rinnach scavoyt fort bien que led. Aultechauld appertenoyt aud. s^r comte Fridrich, et qu'il estoyt son subject, pour luy avoir dict et reiterés fois confessé tant aud. Aultechauld que ailleurs, mais ce ne servoyt que de plus grand tourment et tirannie, l'appellant huguenot, et qu'il le failloyt brusler.

Finalement depose que la compagnie dud. s^r de Rinnach se saisit, print, enleva et enmena quasy tout le bestial dud. Aultechauld, de grande estime et valeur.

Original sur papier.

Archives Nationales, fonds Montbéliard, K 1967.

LXXIV

Enquêtes instruites à Montbéliard par Hector Loris, procureur général, au sujet de la détention arbitraire d'hommes et femmes emmenés et vendus par les troupes lorraines et au sujet des actes et paroles du marquis de Pont.

1589 — 21 JUIN.

Information secrette commencée à faire au lieu de Montbéliard par je, Hector Lorys (1), procureur general aud. lieu, le vingt et uniesme jour du mois de juing mil cinq cens octante neuf, sur ce que par les trouppes des feu duc de Guise et marquis du Pont, y ha deux ans, passées par ces pays, plusieurs subgetz de Son Excellence, tant hommes que femmes, sont estez prins, emmenez en Lorrainne et là detenus jusques à entier payement de leur rançon, comm' aussy aulcunes filles emmenéez et vendues en Lorrainne, sur quoy et sur plusieurs actes et parolles commis et proferées par led. marquis du Pont pendant son sejournement en ced. pays, ont deposé les tesmoings qui s'ensuyvent :

Antoinne Briot de Willars la Boissiere (2), eagé de quarante cinq ans ou environ, souvenant de

---

(1) Hector Loris était l'un des fils d'Etienne Loris, conseiller de la régence de Montbéliard, originaire du village d'Anderny (Moselle, arr. de Briey), qui fut enveloppé dans les poursuites criminelles dont fut l'objet, en 1574, le procureur général Charles Mercier, il devint procureur général en 1586 au lieu et place de Pierre Perdrix, décédé, exerça ces fonctions jusqu'au mois de juillet 1600, et eut pour successeur Pierre Grangier.

(2) Villers-la-Boissière, Doubs, arr. de Montbéliard, cant. d'Audincourt, comm⁰ de Valentigney.

trente cinq ou à peu prez, comm' il a dict, par serment par luy presté et touché corporellement sur
et aux Saintz Evangiles de Dieu, a dict et depposé,
estant enquis du contenu en l'intendit cy dessus (1),
que par le passeage des trouppes de guerre con-
duittes, sont passez deux ans, par les seigneurs marquis du Pont et feu duc de Guise, luy, led. deposant,
enssemble de huit aultres tant dud. Villars que Va-
lentigny, furent prins et saisis à l'entrée dud. Villars
par trois gentilshommes lorrains, l'ung appellé
mons^r d'Iguan, l'autre mons^r de la Rosette et le
troisieme le s^r de la Touche, lesquels les ayans lié
et guarrotté les feirent mener avec eulx au pont de
Voulgeaucourt (2), où ilz en jettearent deulx soubz
led. pont qui furent noyez, l'ung desquelz s'appelloit
Tomas Ferciot et l'autre Jehan de Cicon. Et quant
aux aultres ilz furent tous relaschez, excepté led.

(1) Voir pièce n° LXXI.
(2) Le pont de Voujaucourt bâti en pierres de taille vers l'année
1467, fut détruit de fond en comble par les troupes lorraines, ainsi
que les bâtiments affectés au fermier du péage établi sur ce pont,
mais comme ce péage était une source de revenus importants pour
la seigneurie, le pont fut rapidement relevé de ses ruines. Dès le 13
mars 1588, dans un réglement pour le pontenier ou fermier du péage,
le comte Frédéric annonce la reconstruction prochaine du pont :
« Scavoir faisons, dit il dans le préambule de ce réglement,
« qu'à raison des ravagemens et bruslemens faictz ces jours passez
« par les trouppes ennemies passez par ces pays et comté de Mont-
« beliard en nostre pont de Voulgeaucourt et bastimens erigez ser-
« vans à iceluy, sommes deliberé d'en faire adresser d'autres
« propres et servans aud. pont, par special pour la fortification
« d'iceluy, et empescher à l'advenir qu'il ne soit prins et occupé
« par les ennemis, et que les passans et repassans par iceluy pont
« soyent seurement repeuz, logez et abergez. » *(Bestallungen buch,*
fol. 135, *fonds Montbéliard, K 1016).* Au mois d'avril 1589 le pont
était rétabli, et une inscription en français, allemand et latin, sur
une plaque de cuivre que Frédéric de Wurtemberg déposa dans ses
fondations, rappela la destruction du pont et sa réédification.
(Ch. Duvernoy, *Invasion du comté de Montbéliard par les
princes lorrains.)*

depposant qui estant demeuré pour la rançon d'eulx fust par les gens d'iceulx gentilshommes mené et conduit avec Claude de Maison par eulx prins à Voulgeaucourt jusques en Lorrainne, mesmes en la ville de Marsaw (1), où led. s' d'Iguan, aultrement appellé le s' Chevalier, les a tenu prisonniers en une chambre fermée par l'espace d'environ quinze ou seize sepmainnes, aů bout desquelles ilz furent par le commandement du duc de Lorrainne relaschez et menez à Nancy, ou led. s' duc leur donna par son secretaire pouvoir et liberté de s'en retourner en ce pays, ce qu'ilz feirent. Et est tout ce qu'il scauroit dire, n'ayant depposé que la pure verité.

Lecture luy estant faicte de la presente depposition, a persisté en icelle, et n'ha signé pour nescavoir ny lire ny escrire.

Claudot de Maison de Voulgeaucourt, eagé de quarante ans, souvenant de trente de bonne souvenance, prins par serment que pour ce il a presté et touché sur et aux Sainctz Evangiles de Dieu, a dict et depposé, sur ce enquis, que par les derniers troubles de guerre advenus en ces pays par les gens du marcquis du Pont et feu duc de Guise, luy, led. depposant, fust à certain seoir prins et saisy aud. Voulgeaucourt par deux soldats de la compagnie de mons' de la Touche, cappitainne et gentilhomme lorrain, qui le menearent incontinant qu'il fust saisy vers luy au poille de la maison du pont dud. Vougeaucourt, où estoit Antoinne Briot lié et guarrotté, et dez là ilz les menerent tous deulx liez jusques en Lorrainne, mesmes jusques à Marsaw, ville fermée,

---

(1) Marsal, ville forte de Lorraine (Meurthe, arr. de Château-Salins, cant. de Vic), appartenait primitivement aux évêques de Metz qui en construisirent les fortifications; pendant les troubles de la Ligue, elle tomba au pouvoir du duc Charles II de Lorraine.

où led. s^r de la Touche les donnast en guarde à mons^r Chevalier, aultrement appellé le s^r d'Iguan, pour lors gouverneur dud. Marsaw, qui depuis les a tenu prisonniers en une chambre à feug par l'espace de quinze ou seize sepmainnes, au bout desquelles ilz furent menez à Nancy, où le secretaire du duc de Lorrainne (1) les vinst treuver en l'ostelerie et les feit relascher sans aulcune rançon. Ce faict ilz s'en retournearent, accompagnez de Demoinge, drappier en ce lieu, qui y estoit allé pour solliciter pour eulx. Et plus n'en dict. Lecture à luy faicte, y ha persisté et n'ha peu signer.

Jacques Bourguongne d'Estuppes, eagé de vingt ans, souvenant de dix, par serment en tel cas requis et pertinent, dict et deppose que, pendant le sejournement des marquis du Pont et duc de Guise en ces pays, il que deppose fust à certain jour prins et saisy en sa maison size aud. Estuppes par dix ou douze soldats qu'estoient de la suytte d'ung certain baron pour lors leogé au lieu d'Audincourt en la maison du s^r conseiller Docourt, lesquels le menearent aud. Audincourt chez Jacques Jehan Prestre, où depuis ilz demeurearent quelques huit jours. En après le menearent tousjours avec eulx jusques à ce qu'ilz furent devant la ville de Jamaix qu'ils se desbandearent peu à peu, à raison qu'ilz ne pouvoient estre payez dud. s^r baron, lequel ilz avoient servy par l'espace de sept mois sans rien recepvoir, et comm' il ne peult suyvre ceulx qui l'avoient prins, il fust contraint s'en retourner, et fust quelques quinze jours en chemin avant que d'arriver en ce pays. Et plus n'en dict.

---

(1) Probablement Jean Terral, qui fut d'abord secrétaire et contrôleur général de François de Lorraine, marquis de Chaussin, et devint ensuite secrétaire du duc de Lorraine.

Horry Artel de Dampbenoy (1), eagé de quarante ans, souvenant de trente, de luy prins et receu le serment en tel cas requis et pertinent, dict et deppose sur ce enquis que pendant le sejournement. des trouppes des marquis du Pont et duc de Guyse dernierement passez par ce pays, luy, led. depposant, fust à certain jour prins et saisy à l'entrée dud. Dambenoy par trois soldats et instamment mené à Allenjoye chez Jehan Fournier, et illec attaché à une couche de bois estant au poille dud. leogis, où ayant demeuré par ung jour et une nuict il fust par eulx deslié pour pensser leurs chevaulx; dont il advint que la seconde nuict après souppé, iceulx luy ayans donné une seille pour aller querre de l'eaue pour leursd. chevaulx, il eschappa de leurs mains, touttefois à la parfin il fust reprins aux champs au dessus du molin dud. Allenjoy par monsieur Marlet, gentilhomme lorrain, qui depuis le menast tousjours avec soy à cheval, enssemble de Claudot Pechin, Jacques Mourelot et Estienne Richard, jusques à ce qu'il fust parvenu à Sainct Luc (2) qu'il vendist lesd. depposant, Mourelot et Richard à ung certain marchand de Luxeul, nommé Jehan Chappuis, qui depuis les a detenu jusques à entier payement de leur rançon, qui se montoient, asscavoir, celle dud. depposant à dix escus, quattre testons pour l'escu, celle dud. Jacques Mourelot à douze escus, et d'Estienne Richard à cent frans, non comprins leurs despens qu'ilz payearent separement, après avoir demeuré aud. Luxeul par l'espace de vingt ung jour entiers. Qu'est ce qu'il en pourroit depposer, et plus n'en dict.

A luy leutte, y ha persisté et n'ha peu signer.

(1) Dambenois et Allenjoie, Doubs, arr. de Montbéliard, cant. d'Audincourt.
(2) Saint-Loup-sur-Semouse, Hᵗᵉ-Saône, arr. de Lure, ch. de cant.

Jacques Mourelot de Vieulx Charmont, eagé de trente cinq ans, souvenant de vingt et cinq, comm' il a dict, par mesme serment que les precedens tesmoings dict et deppose que, comme à l'arrivée des trouppes des duc de Guise et marquis du Pont passées y a deux ans par ce pays, la femme d'il que deppose estoit toute nouvellement accouché de deux enffans, est il que, pour la crainte qu'il avoit d'elle et qu'elle ne fust abandonnée d'ung chascung, il demeura vers elle au leogis sans l'abanner, dont à certain jour deux certains hommes à cheval le vindrent prendre prisonnier en sond. leogis, lesquels après l'avoir lié et guarotté le menearent au lieu d'Allenjoye vers leur cappitainne appellé monsieur de Bisonvillers, homme de petitte stature et rousseau, qui estoit leogé chez Ligier Maistrot dud. Allenjoye, qui le feit mener par ses gens, qu'estoient enssemble de luy des compagnies de monsieur Marlet, jusques à Sainct Luc, où que Jehan Chappuis, marchand de Luxeul, luy donna pour la rançon dud. depposant douze escus, lesquels depuis luy furent rendus et envoyés dez ce lieu aud. Luxeul, et par ce moyen il eschappast tant des mains desd. soldats que dud. Chappuis, et s'en retournast en sond. leogis vers ses femme et enffans, tout desolé qu'il estoit tant de la perte qu'il avoit faict que des coups, baptures et oultreages qu'il avoit receu d'eulx pendant sa detention. Qu'est ce qu'il en peult scavoir, et plus n'en dict.

Lecture à luy faicte, y ha persisté, n'ha peu signer.

Claude, femme de Pierrot Horry d'Estuppes, eagée d'environ vingt et quattre ans, souvenante de douze, comm' elle a dict, par serment par elle presté *ad sancta* dict et deppose qu'au temps men-

tionné en l'intendit cy devant, son marit et elle, de
peur qu'ilz heurent des ennemis, se retirearent en
ceste ville, mais comm' ilz avoient laissé au leogis
leur peu de meubles escartés çà et là, sond. marit
l'y renvoyast pour iceulx mettre en fardeaux et les
cacher en quelque lieu. Or estante parvenue aud.
leogis, fust incontinant poursuivie par des soldats
qui ne la peurent avoir, parce qu'elle s'enfuit par
derrier les maisons du villeage deans des hayes,
d'où elle allast par les bois jusques à Fesches l'E-
glise (1), où elle treuvast les filles de Guillaume
Vaultier et plusieures aultres femmes de villeage,
touttes desolées, lesquelles enssemble d'elle se
cachearent soubz de la paille qu'estoit sur le sou-
lier de la plus apparente maison d'iceluy villeage,
où qu'elles furent par l'espace de quattre jours entiers sans boire ny manger; et comme au cin-
quiesme certains soldats y arrivearent qui cerchea-
rent par tous les coings de lad. maison, est-il qu'elles
furent par eulx treuvées en renversant qu'ilz faisoient lad. paille, prinses et emmenées, dont celuy
qui prinst elle, lad. depposante, s'appelle Jehan de
la Coursille et ne l'a voulu depuis relascher, ains en
faisant ses plaisirs l'a tousjours faict mener avec
soy, tant par la France que par la Lorrainne, signamment au camp devant les villes de Jamaix et
de Sedan, où finalement ayante estée quelques
jours sans le voyr ny ouyr aulcunes nouvelles de
luy, elle se meit en chemin contre ce pays et s'en
retourna. Dict aussy avoir veu en Lorrainne parmy
les trouppes quelques filles des villages d'icy allentour, que sont pour le present de retour, asscavoir,

(1) Fesche, Doubs, arr. de Montbéliard, cant. d'Audincourt.

une de Charmont (1), deux de Louze (2), une de Breuvelier et deux de Lougre (3). Et plus n'en dict.

Honnorable homme, Huguenin Henry de Vandoncourt, et fourestier pour Son Excellence en la seigneurie et souveraineté de Blaumont, par son serment qu'il a presté *ad sancta* dict et deppose qu'à l'arrivée des duc de Guise et marquis du Pont aud. Vandoncourt, sont passez deux ans, il que deppose, de peur qu'il heust d'estre offenssé par leurs trouppes, se cachast en une haye fort espesse au bout d'ung sien champ qu'est joinct au vergier siz derrier sa maison, où ayant demeuré avec son filz par quelques heures, il veist pourmener aud. vergier grand nombre de gentilshommes, entre lesquels y en heust ung qui dict à haulte voix à la femme dud. depposant : *Voilà Monsieur de Guise, et là le duc du Mayne* (4), *et cestuy là s'est le marquis du Pont,* tellement que led. depposant l'entendist, comm' aussy et après qu'ils heurent tenu quelques propos, il ouyt dire au duc du Mayne parlant au marquis du Pont, *qu'ilz faisoient mal d'ainssy brusler et que ce n'estoit faict en soldat,* lequel respondist : *Que par la mort Dieu l'on brusleroit, quoy qu'il en dheust advenir.* Et comme led. depposant estoit enssemble de son filz en si grand peur en icelle haye qu'ilz heussent voulu estre mortz, ilz en sortirent sur le seoir et s'en allearent deans les bois, où ilz ont demeuré jusques après leurs departement, tellement qu'il ne pourroit aultre chose

---

(1) Vieux-Charmont, Doubs, arr. de Montbéliard, cant. d'Audincourt.

(2) Luze, Haute-Saône, arr. de Lure, cant. d'Héricourt.

(3) Lougres, Doubs, arr. et cant. de Montbéliard.

(4) Charles de Lorraine, duc de Mayenne, frère du duc de Guise.

depposer, sinon qu'estant de retour en son leogis
sad. femme luy dict que lesd. ducs de Guise, du
Mayne et marquis avoient estez leogez chez eulx, et
que led. du Mayne y avoit sejourné deux jours et
les deux aultres cinq jours entiers, et estoyent accompagnez aud. village de cinq cens lanciers. Et
plus n'en dict.

Lecture à luy faicte, y ha persisté et n'ha sceu
signer.

Perrenette, femme d'Huguenin Henry fourestier
à Vandoncourt, eagée de quarante ans, souvenante
de trente, par mesme serment que les precedens
dict et deppose que, lorsque les trouppes des duc
de Guise et marquis du Pont passearent par ces
quartiers, elle fust par quelques jours cachés par
les bois avec deux siens enffans, separement de son
marit qui s'en estoit allé avec leur filz d'un aultre
costel, mais comme à certain jour estant au hault
desd. bois elle veist quelques maisons brusler aud.
Vandoncourt, signamment celle qu'est la plus proche de sa cheminée, elle toutte desconfortée s'en
retournea peu à peu contre le villeage, touttefois
comme elle veist qu'il y arrivoit d'heure à heure des
gens à cheval, elle rentra ung peu avant deans
lesd. bois, où quelque temps après elle fust aper-
ceue par ung gentilhomme qui courrut après elle
et l'ayant prins par la main, l'asseurast qu'aulcung
tort ne ly seroit faict et la mena avec soy; et comme
elle fust parvenue en leur cheminée, elle y treuvast
à table plusieurs seigneurs, devant lesquels elle se
prosternast, et priast qu'on voulust espargner sa
maison et ne permettre qu'elle fust bruslée, ce que
ly fust accordé. Et quelque demye heure après
disné, se pourmenans lesd. seigneurs en ung vergier derrier la maison d'elle que deppose, luy dict

led. gentilhomme qui l'avoit amené aud. villeage, en ly monstrant ung grand seigneur avec une emplastre de taffetas en la jouhe : *Voilà Monsr de Guise, puis regardés cestui là, c'est Monsr du Mayne, et là le marquis de Lorrainne.* Et comm' ilz devisoient par enssemble assez haultement, elle entendist bien l'ung d'iceulx qui disoit, *que s'estoit mal d'ainssy brusler,* à quoy ung aultre respondist, *que par la mort Dieu il falloit brusler, quoy qu'il en advint.* Et dict led. s^r du Mayne n'avoir sejourné aud. Vandoncourt que deux jours et lesd. de Guise et du Pont cinq jours. Et plus n'en dict.

Huguenin Baisnier de Raynans, eagé de trente ans, souvenant de vingt, de luy prins et receu le serment sur et aux Saints Evangiles de Dieu, par lequel singulierement et secretement enquis a dict et depposé qu'au departement des trouppes ennemies dernierement passées par ces pays, luy, led. depposant, enssemble de Jehan du Vernoy, Nicolas du Vernoy et aultres, s'estoyent retirez en des ragies ez environs de Rainans et Semondans (1), tant pour les veoir passer que pour esteindre le feug qu'ilz pourroit mettre au peu de maisons qui restoyent aud. Rainans, où led. depposant, enssemble dud. Jehan du Vernoy, furent prins par deux soldats suyvans lesd. trouppes qui dez là les menearent (avec Claudot Vessaulx de St Gelin qu'ilz detenoient desja) jusques à Eschenans soubz Montvaudois (2), où led. Jehan du Vernoy fust relasché par le moyen du prevost d'Hericourt, mais lesd. depposant et Vessaulx furent menez jusques à Remiremond en Lorrainne et là vendus pour la somme

---

(1) Rainans et Semondans, Doubs, arr. et cant. de Montbéliard.
(2) Echenans, Haute-Saône, arr. de Lure, cant. d'Héricourt.

de six vingtz escus à d'aulcungs marchans de la
Poirée (1), dont touttefois led. depposant n'en a
aulcune chose payé parce que, comm' ilz furent
quelque temps aud. Remiremont sans recepvoir
nouvelles de leur rançon qu'on leurs debvoit envoyer, il fust envoyé pour venir querre icelled. rançon, mais ne pouvant treuver si grande somme
d'argent qu'on leur demandoit, il treuvast le plus
expedient de ny retourner, ne scachant comment
led. Vessault eschappa. Et plus n'en dict.

Claudot Vessaulx le jeusne de St Gelin (2), eagé
de vingt huit ans ou environ, souvenant de dix huit
ou à peu prez, de luy prins et receu le mesme serment que des precedens, a dict et depposé que par
le passeage des trouppes des duc de Guise et marquis du Pont, y ha deux ans, passées par ces pays,
luy, led. depposant, fust en ceste ville avec ses armes
à intention d'y demeurer jusques après leur departement, mais comme à certain jour il veist dez le
boulevard qu'est entre la porte de l'hospital et celle
du Grand Pont la fumée des maisons que brusloient
à Rainans, estimant qu'ilz heussent mis le feu aud.
Sainct Gelin, il sortist hors avec son espée, estant
accompagné de quelques cinq aultres, et s'en allast
contre Rainans à l'effect d'estaindre le feu qu'ilz
avoient mis au molin dud. Rainans, et comm' ilz
approcherent led. molin, y heust deux soldatz à
cheval qui coururent à bride abbatue contre eulx,
tellement que les quatre aultres que l'avoyent accompagné le laissearent, et fust tout seul prins pri-

_____

(1) La Poirie, Vosges, il y a deux localités de ce nom dans l'arrondissement de Remiremont : la plus rapprochée de cette ville fait
partie de la commune de Dommartin-les-Remiremont, la seconde
se trouve dans le canton et la commune de Saulxures.

(2) Saint-Julien, Doubs, arr. et cant. de Montbéliard.

sonnier et par eulx mené, enssemble de Guenin
Baisnier de Rainans, jusques au lieu de Remiremont, où ilz les vendirent à trois marchands de la
Poirée pour six vingtz escus, lesquels touttefois ne
leurs sont estez rendus ny restituez, parce que
l'ung d'iceulx s'estant transporté en ceste ville à
l'effect de les recepvoir fust constitué en arrest par
le s^r de Beaugeulx, tellement que pour estre relasché il manda aux aultres qu'ilz heussent à laisser
courrir led. depposant, qui par ce moyen fust quicte
de sa rançon. Et est ce qu'il en pourroit depposer.

A luy lecture en estant faicte, y ha persisté et n'ha
peu signer.

Signé : H. Lorys.

*Depuis, le vingt et deuxiesme desd. mois et an, les
cy après nommez sont estez examinez sur le faict de
l'intendit cy dessus, circumstances et deppendences
d'iceluy, comme s'ensuyt :*

Pierrot Ambert de Colombier le Chastelot, eagé
de cinquante ans et davantaige, souvenant de plus
de quarante, comm'il a dict, par serment par luy
presté sur et aux Sainctz Evangiles de Dieu, dict et
deppose sur ce enquis le plus secrettement que possible a esté, que du temps des trouppes ennemies,
sont deux ans, passées par ces quartiers soubz la
conduitte des seigneurs de Guise et marquis du
Pont, luy, led. depposant, s'estoit retiré avec ses
femme et enffans au lieu de l'Isle sur Doubz, affin
d'eviter la furie des soldats, où à certain jour le s^r
de Marnol l'ayant mandé de venir parler à luy,
dict qu'ung certain marquis de Lorraine appellé
mons^r de Sauvigny l'avoit prié de luy envoyer des
pescheurs, partant, et comm' il n'y en avoit des plus

propres que luy pour ce faict, qu'il y dheust aller
et prendre encores deux ou trois hommes avec
luy et qu'il scauroit estre à ce propres et idoines,
aultrement que led. s^r marquis se voyant ainssy
refusé feroit mettre le feug par les maisons dud.
Colombier Chastelot, où il estoit enssemble de ses
trouppes leogé, et que venant à la notice dud. s^r
que luy, led. depposant, fust refusant d'en ce luy
faire service, qu'il estoit bien tel seigneur de faire
allumer la sienne avant les aultres. Lesquelles paroles et plusieures aultres l'incitearent à aller enssemble de deux aultres vers led. sieur marquis,
lequel leurs dict qu'ils ne dheussent point avoir de
doubte et qu'il ne permettroit point que le feug fust
mis aud. Colombier, partant qu'ilz dheussent prendre leurs filetz et aller pescher, et de faict il allast
avec eulx sur le bord de l'eaue et y demeura jusques à la fin de la pesche. Et incontinant après
vindrent les nouvelles à iceluy qu'il y avoit arrivé
dez reyttres qui avoyent desfaict une grande partie
des Albanois, tellement qu'il envoyast led. depposant avec ung sien homme de sa suytte jusques à
Estouvans pour avoir cinq cens harquebousiers,
lesquels ilz amenarent encores à ce soir aud. Colombier lez Chastelot. Et le lendemain avant que le
jour fust venu, il tira avec ses trouppes contre
l'Isle où il disna chez led. s^r de Marnol, et dez là
s'en alla droit contre Hericourt, ne scachant led.
depposant qu'il y ayt heu pendant lesd. troubles
aultre seigneur de marcque leogé aud. Colombier
que led. sieur marcquis, ny quy ayt faict pescher.
Qu'est tout ce qu'il en scauroit depposer, n'ayant
dict que la pure verité.

A luy leutte, y ha persisté et n'a peu signer.

Tiebauld de Frye de St Mauris, presentement

residant à Colombier lez Chastelot, eagé de cinquante ans et davantaige, souvenant pour le moings
de quarante, estant prins par serment que pour
ce il ha presté et touché sur et aux Sainctz Evangiles de Dieu, a dict et depposé que s'estant du
temps des derniers troubles advenus en ces pays
retiré avec sa femme au lieu de l'Isle sur Doubz, est
il qu'à certain jour ung certain seigneur de Lorrainne, nommé le marquis de Sauvigny, pour lors
leogé à Colombier lez Chastelot, envoyast son maistre d'hostel aud. l'Isle vers le s^r de Marnol pour
avoir des pescheurs; dont furent envoyez aud. Colombier lesd. depposant et precedent tesmoing avec
ung aultre de l'Isle, lesquels arrivés prez dud. s^r
marquis, les feit disner avec ses gens, en après les
menast jusques à la riviere et demeurast sur le
bord d'icelle jusques à ce que la pesche fust finie, y
prenant plaisir, selon qu'il en faisoit le semblant.
Et comme sur le seoir les nouvelles luy vindrent
que Son Excellence avoit amené des reittres qui
avoient ja desfaict une grande partie des Albanois, il
manda cinq cens harquebusiers dez Estouvans (1),
qui arrivearent encores ce seoir prez de luy, et le
lendemain au matin et devant jour desleogerent
tous enssemble et tirearent contre L'Isle et dez là
contre Hericourt, ayant led. s^r marquis en preallable fait prester le serment aux seigneurs et cap-
pitainnes de ses trouppes de tenir main qu'au departir l'on n'heust à mettre le feu par le villeage,
d'aultant qu'il appartenoit à monsieur de Marnol (2).

(1) Etouvans, Doubs, arr. de Montbéliard, cant. d'Audincourt.

(2) Jean de Gilley, baron de Marnoz, possédait effectivement du
chef de sa femme, Anne de Saint-Maurice, plusieurs fiefs relevant
de la seigneurie du Châtelot, notamment au village de Colombier-
Châtelot. (*Archives Nationales, fonds Montbéliard, K 2145.*)

Et est ce tout ce qu'il en pourroit scavoir, et plus n'en dict.

Signé : H. Lorys.

Au lieu de Montbeliard, le IIIe jour du mois de juillet 1589.

Claudot Pechin de Dampierre oultre les Bois (1), à present residant à Fesches, eagé de trente cinq ans, souvenant de vingt et cinq, par serment par luy touché et presté sur et aux Sainctz Evangiles de Dieu, dict et deppose sur ce enquis que du temps que les gens de guerre des feu duc de Guise et marquis du Pont ravageoient par ce pays, luy, led. depposant, fust par quelques jours en ceste ville, où ayant à certain jour entendu que ses chaird et chevaulx luy avoient estez prins et emmenez, se resolust d'aller après pour les recouvrer, et de faict sortist hors de la ville; et comm' il parvinst allendroit de Sochaulx (2), fut incontinant environné de quelques gens à cheval, lesquels depuis il a entendu estre de la compagnie du s^r de Sainct Pol, et par eulx lié et mené au lieu d'Allenjoye, où l'ayans par quelques jours detenu prisonnier et faict une infinité de maulx, finalement l'ung d'iceulx nommé le cappitainne Taickel le prinst en sa charge et le feit mener avec soy tousjours lié et guarotté mesmes jusques en France au pays de Tireasse, où qu'il le detint prisonnier à Moncornet (3) par quelques sepmainnes, et ne le vouloit relascher qu'en preallable

____

(1) Dampierre-les-Bois, Doubs, arr. de Montbéliard, cant. d'Audincourt.

(2) Sochaux, Doubs, arr. de Montbéliard, cant. d'Audincourt.

(3) Montcornet (en Thierache), Aisne, arr. de Laon, cant. de Rozoy-sur-Serre, était le chef-lieu d'une châtellenie qui relevait de Laon.

il ne luy heust donné mil escus pour sa rançon. Touttefois, comm' à la parfin il n'estoit si estroictement guardé que du commencement, il treuvast moyen d'eschapper et s'en retournast le plus secretement qu'il peult, demeurant par quelques fois ung jour entier par les bois sans manger. Et est ce tout ce qu'il en pourroit depposer, n'ayant declaré que la pure verité.

Jehan Verrjer fin, demeurant à Charmontey (1), eagé de cinquante ans, souvenant de quarante, par serment par luy presté *ad sancta,* deppose que par le passeage des trouppes des feu duc de Guise et marquis du Pont, y ha passez deux ans, passées par ces pays, il amenast à certain jour son bestial en l'une des tanneries estantes ez Graviers et au devant de la ville, de peur qu'il avoit qu'il ne luy fust prins ; et comme à une certainne fois il allast aud. Charmontey querre du feur pour iceluy, en retournant qu'il faisoit fust prins au long du parc de Son Excellence par huit soldats, qui après l'avoir bien baptu le menearent à Vieulx Charmont chez Jacques Mourelot, où il fust le lendemain relasché par le moyen d'ung allemand qui le feit demeurer en l'estable dud. Mourelot pendant que les aultres s'en alloient. Touttefois depuis et ce mesme jour fust reprins par d'aultres, qui le menearent à Grand Charmont (2) au leogis de Belchamp, dez où ilz l'envoyerent en ceste ville vers led. Belchamp pour luy

---

(1) Le hameau de Charmontet, entre Montbéliard et Vieux-Charmont, fut incendié par les troupes lorraines et disparut complètement à la suite de cette invasion ; la ferme de la Grange-la-Dame rappelle seule aujourd'hui le souvenir de la *maison de madame la princesse* dont il est question à la fin de cette déposition.

(2) Grand-Charmont, Doubs, arr. de Montbéliard, cant. d'Audincourt.

demander cent et cinquante escus, affin de preserver iceluy leogis du feu, qu'en cas de reffus ilz menassoyent de brusler; mais comme led. Belchamp n'y voulust entendre, n'osast led. depposant retourner aud. Charmont, ains demeura esd. tanneries vers sond. bestial. Et ne scait qu'aulcung desd. trouppes soit esté en la maison de madame la princesse à Charmonté, ny qu'ayt rompu et defiguré l'image de pierre sur la Chaulx, laquelle estoit jà par terre avant que lesd. trouppes vinssent en ces pays. Et plus n'en dict.

Pierrot Penel de Dale, prins par mesme serment que les deux precedens, dict et deppose que par les derniers troubles de guerre, sont passez deux ans, advenus en ces pays, luy, led. depposant, fust à certain jour prins au devant de son leogis par trois soldatz qui l'emmenearent prisonnier au lieu d'Audincourt, mesmes en ung leogis au long de chez la Bransse, où estant luy fust ordonné par le s^r de Schwartzembourg de mener certains soldats à Estuppes, ce qu'il feit, mais ne peult retourner aud. Audincourt, parce qu'en chemin il fust prins prisonnier par d'aultres qui, l'ayans lié et guarotté, le chasscarent devant eulx à grands coups de baston jusques à Fesches, où ilz le detindrent prisonnier par quelques deux ou trois jours; touttefois à la parfin, par le moyen de l'ung des gens du s^r de Morvillars, qui le congnoissoit, il fust relasché, et le menast iceluy au chasteau de Morvillars, où incontinant après le seigneur dud. lieu arrivast avec le s^r de Saint Bellemont, qui dez là allearent treuver les duc de Guise et marquis du Pont à Vandoncourt, qui tous quattre vindrent apprès souppé avec leur suytte aud. Morvillars, ne scachant led. depposant à quel effect, sinon qu'il

les veist bien tenir une mappe en laquelle estoit
deppeint le comté de Montbeliard, enssemble de
tous ses villeages, et demandoient par quelques fois
aux gens dud. de Morvillars si ung tel villeage estoit
bon ou nom, s'il estoit bien loing dud. Montbeliard
et s'il falloit passer l'eaue pour y aller. Et ayans
lesd. s^rs longtemps devisé par enssemble, se departirent iceulx, et s'en rallerent lesd. de Guise et du
Pont contre Vandoncourt. Qu'est ce qu'il en pourroit depposer, sinon que led. s^r de Morvillars luy
fust fort rude, ainssy qu'il le veist en son chasteau,
et ne fust esté l'ung de ses serviteurs, il l'heust jetté
hors de son chasteau. Lecture à luy faicte, y ha
persisté, et n'ha peu signer pour ne scavoir ny lire
ny escrire.

Signé : H. Lorys.

Pierrot Druhot d'Audincourt, eagé de dix neuf
ans ou environ, souvenant de huit ou à peu prez,
de luy prins et receu le serment en tel cas requis, a
dict et depposé que par le passeage des trouppes de
guerre dernierement passées par ces pays soubz
les feu duc de Guise et marquis du Pont, luy, led.
depposant, et les serviteurs de feu Jehan Syre dud.
Adincourt s'estoyent transportez à Croux (1), seigneurie de Pourrentruy, en la maison d'ung nommé
Vellier, mareschal de son mestier, où à certain jour
ilz furent prins par des soldatz franceois, et dez là
menez à Vandoncourt, où ilz furent detenus par
l'espace de quelques quattre ou cinq jours ; pendant
lesquels ilz s'enquerroient de Son Excellence, où qu'i-
celle estoit, sy la ville de Montbeliard estoit forte,
si l'on scauroit miner le chasteau de Blaumont, et
appellant Sad. Excellence *Chasseur*, disoient que

_____

(1) Croix, village sur la frontière suisse.

s'ilz le pouvoient attrapper, qu'ilz luy coupperoient
par chascun jour une jointure , et que s'estoit luy
qui avoit aydé à brusler en Lorrainne, et si led.
depposant avoit pas esté avec luy. Et comme à ung
certain matin ilz entrerent en propos de la religion
dont l'on faist profession en ce comté et des cere-
monies que l'on observe ez eglises de par deça,
l'ung d'iceulx prinst une escueille de bois, l'emplist
du verjus et puis feit boire led. depposant et ses
consors prisonniers, puis prinst du pain et leur
donnast chascun ung loppin, demandant si c'estoit
pas ainssy qu'on administroit la Cene. Sur ce faict,
ung certain Allemand reittre voyant les tourmentz
dont estoit affligé led. depposant, prinst ung escu
et le donna pour la rançon, des mains duquel puis
après il eschappast. Et plus n'en dict.

Signé : P. Druat.

Noble Joseph Mourelot, sieur de Nommay, Dambenoy (1) en partie, eagé de trente deux ans ou
environ, souvenant de vingt ou à peu prez, par serment par luy presté et touché corporellement *ad
sancta* dict et deppose ne scavoir aultres marcquis
en Lorrainne que celuy du Pont, estant filz aisné de
l'Altesse de monseigneur le duc de Lorrainne, le
marquis de Chaussin , filz de monsieur de Vaude-
mont (2), et celuy de Havret (3), frere du duc

---

(1) Joseph Morlot, possesseur d'une portion du fief de Nommay,
Dambenois et Brognard, était un bourgeois de Montbéliard allié à
la famille bien connue des Virot; il se trouve souvent cité ainsi que
son frère Abraham, habitant de la même ville, dans les registres
judiciaires de la première moitié du XVIIe siècle *(Archives Nationales, fonds Montbéliard, Z² 1419 passim.)*

(2) François de Lorraine, marquis de Chaussin.

(3) Charles Philippe de Croy, marquis d'Havré, fils de Philippe II
de Croy duc d'Arschot et d'Anne de Lorraine, baron de Fon-

d'Arscot, flament, et qui ha espousé Diane de Domp-
martin (1), cousinne de Sad. Altesse ; lesquels deux
derniers marquis il n'ha entendu avoir esté en ce
pays pendant le passeage des trouppes lorrainnes,
ayant led. s^r depposant plusieurs fois ouy parler du
s^r de Sauvigny, qu'est ung riche seigneur et d'ancienne race, mais ne l'a jamais ouy appeller marquis ny prince. Qu'est ce qu'il en pourroit depposer,
et plus n'en dict.

Signé : Joseph Morelot.

Original sur papier.

Archives Nationales, fonds Montbéliard, K 1967.

tenoy et de Fénétrange, appartenait à une famille alliée à la maison
de Lorraine par le mariage de Charles de Croy, prince de Chimay,
avec Louise de Lorraine, fille de Claude Ier ; il mourut le 23 novembre 1613. (V. H. Lepage, *Lettres et instructions de Charles III.*
p. 83.)

(1) Diane de Dommartin, fille de Louis de Dommartin, baron de
Fontenoy, épousa en 1566 le rheingraf Jean Philippe II, qui mourut
des suites d'une blessure reçue à Moncontour, et se remaria au
marquis d'Havré. (De Chantérac, *Mémoires de Bassompierre,*
t. I, p. 21.)

LXXV

Déposition d'Etienne Molard, habitant de Clerval.

1589 — 8 AOUT.

Du 8ᵉ d'aougst 1589.

Estienne Molard de Clerval dit et depose que, lorsque le sʳ duc de Guise approcha avec son armée les terres et seigneuries de Son Excellence, mesme passant le Pont de Roide, ouyt dire que led. sʳ duc avoit esté advisé de ne passer la riviere du Doub, mais que le marquis du Pont disoit pour lors qu'il convenoit passer oultre et qu'il estoit neccessaire de ce faire. Dit aussy que Nicolas Belchamp luy a dit par cy devant qu'il avoyt ouyr dire ce que dessus par ung jeune garçon, lacquay du capitaine Sage.

Interrogué si led. deposant a luy mesme ouy et entendu parler led. sʳ duc de Guise parlant de ce que dit est, mesme qu'il ne vouloit passer la riviere.

Respond que non, ains ce qu'il en dit n'est qu'ouyr dire d'ung et d'aultre, et estoit pour lors assez esloigné dud. sʳ duc.

De plus a aussy dit que le sʳ lieutenant de Baulme pourroit bien deposer et scavoir quelque chose de ce faict, (comme il pense), car il estoit assez proche dud. sʳ duc.

Interrogué qu'il faisoit au Pont de Roide.

Respond qu'il y estoit allé avec aultres pour

achepter quelque chose des soldatz, et plus n'en
dit.

Original sur papier.

Archives Nationales, fonds Montbéliard, K 1967.

LXXVI

Enquête instruite à Audincourt et à Blamont par le chancelier Jean-Christophe Zenger et le procureur général Hector Lorys, au sujet du pillage et de l'incendie du pays de Montbéliard, systématiquement ordonnés par le marquis du Pont à titre de représailles, et au sujet de l'animosité manifestée contre la personne du comte Frédéric de Wurtemberg.

1591 — 1-7 FÉVRIER.

*Information secrette commencée faire au lieu
d'Audincourt, le premier jour du mois de febvrier,
l'an mil cinq cens nonante et ung, par messire
Jehan Christofle Zenger (1), docteur ez drois, chancelier du tres illustre prince et seigneur, monseigneur Friderich, par la grace de Dieu, comte de
Wurtemberg et Montbeliard, et Hector Lorys, procureur general pour l'Excellence dud. seigneur*

---

(1) Jean-Christophe Zenger, nommé chancelier du comte de Montbéliard après le décès d'Hector Vogelmann, remplit, en 1596, de
concert avec le capitaine Saige, une mission importante auprès du
roi Henri IV; il occupa le poste de chancelier jusqu'au mois de
novembre 1615 et eut pour successeur Jacques Lœffler qui remplissait les fonctions de vice-chancelier.

*prince en son comté dud. Montbeliard, commis et
depputtez de la part de Sad. Excellence, à s'informer sur tous et chascun les poinctz et articles
d'aultre part escriptz en langue germanicque, sur
lesquelz sont estez ouys singulierement, diligemment
et secrettement examinez les tesmoings que cy après
s'ensuyvent, leurs deppositions fidelement redigées
par escrit, selon que lesd. tesmoings les ont declaré
par serment qu'ilz et chascun d'eulx ont presté sur
Sainctz Evangiles de Dieu, le tout comme s'ensuyt :*

Pierrot Druhot d'Audincourt, premier tesmoing,
eagé de vingt ans ou environ, souvenant de dix ou
à peu prez, par serment par luy presté sur et aux
Sainctz Evangiles de Dieu, dict et deppose sur ce
enquis et par maniere d'ampliation de sa premiere
depposition, que par le passeage des trouppes du
feu duc de Guise et marquis du Pont, sont trois
ans, passées par ce pays, il fust prins prisonnier au
lieu de Croux par aulcungs desd. trouppes, et dez
là mené au lieu de Vandoncourt, où qu'il fust detenu par l'espace de cinq jours, pendant lesquelz ilz
s'enquerroient de Son Excellence, demandans où
qu'icelle estoit, comme l'on la pourroit attrapper,
en oultre des moyens pour miner le chasteau de
Blaumont, finalement aussy se mocquoyent de la
Sainte Cene du Seigneur, selon que led. depposant
ha ja cy devant declaré, à laquelle sienne precedente depposition il ha dict persister, et ne pourroit
aultre chose que depposer.

Signé : P. DRUAT.

Guillaume Faibvre, maire à Audincourt pour la
seigneurie et souveraineté de Blaumont, eagé de
quarante ans, souvenant de trente, par serment par
luy presté *ad sancta* deppose avoir esté detenu

prisonnier par le temps de quelques six ou sept heures aud. Audincourt et en la maison de Pierre Druhot, par aulcungs soldats des trouppes des feu duc de Guise et marquis du Pont, sont trois ans, passées par ces quartiers, lesquelz luy lièarent les mains derrier le doz, puis luy bandèarent la teste avec une corde, et avec ung baston luy estreindrent tellement la teste qu'il luy sembloit qu'ilz luy feroient sortir les yeulx hors de la teste. Et comme l'ung d'iceulx voulust avoir l'harquebouse du depposant, et qu'estoit en son leogis, ilz y allèarent eulx deulx par enssemble, que fust cause que par le moyen de la nuict il eschappast et s'enfuyt ez bois d'Estuppes et aultres, où qu'il fust par l'espace de huit jours sans boire et sans manger. Qu'est ce qu'il en pourroit depposer, et plus n'en dict, sinon qu'en luy estreingnans la teste, selon que sus est dict, ilz le feirent seingner par les yeulx, le né et la bouche en grande abondance, et s'en resent encor journellement des tourmens que pour lors il endurast.

A Blaumont, le II de febvrier 1591.

Jehan Vourron de Bourguignon (1), à present résidant à Blaumont, eagé de trente six ans, souvenant de vingt et six, de luy prins et receu le serment sur et aux Sainctz Evangiles de Dieu, par lequel enquis a dict et depposé que par le passeage des trouppes ennemies, sont trois ans, passées par ces quartiers, il fust prins prisonnier par aulcungs d'icelles au lieu d'Herimoncourt où qu'il residoit pour lors, et dez là mené à Audincourt où qu'il fust

____

(1) Bourguignon, Doubs, arr. de Montbéliard, cant. de Pont-de-Roide.

ung jour entier, sur le tard duquel et par le moyen de la nuict il eschappast de leurs mains et se vinst rendre en ce lieu de Blaumont; pendant lequel temps de son emprisonnement il se plaingnoit à ceulx qui le detenoient des grandes extortions, cruautez et bruslemens qu'ilz exerceoient en ses seigneuries, lesquelz par reiterées fois luy respondirent qu'ilz n'en faisoient pas la mytié de ce qu'on leur avoit faict en leur pays, mesmes les gens d'icy. Puis demandans après Son Excellence et où qu'elle estoit, disoient que s'ilz la pouvoient avoir, l'appellans *ung grand chasseur*, qu'ilz le feroient bien à deviser, qu'ilz ne cherchoient aultre que luy et qu'il seroit bien leur homme; aussy disoyent ilz l'ung à l'autre qu'il falloit brusler et qu'ilz avoient congé et licence de se faire, de faict led. depposant veit allumer deux maisons à Seloncourt et une aud. Herimoncourt. Et plus n'en dict.

Antoinne Belpoix de Bondevaulx (1), eagé de trois vingtz et seize ans, souvenant de soixante ans et davantage, par mesme serment que les precedens tesmoings deppose avoir esté pareillement prins prisonnier par aulcungs des trouppes ennemies passées, sont trois ans, par ces quartiers, par l'espace de cinq jours entiers, pendant lesquelz ilz le menearent lié et guarotté dez l'ung des villages à l'autre, et à certain jour au devant de la ville de Montbeliard en certain bois que s'appelle le Chasnoy (2). Ausquelz il ha par plusieurs fois ouy demander à d'aultres où qu'estoit monsieur le marquis du Pont, lesquelz à d'aulcunes fois leur disoient qu'il n'estoit guairres loing d'eulx, à d'autres disoient qu'il estoit

(1) Bondeval, Doubs, arr. de Montbéliard, cant. de Blamont.
(2) Le bois du Chénois encore existant, se trouve à proximité de Montbéliard entre Courcelles et Arbouans.

en ung tel et tel lieu, en ung tel et tel villeage. Puis demandoient après Son Excellence et disoient où qu'estoit ce cendrier, s'il estoit d'eage, pourquoy il ne guardoit ses subgetz, s'il y avoit de riches marchands en la ville de Montbeliard, que le prince de Montbeliard estoit cause de ce que la Lorrainne avoit esté bruslée, et qu'il avoit sollicité le sieur de Chastillon de la brusler. Et comme le vendredy au matin ilz voulurent partir, il entendist que les capitainnes disoient et commandoient à leurs soldatz de brusler, et disoient qu'il falloit tout mettre en cendre. Qu'est ce qu'il en pourroit depposer, et plus n'en dict.

Jehan Caisle, dict Baislot, dud. Bondevaulx, eagé de cinquante ans, souvenant de quarante, de luy prins et receu le serment en tel cas requis, a dict et depposé avoir esté aussy prins prisonnier par les trouppes avant dictes, et avoir esté avec elles par l'espace d'ung jour et une nuict, pendant lequel temps aulcungs luy dirent, que s'il vivoit encores vingt quatre heures, qu'il ne verroit pas vingt cinq maisons droictes ez seigneuries de Son Excellence. Depuis, mesmes le lendemain dud. jour, ayant treuvé moyen d'eschapper de leur mains, se transporteast en ce lieu de Blaumont, où qu'arrivast au devant de la ville ung certain soldat avec ung tabourin à son col, qui demandast cent escus pour chascun villeage, et affin que l'on ne bruslast, ce que luy fust refusé.

En oultre dict que pendant sa detention lesd. soldatz que le tenoient demandoient tousjours après le prince de Montbeliard, et disoient, que s'ilz pouvoient avoir ce chasseur, qu'ilz le fricasseroient à l'huille, et qu'ilz ne faisoient pas la mytié tant de maulx en ces pays qu'iceluy avoit faict au duché de

Lorrainne (1), que les entreprises que s'estoient auparavant faictes contre le duc de Lorrainne, que l'on les avoit commencé à mettre en jeu à Montbeliard. Et plus n'en dict, n'ayant depposé que la pure verité.

Ligier Brisard dud. Bondevaux, eagé de soixante ans, souvenant de cinquante, après avoir presté le serment de depposer la verité, a dict pareillement avoir esté prins par les trouppes susd., et que cependant il veist ung certain jeusne seigneur sans barbe qu'ilz appelloient leur colonel, aulcungs desquelz demandoient où qu'estoit le prince de Montbeliard, que s'ilz le pouvoient avoir, qu'ilz le feroient bien à deviser, et que s'estoit luy qu'avoit esté cause des gens de guerre que l'on avoit envoyé à Grenoble et en Lorrainne. Aussy a dict que lesd. trouppes vindrent par Saint Hyppolite et Chaulx (2), lieux fort montagneuz et quasi inacessibles, par lesquels l'on n'a heu aultrefois conduit ou mené gens de guerre, que le depposant ayt entendu.

Mainbeuf Perrey dud. Bondevaux, eagé de cinquante ans, souvenant de quarante, par serment par luy presté et touché corporellement *ad sancta,* deppose que sont trois ans qu'il fust prins prisonnier, lié et guarotté par aulcungs des gens de guerre du feu duc de Guise, et par eulx mené dez

---

(1) Il est certain que les reitres allemands, sous la conduite du burgrave de Dohna, dévastèrent cruellement la Lorraine dans leur campagne du mois de septembre 1587. Une lettre de Gaspard de Schomberg au roi de France, en date du 13 septembre, témoigne de ces excès et parle notamment de dix-huit grands villages livrés aux flammes. (V. de Chanterac, *Mémoires de Bassompierre*, t. i, p. 40.)

(2) Chaux, autrefois Chaux-les-Chatillon, Doubs, arr. de Montbéliard, cant. de St-Hippolyte.

l'ung des lieux en aultre, et que pendant sa detention ilz devisoient par enssemble des moyens qu'il
leur conviendroit de tenir pour assaillir la ville de
Montbeliard, et demandoient après le prince de
Montbeliard, disans, que s'ilz le tenoyent, qu'ilz le
feroient bien à deviser, qu'ilz ne brusleroient pas
les villeages, ains y en avoit d'autres que venoient
après eulx que portoient le feug et la ramasse,
lesquelz estoient de la compagnie dud. duc de Guise.
Et plus n'en dict.

Jehannette Roulot, vefve de feu Grosjehan Quaisle
à son vivant dud. Bondevaulx, eagée de quarante
ans, souvenante de trente, enquise par serment que
pour ce elle a presté sur et aux Sainctz Evangiles
de Dieu, a dict avoir esté prinse par les trouppes
de guerre avantdictes, aulcungs desquelles disoient
que le duc de Lorrainne les avoit envoyé en ce pays
pour le brusler, que les compagnies du duc de
Guise ne brusleroient pas, mais celles du marquis
du Pont, à cause que le prince de Montbeliard avoit
envoyé des gens de guerre à Grenoble, lequel n'estoit q'ung chasseur et à estre par les bois, et qu'il
y seroit une fois prins. A d'aulcunes fois ilz devisoient par enssemble d'assaillir la ville dud. Montbeliard, et, en tant qu'ilz la surprendroient, de la
piller et voler. Et comm' ilz s'en voulurent en aller,
commandearent de tirer hors des maisons le bestial qu'y estoit, d'autant que ceulx qui venoient
après eulx avoient commandement de tout mettre
à feug.

Jacques Cuvyer de Poset, eagé de quarante ans,
souvenant de trente, aussy prins par serment a
depposé que le mesme jour que les gens de guerre
des feu duc de Guise et marquis du Pont arri-

14

verent en ce païs, il fust prins prisonnier par ung certain cappitainne lorain qu'estoit soubz la conduitte
dud. marquis du Pont, que s'appelle le cappitainne
La Routte, lequel dez ce pays le menast jusques à
Marsaw où qu'il reside ordinairement, où qu'il a
esté par iceluy detenu par l'espace de neuf sepmainnes, qu'il fust relasché par le moyen de trois
centz escus qu'il fallust delivrer pour luy. Pendant qu'on le menoit, il s'enquist des soldatz des
causes des bruslementz et cruautez qu'ilz exerceoient, lesquelz luy donnoient à entendre qu'ilz
avoient receu ordonnance du marquis du Pont de
brusler le pays du prince de Montbeliard, à raison
qu'iceluy avoit sollicité le s^r de Chastillon de brusler le pays de Lorrainne, comm' aussy il avoit faict,
et que sur le printemps, ilz viendroient assieger la
ville de Montbeliard. Dict de plus que led. marquis
du Pont estoit en personne parmy les trouppes et
conduisoit une partie d'icelles, lesquelles parvenues
en Lorrainne, y en avoient plusieurs que vendoient
le bestial qu'ilz y avoient mené dez ce pays au veu et
sçeu d'ung chascun et sans aulcune reprehension,
comm' aussy ne sont estez prins ny chastiez ceulx
qui avoient ainssy rançonné les subgetz de par
deça, ou aultrement exercé cruaulté.

En oultre deppose qu'iceulxd. gens de guerre,
pendant qu'ilz estoient en ces quartiers, demandoient où que Son Excellence estoit, s'elle estoit en
Allemagne, qu'elle n'estoit qu'ung chasseur, que
led. marquis du Pont leur avoit donné le païs d'i-
celuy en proye, et qu'il leurs avoit esté ordonné de
le brusler, aultrement qu'ilz seroient bruslez eulx
mesmes.

Perrenotte, femme de Huguenin Henry fourestier de Vandoncourt, eagée de quarante ans, sou-

venante de trente, par serment par elle presté *ad
Sancta* deppose par maniere d'ampliation de sa
precedente depposition que pendant le passeage
des trouppes ennemies, sont trois ans, ravagantes
par ce pays, elle fust prins ez bois de Vandoncourt
où qu'elle s'estoit cachée, et ramenée en son leogis
par ung gentilhomme franceois, où qu'estoyent
trois grands seigneurs, l'ung desquelz estoit grand,
linge et portant une grande emplastre noire à la
jouhe dextre, que l'on disoit estre le duc de Guise,
l'autre estoit ung pou plus petit, touttefois plus gras
et noir, que se nommoit le duc du Mainne, selon
que l'y fust donné à entendre, et le troisiesme estoit
le marquis du Pont. Quelque temps avant qu'ilz
departirent dud. Vandoncourt, elle veit lesd. trois
seigneurs au seuille de la porte de leur maison, devisans par enssemble, l'ung desquelz se faschoit
de ce qu'on brusloit ainssy par ce pays, disans que
s'estoit mal faict, ce que disoit aussy le deuxiesme,
mais quant au troisiesme, il n'y voulust aulcunement entendre, ains maintint qu'il falloit brusler
ce pays, et qu'ainssy il avoit esté resolu. Et plus
n'en dict, se referante à ce que ja cy devant elle en
a depposé.

Maistre François Queutal, notaire de Montecheroux, eagé de cinquante ans, souvenant à peu prez
de quarante, dict et deppose par serment par luy
presté aux Sainctz Evangiles de Dieu qu'il demeurast aud. Montecheroux et en son leogis, sont trois
ans, lorsque les gens de guerre des feu duc de
Guise et marquis du Pont vindrent ravager par ce
pays, et ne s'en bougeast, dont à certain jour en
devisant qu'il faisoit avec aulcungs d'eulx des ravagemens, cruautez et pilleries qu'ilz exerceoient,
luy fust dict qu'ilz avoient charge et ordonnance

expresse du marquis du Pont de brusler le pays
du comte de Montbeliard, qui avoit esté cause de
ce que la Lorrainne avoit aussy esté bruslée. Aussy
a le depposant entendu de Ligier Guurnel et aultres
du Pont de Roide que lesd. s^{rs} duc et marquis,
ainssy qu'ilz furent parvenuz au devant dud. Pont,
prindrent resolution de ce qu'estoit à faire ez pays
de Son Excellence, que led. marquis du Pont disoit
que l'on debvoit tout mettre à feug, et au contraire
led. duc de Guise disoit que se seroit mal fait et
taschoit par tout moyen de l'en divertir. D'abon-
dant dict que lesd. soldatz, pendant qu'ilz estoient
leogez chez soy, demandearent par plusieurs fois
où qu'estoit son prince le chasseur. Et plus n'en
dict.

Signé : F. Queutaul.

Jacques Charreton dud. Montcecheroux, eagé de
soixante ans ou environ, souvenant de cinquante ou
à peu prez, aussy prins par serment a depposé qu'aulcungs des gens de guerre du marquis du Pont cy
devant passez par ce pays avec ceulx du feu duc de
Guise le prindrent prinsonnier au lieu de Montjoye (1), puis le menearent à Mandres (2), ville et
pays de Lorrainne, où qu'il demeurast par sept
sepmainnes, pendant lesquelles luy fust dict que
son prince, scavoir Son Excellence, estoit cause de
ce que ce païs estoit bruslé, et que s'il n'heust re-
celé les Franceois en sa ville de Montbeliard, que
ce ne fust advenu.

Girard Moinin de Bocourt (3), eagé de trente ans,

---

(1) Montjoie, Doubs, arr. de Montbéliard, cant. de St-Hippolyte.

(2) Mandres-sur-Vair, Vosges, arr. de Neufchâteau, cant. de
Bulgnéville.

(3) Beaucourt, Haut-Rhin, territoire de Belfort, cant. de Delle.

souvenant de vingt, par mesme et semblable serment que les aultres a depposé qu'estant demeuré,
sont trois ans, en son leogis, lorsque les trouppes
des feu duc de Guise et marquis du Pont arrivearent en ce pays, y heust certain gentilhomme que
s'y leogeast, lequel fust mandé le troisiesme jour
après son arrivée par led. marquis au lieu de Vandoncourt, avec lequel le depposant allast pour luy
monstrer le chemin, où parvenuz ilz treuvearent
led. marquis à cheval, qu'avoit une grosse teste
portant bien peu de barbe, qui dez là avec quelques trois centz chevaulx allast en certain bois
appellé le Chesnoy qu'est au devant de Montbeliard.
Et plus n'en dict.

Jehan Jappy dud. Bocourt, eagé de cinquante
ans, souvenant de quarante, de luy prins le serment requis et pertinent, a dict qu'il a esté pendant
le passeage des trouppes avantd. detenu prisonnier par aulcungs soldatz au lieu de Dale (1), et qu'à
certain jour passearent par led. villeage quelques
vingt ou trente lanciers, entre lesquelz l'on disoit
estre le marquis du Pont, dont aulcungs desd. soldatz dirent qu'iceluy marquis avoit treuvé la ville
de Montbeliard plus forte qu'il ne penssoit, et qu'il
y avoit beaucoup d'yeulx de chouettes, touttefois
qu'ilz reguarderoient de faire leur debvoir et du pis
qu'ilz pourroient, car le pays du comte de Montbeliard leur avoit esté donné en pillage pour leur
payement (2).

Pierre Gualier de Dampjoy (3), eagé de trente
cinq ans, souvenant de vingt et cinq, par serment
qu'il a presté aux Sainctz Evangiles de Dieu

---

(1) Dasle, Doubs, arr. de Montbéliard, cant. d'Audincourt.
(2) En marge se trouve cette note contemporaine : *Hoc verum est.*
(3) Dampjoux, Doubs, arr. de Montbéliard, cant. de St-Hippolyte.

deppose que du temps du passeage des avantd.
trouppes fust leogé chez luy ung certain grand
seigneur que l'on disoit estre le chevalier d'Aumale (1), les fourier et secretaire duquel en devisans qu'ilz faisoient à certainne fois par enssemble
dirent que les duc de Guise et marquis du Pont
debvoyent aller treuver le duc de Lorrainne pour
avoir de l'artillerie à l'effect d'assieger Montbeliard;
aulcungs des soldatz de la suytte dud. seigneur
demandearent par plusieurs fois où qu'estoit le
prince de Montbeliard, et monstrearent par leurs
contenances qu'ilz avoient grande affection de l'a-
voir. Qu'est tout ce qu'il en scauroit que depposer.

Jehan Apvril de Seloncourt, eagé de soixante
ans, souvenant de cinquante, de luy prins et receu
le serment sur ce accoustumé, a dict que pendant
le sejournement des trouppes ennemies passées
par ce pays, furent leogez chez luy le fourrier du
marquis du Pont et aultres que luy dirent qu'ilz
avoient en charge de ruiner le prince de Montbeliard et ses subgetz, affin qu'ilz ne sceussent sur
quel pied eulx tenir, et que deans ung an ilz retour-
neroient pour accabler du tout la ville de Montbeliard. Et comm' il y avoit aussy deux boutefeux
aud. leogis, l'ung d'iceulx appellé sire Claude et
l'autre sire George, leur vinst de la part du duc de

____

(1) Claude de Lorraine, dit le Chevalier d'Aumale, chevalier de
l'ordre de Malte et l'un des principaux chefs de la Ligue, que les
Remarques sur la Satyre Menippée montrent sous un jour peu favorable, fut tué le 3 janvier 1591 dans une expédition nocturne qu'il
dirigea contre Saint-Denis où il entra par escalade. Son corps pro-
visoirement déposé dans une chapelle de l'église de Saint-Denis et
en partie dévoré par les rats, reçut la sépulture dans l'église de
Saint-Jean-en-Grève à Paris. (Voir dans les *Mémoires de la Ligue*,
t. iv, p. 331, les épitaphes et pièces satyriques qui furent composées
à cette occasion, et les *Mémoires-journaux de Pierre de l'Estoille*,
t. v, *Journal de Henri IV*, p. 70-71.)

Guise une deffence de brusler, lesquelz de ce cour-
roucez dirent que, puis que le marquis du Pont
leur avoit ordonné de brusler, qu'ilz ne s'en soucioient de telle deffence, et qu'il leur estoit aussy
permis de piller le païs. Et plus n'en dict.

Henry Colard d'Escurcey, eagé de trente cinq
ans, souvenant de vingt et cinq, deppose aussy par
serment que pendant le precedent passeage il fust
prins prisonnier par les gens de monsieur de Rosne
et par eulx mené au Pond de Royde, où qu'ilz treuvearent les duc de Guise et marquis du Pont que
vouloient passer led. Pont avec leurs trouppes, par
devant lesquelz se meit à genoux le sieur de Vallangin et les priast de point brusler ce pays. A quoy
led. marquis dict que par Dieu si feroit et que Chastillon avoit bien bruslé le pays de son pere, à quoy
led. duc de Guise marry, comm' il sembloit, dict
qu'il ne falloit brusler, mais led. marquis ce nonobstant insista tousjours à son dire, et comman-
dast auxd. trouppes de mettre tout à feug.

Bourquin de Reney de Seloncourt, eagé de cinquante ans, souvenant de quarante, de luy prins et
receu le serment en tel cas requis, a dict et depposé
avoir esté prins par aulcungs des trouppes du marquis du Pont, lorsqu'elles passearent par ce païs,
et sont trois ans, lesqueles le menearent par quelques jours dez l'ung des villages à l'autre; pendant
quoy luy demandearent plusieurs choses dont à
present n'est souvenant, et entre aultres si la ville
de Montbeliard estoit bien fournie de pouldre et de
canons, si le prince de Montbeliard estoit au pays,
que s'ilz le pouvoient avoir, qu'ilz luy feroient bien
autant de maulx qu'il a heu faict en Lorrainne.

Jacques de Vaulx dud. Seloncourt, eagé de trente
ans, souvenant de vingt, prins par serment qu'il a

pour ce presté aux Sainctz dict et deppose que pendant le temps qu'il a esté detenu par les soldatz des trouppes des feu duc de Guise et marquis du Pont il a esté par eulx lié, guarotté, comm' aussy baptu et navré en plusieures parties et endroitz de son corps, lesquelz en le frappant luy mettoient ordinairement au devant que ceulx de ce pays les avoyent estez chercher en leur pays, et avoient exercé plusieures cruautez et bruslementz, qu'estoit la cause qu'ilz en avoient faict de mesme et en auroient leur raison.

André Quaisle dud. Seloncourt, eagé de dix huit ans, souvenant de dix, par serment par luy presté *ad sancta* dict qu'il fust prins par aulcungs des trouppes cy dessus mentionnées, lesquelz s'enquirent de luy s'il y avoit grosse guarnison deans la ville de Montbeliard, si le prince dud. lieu y estoit, lequel n'estoit qu'ung chasseur et berbisier, que s'ilz le pouvoient avoir, qu'ilz le feroient bien à deviser.

Richard Masson de Glay, eagé de trente ans, souvenant de vingt, enquis par serment a dict qu'aussytost qu'il fust prins par quelques ungs des gens de guerre qui passearent, sont trois ans, par ce pays, il heust lié les mains derrier le doz, puis pendu par icelles à une cheminée où qu'il demeurast par trois jours entiers, pendant lesquelz luy faisoient iceulx plusieurs interreguaulx, signamment sur le faict de conduitte de la ville de Montbeliard, demandans où qu'estoit le comte dud. lieu, que s'ilz le pouvoient avoir, qu'ilz en feroient à leur plaisir et luy feroient tous les maulx dont se pourroient adviser, et qu'ilz n'avoient aultre gage que le pilleage que leur avoit ouctroyé par leur chef de faire en ced. pays.

Henry Guidot d'Escurcey, eagé de vingt quattre,

[ans], souvenant de bonne souvenance de douze, par serment presté par luy *ad Sancta* deppose avoir esté prins par aulcungs des avantd. et au temps mentionné cy devant, lesquels devisoient ordinairement des moyens que l'on pourroit tenir pour surprendre la ville de Montbeliard, et demandoient si le prince y estoit, que s'ilz le pouvoient avoir, qu'ilz luy feroient bien du mal, et qu'il n'estoit q'ung berbisier.

Adrien Cupillard d'Atechaulx, eagé de quarante ans, deppose par serment sur ce presté qu'il fust prins au temps que dessus par certains qui disoient le sr de Saint Belmont estre leur colonel, et avoir charge de faire en ce pays du pis qu'ilz pourroient, lesquelz le menearent à certain jour avec eulx, lieu au devant de Montbeliard, du costel du Parc, pour veoir de quelz costelz l'on la pourroit plus facilement assaillir.

Jehan Vurpillot d'Atechauld, eagé de vingt ans, souvenant de dix, par serment qu'il a donné et touché corporellement sur et aux Sainctz Evangiles de Dieu dict et deppose ne rien scavoir du contenuz ez articles cy joinctz à luy leuz et donnez à entendre, sinon que, lorsque les trouppes des feu sr duc de Guise et marquis du Pont arrivearent en ce pays, il fust prins au Lomont où qu'il s'estoit retiré par ung certain que se nommoit le sr de Saint Antoinne, et estoit des compagnies dud. marquis du Pont, avec lequel il souppoit ordinairement pendant qu'ilz sont estez en ces quartiers, lequel a heu dict par plusieures fois que led. sr marquis, son maistre, avoit ordonné de brusler tous les villeages qu'apartenoient au prince de Montbeliard, d'aultant qu'iceluy estoit cause de ce que la Lorrainne avoit esté bruslée.

Jehan Sire Colomb de Mesliere, eagé de cinquante
ans, deppose par serment qu'il a faict et presté sur
et aux Sainctz Evangiles de Dieu qu'il fust prins,
sont trois ans, par aulcungs soldatz lorrains que luy
dirent que tout ce païs seroit bruslé, et que le marquis du Pont par ordonnance de son pere leur
avoit commandé de le brusler, et puis qu'iceluy
avoit l'avantage par dessus le prince de Montbeliard, qu'il l'auroient bien, le chasseur et berbisier
qu'il estoit.

*Depuis, mesmes le quattriesme des avantd. mois
et an, a esté procedé au parachevement de lad. information, et sont estez par serment ouys et examinez les tesmoings cy aprez nommez qui ont depposé
ce que s'ensuyt :*

Vullemin Maire, dict Cailloz, de Busserey, eagé de
septante ans ou environ, souvenant de soixante ou
à peu prez, par serment par luy presté sur et aux
Sainctz Evangiles de Dieu dict et deppose sur ce
enquis que, sont trois ans passez, qu'il fust prins
prisonnier par aulcungs de la compagnie du comte
de Schwartzembourg et dès Busserey mené à Audincourt, où qu'il fust detenu par l'espace de sept
jours entiers, pendant lesquelz il a esté baptu et
navré jusques à la mort, et demandoient ceulx qui
le detenoient après Son Excellence, et disoient que
s'ilz pouvoient avoir ce chasseur, que ce seroit leur
faict. Et plus n'en dict.

Claudot de France dud. Busserel, eagé de trois
vingtz et dix ans, souvenant de bonne souvenance
de trois vingtz, comm' il a dict, par serment par luy
presté et touché corporellement sur et aux Sanctz
Evangiles de Dieu dict et deppose que pareillement,
sont trois ans, il fust prins prisonnier aud. Buxerel

par aulcungs de la compagnie du s[r] de Schwartzembourg qui le menerent à Audincourt, et par
chemin devisoient des moyens que l'on debvroit
tenir pour accampagner Montbeliard, disans que
le chasteau de la Croste sur la montagne proche
la ville estoit ung œuil de bœuf que descouvroit
partout, que l'on ne pourroit bonnement miner la
ville, d'autant qu'il y avoit trop d'eaue deans et
allentour d'icelle. Qu'est ce qu'il a sceu que depposer.

Nicolas Fertay dud. Busserey et maire aud. lieu
pour la seigneurie et souverainté d'Hericourt, par
serment par luy presté *ad Sancta* dict et deppose
qu'au mesme temps que les deux precedens tesmoings furent emmenez prisonniers, vindrent en
son leogis quelques gens à cheval, lesquelz, après
avoir prins ce qu'ilz y treuvearent, l'emmenearent à
Audincourt, où qu'ilz le tindrent enfermé en une
chambre pour l'espace de cinq ou six jours, lesquelz expirez, et comm' ilz veoient que plusieurs
aultres qu'ilz detenoient eschappoient journellement, ilz l'envoyearent à Hericourt pour y treuver
et emprunter tant sa rançon que celle des aultres
ses voisins, pareillement prisonniers entre leurs
mains, où parvenu fust conseillé d'y demeurer, ce
qu'il feit. Dict que pendant sa detention ilz luy demandoient souventefois où qu'estoit Son Excellence, si elle estoit pas à Montbeliard, et qu'ilz
feroient du pis qu'ilz pourroient en ce païs, d'autant que l'on leur en avoit faict de mesme au leur.
Et plus n'en dict.

Tainnot Henricey de Buxerel, eagé de quarante
ans, souvenant de trente, par serment que pour ce
il ha presté *ad Sancta* deppose que par le passeage
et ravagemens des gens de guerre, sont trois ans,

advenus en ce pays, il fust par deux diverses fois prins et emmené prisonnier, la premiere fois par des Flamens, et la derniere par des Lorrains qui le vendirent au lieu de Chastenoy (1) à d'aultres pour trente frans, comm' aussy le frere du depposant pour aultres trente frans, qui furent delivrez en pieces d'ung franc et testes de moinne, lesquelz Lorrains disoient les ungs aux aultres qu'il falloit accampagner Montbeliard, que l'artillerie arriveroit en peu de jours, puis demandans après Son Excellence disoient qu'ilz l'auroient bien, qu'ilz brusleroient ce pays et y feroient du pis qu'ilz pourroient, d'autant qu'ilz disoient que les huguenotz avoient bruslé le leur; et entre aultres y en avoit ung certain fort animé contre ceulx de ce pays, qui disoit que l'on luy avoit violé sa fille et couppé ung doigt pour avoir une certainne bague qu'elle y avoit.

Tiebauld Willaumier de Bruvelier, eagé de quarante ans, souvenant de trente, par serment par luy presté et touché corporellement *ad Sancta* deppose que par le ravagement des trouppes ennemies, sont trois ans, passées par ces quartiers il fust prins au lieu dud. Breuvelier par aulcungs de la compagnie du cappitainne Tinbaire, soubz la conduitte du s^r de Sainct Pol (2), qui le tindrent au

(1) Il s'agit probablement de Châtenois, Haute-Saône, arr. de Lure, cant. de Saulx.

(2) Antoine de Saint-Paul, soldat de fortune, ami particulier du Balafré, devint maréchal de France pour le duc de Mayenne et lieutenant-général au gouvernement de Champagne et Brie; il fut tué à Reims le 25 avril 1594 de la main du duc de Guise à la suite d'une altercation; sa veuve se retira avec ses fils à Mézières où le sieur de Saint-Paul avait fait élever une citadelle; le 22 octobre de la même année, elle traita de la reddition de cette place avec Henri IV qui lui accorda 80,000 écus. (V. Dom Marlot, *Histoire de la ville de Reims*, t. iv, p. 495, 775, et de Chanterac, *Mémoires de Bassompierre*, t. i, p. 401.)

lieu d'Allenjoye, lié et guarotté par l'espace de trois ou quattre jours, et demandoient cependant où qu'estoit le prince de Montbeliard, s'il estoit au pays ou non, et qu'ilz desireroient de l'avoir, car c'estoit luy qu' estoit cause des bruslemens, cruautés et pilleries que l'on avoit exercé au duché de Lorrainne, que s'ilz le pouvoient avoir, qu'il le recompensseroit, et qu'ilz avoient estez exprez envoyez en ce pays pour le piller et brusler, comme l'on leur avoit faict au leur. Et plus n'en dict, n'ayant depposé que la pure verité.

Henry Boichot de Breuvelier, eagé de vingt et six ans, souvenant de quattorze, de luy prins le serment sur et aux Sainctz Evangiles de Dieu dict qu'il fust prins prisonnier lors et du temps des trouppes ennemies estantes par ce pays, sont quelques trois ans, par quelques ungs de la compagnie du cappitainne Timbay, qui le menearent à Allenjoye, où qu'il fust detenu par trois jours et demy, lié et guarotté, lesquelz luy estreingnirent avec ung baston la teste, pour luy faire à declarer ses moyens, de telle sorte qu'à la fin le feirent tomber par terre comme mort, et demandearent par quelques fois où qu'estoit Son Excellence, que s'ilz la pouvoient avoir, qu'ilz en tireroient bonne rançon.

Christofle Valiton de Breuvelier, eagé de cinquante ans, souvenant de quarante, de luy prins et receu le serment sur ce requis dict et deppose que du temps des troubles de guerre par ce pays, sont quelques trois ans, vint aud. Breuvelier une compagnie de gens à cheval que se disoient estre des gens du s^r de Chastillon, qui desiroient d'entrer en la ville de Montbeliard pour la deffendre, mais qu'ilz ne pouvoient, et lesquelz luy dirent qu'il leurs dheust monstrer le chemin pour aller à Eschenans, ce qu'il feit, et les menast jusques aud. lieu, et comme sur le tard du jour qu'ilz arrivearent aud. Eschenans il veist qu'ilz portoient des croix sur leurs habitz, il se retirast d'eulx et se vinst rendre à Hericourt, où qu'il a esté jusques à ce que touttes lesd. trouppes sont estez oultre et hors ced. pays.

Jehan George, dict Hanss, de Bruvelier, eagé de vingt et six [ans], souvenant de treize, comm'il a dict, de luy prins et receu le serment par lequel enquis a dict qu'estant prins par les trouppes ennemies, sont quelques trois ans, signamment par aulcungs de la compagnie du cappitainne Timbay, il fust par eulx mené au lieu d'Allenjoye et illec detenu par quelques trois jours et demy, pendant lesquelz ilz demandearent souventefois où que pouvoit estre le prince de Montbeliard, disans qu'ilz le vouldroient avoir et luy feroyent bien payer sa rançon.

Honnorable homme Pierrot Willemin, maire à Bruvelier, eagé de cinquante ans, souvenant de quarante, par serment qu'il a faict et presté sur et aux Sainctz Evangiles de Dieu dict. que comme par aulcungs des gens de la compagnie du s^r du Taillot, soubz la conduitte du colonel Pierre, luy fust prins la plus grande partie de son bestial qu'ilz emmenearent avec eulx jusques en Lorrainne, il que deppose la pensant ravoir les suyvit jusques à Remiremont, où qu'il veist ung grand nombre de bestial qu'ilz avoient emmené de ce pays, lequel pour une nuict fust quasi tout esblouhy, excepté quelque peu que ne valoit pas beaucoup qu'ilz permirent à ceulx qui le repctoient de le reprendre. Et sur ce que le depposant ne peust ravoir le sien, s'en retourneast peu à peu contre le pays.

Jacques Mabrey d'Eschenans soubz Montvaudois, eagé de quattre vingtz ans, souvenant de septante, par le mesme serment que les precedens deppose, qu'il y heust l'esté dernierement passé ung an, que le s^r d'Origny feit passer quelque compagnie de gens de guerre par ce pays pour aller au secours de ceulx de Genefve (1), aulcungs desquelz en nombre de sept furent leogez chez il que deppose, que luy dirent qu'ilz avoient esté auparavant avec l'armée du feu duc de Guise en ce pays, lequel, enssemble du duc de Lorrainne, leurs avoient faict ordonnance et commandement de le brusler et piller, et n'avoient heu aultre payement que le pilleage (2).

Claudot Vellier dud. Eschenans, eagé de quarante ans, souvenant de trente, deppose par serment qu'il a faict et presté *ad Sancta* qu'il y ha ung an et demy que quelque compagnie de gens de guerre passast par ce pays pour aller en Savoye au secours de Genefve, aulcungs desquelz que se disoient estre Lorrains, en parlamentans qu'ilz faisoient par enssemble chez il que deppose où qu'ilz estoient leogez, dirent entre aultres propos qu'ilz avoient estez auparavant en ce pays avec les trouppes des feu duc de Guise et marquis du Pont, et que pour lors ilz y estoient venuz pour le brusler et piller, et

(1) Il s'agit de la campagne dirigée en 1589 par le duc de Savoie contre la ville de Genève, que raconte avec détails Palma Cayet, dans le livre I de ses Mémoires. *(Collection Michaud*, t. xii, p. 183.) Un article du compte de François Paillet, maitre bourgeois de Montbéliard pour l'exercice 1588-1589, mentionne une dépense de 70 francs supportée par la ville tant « durant le passaige des gens de mons^r d'Origny que des Suysses allant en France. » *(Archives municipales de Montbéliard.)*

(2) En marge se trouve cette note : *Cela est manifeste.*

avoient charge expresse du duc de Lorrainne de
ce faire.

Maistre Claude Petrequin de Saint Mauris, notaire, eagé de vingt cinq ans, souvenant de quinze
ou à peu prez, de luy prins et receu le serment
sur et aux Sainctz Evangiles de Dieu, par lequel
enquis et examiné a dict et depposé que par les
troubles de guerre, sont trois ans, advenuz en ces
quartiers, il fust prins prisonnier par aulcungs que
se disoient estre du regiment de Cambray et par
eulx mené jusques à Luxeul, où qu'il fust relasché
par le moyen de vingt cinq escus qu'il payast de
rançon; pendant lequel temps de sa detention il
leurs a plusieurs fois ouy dire que si ce n'estoit le
marquis du Pont, que l'on ne brusleroit pas en ce
païs, et que ce que l'on brusloit estoit pour se venger des bruslemens que l'on avoit exercé et commis au duché de Lorrainne, qu'ilz desiroient bien
d'avoir les moyens pour surprendre la ville de
Montbeliard, comm' aussy pour attrapper le prince
dud. lieu, auquel ilz feroient payer une bonne et
grosse rançon, et qu'iceluy estoit cause de ce qu'on
avoit bruslé la Lorrainne.

Signé : PÉTREQUIN.

Pierrot Vauterot, dict Bossardet, dud. Saint Mauris, eagé de trente cinq ans, souvenant de vingt et
cinq, deppose par serment par luy faict et presté
sur et aux Sainctz Evangiles de Dieu qu'il fust au
mesme temps que dict est prins prisonnier par des
Franceois estans du regiment de Cambray, qui le
demanderent par plusieures fois où qu'estoit le
prince de Montbeliard, disans, que s'ilz le pouvoient avoir, qu'ilz luy feroient au pis qu'ilz pourroient, d'autant qu'il estoit cause de ce que la Lor-

rainne a esté bruslée, et que l'on leur avoit ouctroyé
de piller ce pays pour leur payement.

Jehan Petrequin, dict Perrinet, de Sainct Mauris,
eagé de quarante ans, souvenant de trente, par serment par luy presté *ad Sancta* deppose pareille-
mens avoir esté prins, sont trois ans et lorsque les
trouppes ennemies ravageoient par ce pays, par
aulcungs du regiment de Cambray, lesquelz à certain jour ayans leur quartier à Pierrefontainne, en
devisans qu'ilz faisoient des villeages que l'on brusloit par ce pays, dirent qu'au Pont de Royde le duc
de Guise avoit conseillé au marquis du Pont qu'il
ne permit que l'on bruslast en ce païs, lequel jurast
par Dieu qu'il executeroit l'ordonnance de son
pere et commanderoit d'y brusler, lesquelz en passant que les trouppes faisoient, luy monstrearent
led. duc de Guise, le filz d'iceluy et led. marquis du
Pont, lequel leur avoit donné tout ce pays en pilleage, à raison des cruautez et bruslemens que l'on
avoit commis ez pays de son pere.

Jehan Vautherot, dict Maire, de Sainct Mauris, eagé
de trente et six ans, souvenant de vingt et six, de luy
prins et receu le serment en tel cas requis, [deppose]
qu'aulcungs soldats franceois de la compagnie du
cappitainne L'Ourme, soubz la conduitte du feu duc
de Guise le prindrent, sont trois ans, prisonnier,
lesquelz disoient que le duc de Lorrainne avoit
commandé au marquis du Pont, son filz, de brusler
le pays du prince de Montbeliard, et que s'ilz le
pouvoient avoir, qu'ilz luy feroient du pis qu'ilz
pourroient, voire qu'à chasque jour ilz luy coupperoient ung membre du corps. Et plus n'en dict.

Nicolas Carlin, maire du Chastelot, eagé de cinquante ans, souvenant de trente, par mesme sermens que les precedens tesmoings deppose qu'en

retournant les trouppes ennemies, sont trois ans passées par ces pays, en Lorrainne, aulcungs d'icelles le prindrent ez bois de l'Isle, et le menearent jusques bien avant en Lorrainne, et le menacearent souventefois de pendre, disans que le prince de Montbeliard avoit faict le pis en Lorrainne qu'il avoit peu, mais que l'on avoit seu la revenge.

Du VII de febvrier 1591.

Messire Antoinne Oudot, prestre chappellain à Montjoye, eagé de cinquante ans, souvenant de quarante, par serment qu'il a faict et presté sur et aux Sainctz Evangiles de Dieu dict et deppose sur ce enquis que, sont quelques trois ans et avant que les trouppes des feu duc de Guise et marquis du Pont arrivassent en ce pays, luy fust envoyé ung advertissement par escrit par la dame de Francquemont, le teneur duquel estoit que lesd. duc et marquis estoient en deliberation d'entrer ez terres et seigneuries du comte de Montbeliard, d'y faire une belle picquorée, s'ilz pouvoyent, puis d'aller assieger Jamais; lequel advertissement il envoyast aux sieurs officiers de Blaumont qui depuis, selon qu'il a entendu, l'ont faict tenir à Son Excellence. Et comme quelques jours après icelles trouppes arrivearent en ces quartiers, il fust prins par aulcungs Lorrains qui le traictearent fort inhumainement, qui à la fin le laissearent; et comme les trouppes furent deslogées, il allast treuver le curé de Chaulx lez Chastillon, que luy dict que le duc de Guise estoit fort doux, ne vouloit permettre que l'on bruslast ces pays, mais que le marquis du Pont insistoit à ce qu'ilz fussent bruslez, disant que l'on avoit bien bruslé le pays de son pere. Depuis, et sont quelques deux ans, luy, led. depposant,

estant au lieu de Mandeurre vers le curé dud. lieu,
luy dict iceluy qu'il avoit esté pendant le sejournement desd. trouppes au lieu de Vandoncourt vers
led. duc de Guise, où il le priast d'exempter le villeage dud. Mandeurre de feug, d'autant que pour une
moytié il appartient au s^r archevesque de Besançon (1), et que jaceois le prince de Montbeliard y
ayt quelques subgetz, si est ce qu'ilz estoient pour
la pluspart de la religion catholicque, à quoy led.
s^r duc de Guise consentist volontairement (2), mais
led. marquis n'y voulust entendre, pretendans
qu'ilz seroient bruslez, comm' aussy ilz sont estez.
Lecture à luy faicte, y ha persisté et l'ha signé.

Signé : A. Oudot.

Ligier Gurnel, dict Noret, du Pont de Royde, eagé
de soixante ans, deppose par serment ne scavoir
aultre chose du contenu ez articles cy attachez,
sinon que lorsque les trouppes des duc de Guise
et marquis du Pont arrivearent au Pont de Roide,
le s^r de Vallangin, selon que le bruit en a esté de-

---

(1) La souveraineté de Mandeure appartenait en partie à l'archevêque de Besançon et en partie au comte de Montbéliard qui y
avait plusieurs vassaux, notamment, à la fin du XVIe siècle,
François de Valengin et Guillaume de la Verne; cette souveraineté
donna naissance à de nombreux conflits entre les princes de Wurtemberg et les archevêques de Besançon, pendant les XVIe, XVIIe
et XVIIIe siècles. De 1567 à 1581, un long procès fut porté à la chambre impériale de Spire; le 23 février 1584 le roi d'Espagne inter-
vint dans le débat et se fit auprès du comte Frédéric l'interprète
des doléances du cardinal de la Baume, archevêque de Besançon,
qui imputait à ce prince « les ruptures des images aud. Mandeure
et deportementz des troupes françoises aud. lieu; » à ce propos une
longue correspondance fut échangée entre les représentants du roi
d'Espagne et ceux du comte de Montbéliard. (*Archives Nationales, fonds Montbéliard, K 1939, 2063 et 2131.*)

(2) En marge : *Hoc bonum est.*

puis et est encor presentement aud. lieu, fust prier led. duc de Guise qu'il ne permist pas que les terres et seigneuries du prince de Montbeliard fussent arses et bruslées, ce que led. seigneur duc luy accordast et dict qu'il l'avoit ja deffendu, mais que led. marquis y survint et dict que par la mort Dieu elles le seroient, et que l'on avoit bien bruslé le pays de son pere. Et plus n'en dict.

Adrien Gurnel, dict Noret, de Pont de Roide, eagé de cinquante ans, souvenant de quarante, aussy par serment a depposé qu'il veit, sont trois ans, arriver les trouppes des duc de Guise et marquis du Pont aud. Pont de Royde, lesquelles, comm' elles voulurent passer le pont que traversse le Doubz aud. lieu, rompist iceluy, tellement qu'elles furent contraintes d'arrester une grosse heure avant que de pouvoir passer, pendant quoy aulcungs soldatz dirent à il que deppose que le s^r duc de Guise avoit deffendu de brusler les terres et seigneuries du prince de Montbeliard, et que si l'on les brusloit, que se seroit oultre son gré et vouloir. Et ne scait aultre chose que depposer.

Signé : J. C. ZENGER, cantzler ;
H. LORYS.

Original sur papier.

Archives Nationales, fonds Montbéliard, K 1967.

LXXVII

Lettre missive de Richard Vurpillot, receveur de Blamont, au procureur général Hector Lorys, lui transmettant la déposition de Thiébaut Joly, de Pont-de-Roide, au sujet des démarches faites lors de l'invasion par les seigneurs de Valangin et autres auprès du duc de Guise, à l'effet d'empêcher l'incendie du comté de Montbéliard.

1591 — 7 FÉVRIER.

Monseigneur le procureur,

J'ay receu les lettres qu'il vous a pleu m'envoyer, et pour responce d'icelles serez adverty que j'ay faict tous debvoirs à moy possibles faire venir en ce lieu celluy du Pont de Roide dont je vous avois parlé, nommé Thiebaut Joly, ce que ne s'est pehu faire jusques à ce present jourd'huy, et comme il a faict reffus d'aller à Montbeliard, nonobstant touttes prieres et admonitions, je l'ay ouy et examiné secretement et par serment, selon qu'il est requis, sur les articles que m'avez mis es mains, lequel a deposé et respondu qu'il ne scavoit rien du contenu d'icelles, sinon que au temps que les trouppes des duc de Guise et marquis du Pont arrivarent aud. Pont de Roide, il veit et aperceut bien que les s^{rs} de Valangin et plusieurs aultres feirent grandes prieres et instances envers led. s^r de Guise, à ce qu'il luy pleut de ne brusler les contez et seigneuries de Son Excellence, ce que led. seigneur de Guise leur accorda, et que si l'on brusloit, c'estoit oultre son grey et volonté, qu'il l'avoit totalement deffendu ; ce que led. Joly entendit aussy des pre-

vostz desd. armées logez en sa maison, que luy de-
clairarent que c'estoit oultre le grey dud. seigneur
de Guise, et que ceulx qui avoient charge de brusler n'estoient de sa compagnie ny soubs sa charge,
et que les plus resoluz de brusler avoient estez
reiterés fois à Montbeliard et receuz plusieurs
biens faicts de Son Excellence. Led. s^r de Guise fut
monstré aud. Joly par l'ung desd. prevost, et veit
bien iceluy Joly led. s^r de Guyse qui avoit une cica-
trice en la joue, et entendit de luy lesd. excuses et
deffences touchant lesd. bruslemens, disant que
ceulx qui estoient en deliberation de brusler n'estoient soubz sa charge, comme dit est. Qu'est tout
ce que led. Joly en scayt, que pourrez, (si le treuvez
bon, inserer en vostre besoigne); il est eagé d'environ
XXX ans, et est dud. Pont de Roide, seigneurie de
Neufchastel; je vous en envoye d'aultres dud. Pont
que pourrez examiner, s'il vous plaict, avec led.
pourteur. Sur ce, après vous avoir presenté mes
tres humbles recommandaces à voz bonne grace,
prie le Createur,

Monsr le procureur, vous maintenir en santé
longue et heureuse vye.

De Blaumont, ce VIIe en febvrier 1591,

Vostre tres humble serviteur, cousin,
compere et entier amys (1).

Richard Vurpillot.

Suscription : A mon très honnoré, Monsieur le
procureur general, à Montbeliard.

Original sur papier.

Archives Nationales, fonds Montbéliard, K 1967.

-----

(1) Cette lettre est annexée à l'enquête précédente.

LXXVIII

Enquête sur les INHUMANITEZ, DEPPORTEMENTZ TY-
RANNIQUES et excès de tout genre, commis par les
troupes lorraines dans le comté de Montbéliard, faite
d'après les instructions de Frédéric de Wurtemberg par
Nicolas Rossel, notaire impérial et bourgeois de Porrentruy.

1592 — 14 FÉVRIER. (N. ST.)

Je, Nicolas Rossel (1), notaire publicque imperial,
bourgeois de Pourrentruy, scavoir fais à tous que
le premier jour du mois de febvrier, an present,
mill cinq cens nonante et deux, styll ancien, estant
au lieu de Montbeliardt au chasteau d'illec, y mandé
de la part de tres illustre, hault et puissant prince
et seigneur, Frideric comte de Wirtemberg et dud.
Montbeliardt, prince du Sainct Empire, souverain
seigneur d'Estobon, Blantmont, Hericourt, Chastelot, Clemont, seigneur de Granges, Clerval, Passavant, icelluy tres illustre prince, addressant benignement et doulcement ses parolles à moy, son
tres humble serviteur, m'a dit et remonstré que es

(1) Nicolas Rossel qui figure ici comme notaire impérial et
bourgeois de Porrentruy, devint peu après juge de la seigneurie de
Franquemont qui relevait de la principauté de Montbéliard, et en
cette qualité présenta, le 31 octobre 1595, un projet de réglement
pour l'administration de la justice dans cette seigneurie ; sa résidence était à Montbéliard, comme on le voit par une correspondance qu'il échangea de 1606 à 1612 avec Michel Delaunay, capitaine du château de Franquemont, au sujet de l'arrestation de Jean
Guigon, habitant de Goumois, prévenu de voies de fait sur la personne du ministre Daniel Barthol. *(Archives Nationales, fonds
Montbéliard. K 1958, 2048, 2052.)*

mois de decembre de l'an mill cinq cens octante et
sept et de janvier mill cinq cens octante et huict,
infinies voleries, brigandages, sodomies, raptz,
meurtres, saccagemens, ravagemens, bruslementz
et aultres nouvelles cruaultées non ouyes par cy
devant, seroyent estées commises et perpetrées es
terres de son comté dud. Montbeliardt et seigneuries souveraines y adjoinctes par le marquis du
Pont, filz du duc de Loraine, et par le duc de Guise
et leurs troppes, sans aulcung pretexte ou occasion
legitime, ains par entreprinse et expedition detestable, plus que barbare, sans tenir aulcune forme
de guerre, desquelz tortz, injures et cruautez, ainsi
malheureusement exercées, n'en seroit esté encore
satisfaict, afin de ne laisser passer soubz silence
telz cruelz et inhumains actes, et qu'il en apparoisse
à la posterité et aux personnes de ce siecle qui en
ont ouy parler et desirent d'en scavoir la verité,
aussi à ce qu'en temps et lieu il en pehut obtenir
et avoir la reparation condigne de qui il appartien-
drat par remedes à ce convenables, avoit par advis
de conseil deliberé et resolu de faire dresser amples
informations desd. inhumanitées et depportements
tyrannicques, leur circonstances et deppendances,
par ung notaire, personne publicque, non suspect,
idoine et souffisant, homme de bien ; pour lequel
effect, pour la bonne notice et cognoissance qu'il
avoit de moy, me tenant et reputant muny de
touttes les qualitées avantd., m'avoit choisy, esleu
et commis où mestier seroit, selon, (comm' il disoit),
pouvoir plus amplement conster et apparoir par
lettres patentes expediées en papier, signées de
Son Excellence et seelées du seel armoyer de ses
armes, qu'il m'a mis en main, et dont la teneur est
à la fin de cestes inserée, me priant et requerant

partant de voulloir prendre et accepter la charge,
et y proceder le plus dilligemment, singulierement
et secretement que possible me seroit, sur les memoires et articles qui de sa part me seroyent données par escript, et mon besoingne parfaict, luy en
voulloir depescher et deslivrer une grosse probante
et authenticque pour valloir à luy et aux siens ce
que de droit, et aux fins portées esd. lettres patentes
qui contenoyent bail et ouctroy à moy auctorité et
puissance pour le faict des citations de tesmoings,
examen et relaxations de serement d'iceulx, avec
clause rogatoire, pour m'en servir où la neccessité
le requeroit, et ce le tout moyennant sallaire competant. Ouyes lesquelles remonstrances et requisitions et vehu lesd. lettres patentes contenantes
mad. charge et commission, trouvant le tout conforme à droit, equité et raison, pour le debvoir
seullement qu'ay à Dieu, verité et justice, ay librement prins et accepté dud. seigneur, tres illustre
prince, lad. charge et commission, et declairé que
au plustost y vacquerois avec toutte fidelité et ron-
deur de conscience requise sans amour ny haine de
personne, ouctroyant à Sad. Excellence la grosse
de mon besoingne en la forme cy dessus quise,
pour luy valloir partant que de droit et raison. Ce
faict, ayant demandé et obtenu congé gracieux de
Sad. Excellence, me suis retirer à part au logis du
Lyon d'Or aud. Montbeliardt, où j'ay commencé de
vacquer à l'examen des tesmoings suigans sur les
memoires et articles à moy donnez par escript,
joingtz à mon besongne, iceulx tesmoings en prealable citez et adjornez à mon ordonnance par m^{re}
Guillaume Vessaulx, sergent dud. Montbeliardt,
selon qu'il a dehuement relaté, tesmoing mon seing

manuel cy mis aud. Montbeliardt les an, mois et jour que devant.

Signé : N. Rossel.

Teneur desd. lectres patentes dont cy dessus est faicte mention :

Frideric, par la grace de Dieu, comte de Wirtemberg et de Montbeliardt, prince du Sainct Empire, souverain seigneur d'Estobon, Blanmont, Hericourt, Chastellot, Clemont, seigneur de Granges, Clerval, Passavant. Comme es mois de decembre de l'an 1587 et de janvier de l'an suigant 1588 infinies voleries, brigandages, sodomies, raptz, meurtres, saccagementz, ravagementz, bruslementz et aultres nouvelles cruautées non ouyes par cy devant seroyent estées commises es terres de nostre comté dud. Montbeliardt et desd. seigneuries souveraines y adjoinctes par le marquis du Pont, filz du duc de Loraine, et par le duc de Guise et leurs trouppes, sans aulcung pretexte ou occasion legitime, ains par entreprinse et expeditions detestable, plus que barbare, sans tenir aulcune forme de guerre, desquelz torts, injures et cruautées ainsi malheureusement exercées ne serions esté encour satisfaictz, affin de ne laisser passer soubz silence telz cruelz et inhumains actes, et qu'il en apparoisse à la posterité et aux personnes de ce siecle qui en ont ouy parler et desirent d'en scavoir la verité, aussi à ce qu'en temps et lieu en puissions obtenir et avoir la reparation condigne de qui il apartiendra par remedes à ce convenables, avons par advis et desliberation de conseil choisi, prié et requis, choisissons, prions et requerons par cestes honnorable homme, Nicolas Rossel, bourgeois de Pourrentruy, notaire publicque imperial, à ce le commettant en tant que requis seroit, pour dresser informations desd. inhumanitez et depportemens tyrannicques, leur circonstances et deppendances, sur les memoires et articles que de nostre part luy seront donnez par escript, et pour cest effect ouyr et examiner en tel lieu que bon luy semblera, soit rier nosd. terres et jurisdictions ou dehors, personnages, gens de biens dignes de croire, mesmes les tesmoings oculaires de la pluspart desd. actes detestables, et ayans entendu les aultres des personnes mesmes qui ont estées tormentées par lesd. marquis du Pont, duc de Guise et leurs trouppes, par gehennes et tormentz de noveau par art diabolicque inventez, non jamais auparavant ouys ny entenduz, mectre et rediger par escript bien et au long soingneusement et fidelement les dictz et depositions desd.

tesmoings, donnant aud. commis pour ce faire toutte authorité et puissance neccessaire, mesme de faire assigner et comparoir devant luy et en tel lieu qu'il luy plaira telz de noz subjectz qu'il vouldra ; ausquelz commandons de luy obeyr, et de rendre leur bon et loyal tesmoingnage de verité de ce qu'ilz auront vehuz, sceu, experimenté et entendu desd. ravagemens, cruautez et actes enormes dont ilz seront enquis et demandez par led. commis, sans faveur, amours, hainne ou rancune de personne, saulf leur peines et journées raisonnables, lesquelz quant à ce relaxons du serement de fidelité qu'ilz nous doibvent comme leur prince et naturel seigneur. Desquelles depositions de tesmoins ainsi redigez par escript led. Rossel nous en debvrat depescher et deslivrer une grosse probante et authenticque, signée et cachetée de son cachet et seing accoustumé, le tout moyennant sallaire competant... Et en tant qu'il conviendroit faire examen desd. tesmoings ou d'aulcungs d'iceulx hors nosd. terres et seigneuries, prions et requerons tous princes, seigneurs, gouverneurs de villes et peys et gens de justice, qu'ilz souffrent et permectent faire icelluy examen par led. Rossel commis avantd. rier leurs peys, terres, seigneuries, gouvernemens et jurisdictions... En tesmoingnage de quoy avons soubsigné les presentes de nostre propre main, et à icelles faict apposer nostre seel secret. Données en nostre chasteau dud. Montbeliardt, le premier jour du mois de febvrier, l'an 1592, styl ancien. Ainsy signé: Friderich, et seellé d'un seal de cire rouge en placcard.

Signé : N. Rossel.

S'ensuivent les articles sur lesquelz lesd. tesmoings sont estez examinez:

1. Si les soldats desd. marquis du Pont et duc de Guise disoyent pas leur avoir esté commandé de brusler, piller et saccager les pays et seigneuries de Son Excellence.

2. De qui ilz avoyent receu led. commandement.

3. S'ilz l'avoyent pas receu du duc de Lorainne.

4. Si le marquis du Pont leur commandoit pas pareillement de brusler.

5. Si led. marquis du Pont au Pont de Roide dict pas au feu s^r duc de Guise que son pere avoit commander que l'on bruslat le comté de Montbeliardt.

6. Item, comme aulcungs subjectz sont estez amenez par lesd. trouppes, lesquelz depuis sont revenuz, soyent lesd. subjectz interroguez par qui
ilz sont estez saisiz, amenez, en quel lieu, combien
de temps ilz ont demeurez, et pour quel pris ilz
sont estez relachez et quictes.

I. Richard Bietrix de Dampierre oultre les Bois (1),
eagé de cinquante ans, souvenant de trente cinq,
de bonne souvenue, juré et receu aux Sainctz Evangilles de Dieu par luy corporellement touché de
dire et deposer son bon et leal tesmoingnage de
verité sur les faictz contenuz esd. articles, après en
prealable estre relaxer quant à ce du serement de
fidelité qu'il a aud. tres illustre prince.

Sur tous lesquelz il dict et depose par sond. serement que, sont environ quattre ans, il fut prins par
des soldatz estans à cheval en nombre de vingt ou
environ proche de Grandvillers, où qu'il alloit pour
se saulver, au cause des grandes trouppes de gens
de guerre des s^rs duc de Guise et marquis du Pont
estans arrivez aud. Dampierre et lieux circonvoisins, où qu'estant prins, il fut menez lyez jusques
aud. Dampierre, et d'aultant qu'ilz n'y trouvarent
point de logis, il fut menez à Bocourt, distant
d'ung quart de lieue dud. Dampierre, auquel lieu
ilz ne sejournarent que la nuyct, pendant laquelle
ilz firent beaucoup de mal aud. deposant tant pour
l'avoir attacher par le col avec cordes, et le tirer
dez le bas en hault aux rotiz de la cheminée en la
maison de Jehan Pollvet, le laissant et tumbant
comme pour mort sans qu'il heust aulcune cognoissance, qu'aussi pour luy avoir avallez ses

(1) Dampierre-les-Bois, Doubs, arr. de Montbéliard, cant. d'Audincourt.

chaulses, et ainsi nud qu'il estoit, les mains lyez
derrier le doz et detenuz avec une corde afin de ne
s'en pouvoir fuyr, luy mectoyent le feug avec de
l'estrain, mesmes des gleux, par derrier led. doz, le
bruslant de sorte que tant les cuysses, le doz, les
mains et les parties derrieres furent bruslez, si bien
qu'il ne pouvoit cheminer. Le jour estant venu,
lesd. soldatz menarent il que depose à Adincourt
loing dud. Montbeliardt d'environ demi lieue, tra-
verssant les bois, disant qu'il falloit passer par lesd.
bois en forme et façon de chasseur, afin de trouver
du mesnage; et estant aud. Adincourt et veant que
tout le village estoit remplis de gens de guerres, il
que depose fut menez à Esteuppes distant dud.
Montbeliardt d'environ demi lieue, auquel lieu estant venuz trouvarent deux jeusnes filles en la maison du recteur d'escholles, desquelles lesd. soldatz
en firent ce que bon leur sembloit. Ce pendant
ayant deslyer led. deposant pour donner de l'a-
venne à leurs chevaulx, la nuyct les ayant attainct,
il se saulva tirant parmi les bois contre Grandvillers. Et pendant le temps qu'il fut ainsi detenuz
par lesd. soldatz, leur ouyt dire que quant à eulx
de la compagnie du s^r duc de Guise ilz n'avoyent
aulcunes charges de brusler, bien pouvoyent ilz
piller, prendre et saccager tout ce qu'ilz pourroyent
attrapper, mais qu'il y en viendroit d'aultres après
eulx que brusleroyent tout.... Et après sad. deposition luy ay faict lecture d'icelle qu'il a dict et maintenu ainsy l'avoir dict et deposé, me priant et requerant de la signer et attester comme chose
veritable.

Signé : N. Rossel.

II. Guenin Vuyllemenot de Fesches, filz de Nicolas
Vuyllemenot, eagé de vingt quattre ans, souvenant

de quattorze de bonne souvenue, juré et receu aux
Sainctz Evangilles de Dieu par luy corporellement
touchez de dire et deposer son bon et leal tesmoingnage de verité, sur les faictz contenuz esd. articles.

Sur tous lesquelz il dict et depose par sond. serement que la veigle du jour de l'an de l'année mil
cinq cens octante et huict, que fut par ung jour de
dimenche, estant advertir que les gens de guerres
venoyent au peys, incontinant mena leur bestial,
scavoir les rouge bestes, contre Grandvillers, pour
estre retirées en lieu seur, et estant en chemin
mesme entre Miseré (1) et Grandvillers, il fut prins
et saisi par environ demi douzaine de soldatz à
cheval, le bestial de mesme, lequel jamais il n'a
depuis revehuz. Et ainsi prins il a esté detenuz par
lesd. soldatz le terme de douze jours, le menant lyer
avec eulx tant à Adincourt, Miseré et aultres lieux,
et estant aud. Miseré attaché contre ung lict, et le
menasser de pendre, ou bien luy coupper la gorge,
s'il ne leur donnoit dix escuz de ransson; il que
depose estoit bien d'advis leur donner lesd. dix
escuz, mais d'aultant qu'il n'avoit argent sur luy,
les convioit vers ses pere et mere à Grandvillers,
et ne pouvans lesd. soldatz avoir aultres choses
dud. deposant, et tousjour trayner et mener après
eulx, finallement au lieu de Ronchans (2) se saulva
d'ung grand matin d'eulx, se cachant par dedans
les genestres et buissons proche dud. Ronchans.
Pendant lequel temps de sad. detention, dict il que
depose avoir bien ouyr dire et entenduz desd. soldatz que la volunté des s^rs duc de Guise, duc de
Lorainne et marquis du Pont estoit que l'on deb-

(1) Méziré, Haut-Rhin, territoire de Belfort, cant. de Delle.
(2) Ronchamp, Haute-Saône, arr. de Lure, cant. de Champagney.

voit du tout ruyner, piller, prendre, saccager et brusler ses huguenotz, assavoir tout le comté de Montbeliardt, mesme que l'ordonnance desd. s^{ra} ducs et marquis estoit telle... De laquelle sad. deposition luy a esté faict lecture, et après icelle ouye, a dict qu'elle contenoit verité, me priant icelle signer et attester comme chose veritable.

Signé : N. Rossel.

III. Pierre Grayr, d'Essincourt (1), bonnetier, eagé de trente et ung ans, souvenant de vingt ans de bonne souvenue, juré et receu aux Sainctz Evangilles de Dieu par luy corporellement touchez de dire et deposer son bon et leal tesmoingnage de verité sur les faictz contenuz esd. articles.

Sur le premier article et faictz contenuz en icelluy dict et depose estre vray qu'il fut prins et saisi en sa maison par une trouppe de soldatz d'environ une dixaine soubz ung prevost de guerre, ayans les espées desgainées, ainsi prins, detenuz et mener au logis dud. prevost, depuis remis es mains d'ung cappitaine nommé Hervold qu'estoit de Beurrey (2), à six lieues des là de Troyes, tant avec lequel cappitaine qu'avec son cappitaine enseigne, qu'aussi uug nommé cappitaine Du Puix, ung aultre nommé cappitaine Lagiron, et aultres soldatz, led. deposant est esté detenuz par l'espace de dix sepmaines; pendant lequel temps a ouyr dire à aulcungs des soldatz en parlementant ensemble que feu le s^r duc de Guise et le marquis du Pont, du temps qu'ilz estoyent avec leurs trouppes es terres et seigneuries de Montbeliardt, avoyent heuz conseil par ensemble, et qu'il avoit esté dict par led. s^r duc

(1) Exincourt, Doubs, arr. de Montbéliard, cant. d'Audincourt.
(2) Beurey, Aube, arr. de Bar-sur-Seine, cant. d'Essoyes.

de Guise qu'il ne voulloit point que l'on bruslat, mais de quant aud. marquis sa volunté et intention estoit que l'on dehust brusler lesd. terres et seigneuries.

Quant es deuxieme, troisieme, quattrieme et cinquieme article cy devant speciffiez et contenuz d'iceulx, dict n'en scavoir non plus que cy dessus en a deposé.

Sur le sixieme et dernier article depose estre esté prins, enmené et detenuz prisonnier par le temps desd. dix sepmaines, et menez jusque aud. Troye en Champagne, pendant lequel temps a esté bien batuz, lyer et attaché avec une corde les mains derrier le doz, aussi allentour du cerveau jehenné et estroint avec une corde et ung tronx de bois si fort que lad. corde entroit fort avant deans le cerveau, et le tout afin d'avoir son argent et de le rançonner, demandans cent escuz de rançon, sur quoy led. deposant leur donna sa bourse, en laquelle y avoit la valleur de cinquante frans, leur promectant une rançon jusques à vingt escuz que l'on leur debvoit donner devant les portes de Montbeliardt, avec cinq alnes de veloux ; laquelle rançon ilz furent querre avec ung tambour devant lad. ville, et leur fut presentée à condition qu'ilz debvoyent rendre sain et saulfz led. deposant, ce qu'ilz ne voulsirent faire. Des là estant venuz aud. Troye, et y estre detenuz par quelque temps, finallement par le moyen de la femme dud. cappitaine enseigne fut deslivré et relasché de lad. detention, puis s'en retourna au peys.... Après laquelle deposition, luy en ay faict lecture qu'il a maintenu, disant ainsi l'avoir dict et deposé, me priant et requerant de la signer et attester comme chose veritable.

Signé : N. ROSSEL.

IV. Humbert Parrot, mayre d'Essincourt, eagé de soixante ans, souvenant de cinquante de bonne souvenue, juré et receu aux Sainctz Evangilles de Dieu par luy corporellement touchez de dire et deposer son bon et leal tesmoingnage de verité sur les faictz contenuz esd. articles....

Sur tous lesquelz il dict et depose estre esté prins en sa maison avec Guenin Grayr, sont environ quattre ans, par quattre soldatz, lyer et attaché avec cordes aux espondes de son lict, luy demandans cent escuz de rançon, et d'aultant qu'il n'avoit or ny argent, pria les relascher, accordant pour chascun trente escuz, pour lesquelz aller querre ilz furent relaschez, et s'en allirent led. Guenin à Montbeliardt et led. deposant à Blantmont. Pendant le temps de sa detention que fut de trois jours il ouyt dire ausd. soldatz qu'ilz avoyent charge de mons^r de Guise, duc de Loraine et marquis du Pont, de tout brusler et rasez les terres et seigneuries de Montbeliardt, d'aultant que l'on avoit brusler la Loraine et que le prince dud. deposant en estoit cause. Et dict les choses susd. par luy deposez contenir verité... de laquelle sienne deposition luy a esté faict lecture et après icelle avoir ouye, a dict qu'elle contenoit verité, me priant icelle signer et attester comme chose veritable.

Signé : N. Rossel.

V. Jehan Veron dud. Essincourt, eagé de trente ans, souvenant de vingt, juré et receu aux Sainctz Evangilles de Dieu par luy corporellement touchez, de dire et deposer son bon et leal tesmoingnage de verité sur les faictz contenuz es avantdictz articles.

Sur tous lesquelz il dict et depose estre esté prins par trois soldatz aud. Essincourt en sa maison et

16

detenuz depuis ung sambedi au soir jusques au lundi du soir suigant, incontinant estant prins luy mirent une corde au col, le menant à Adincourt, demandant une rançon de cent escuz, sur ce il que depose leur accorda vingt escuz, oyres qu'il ne hut denier ny mailles, et estre venuz le soir deux soldatz ayants pitié dud. deposant, le deslierent et le relascherent, disans qu'il gardast de ne retumber es mains de la sentinelle, aultrement il seroit homme mort. Et pendant le terme de sad. detention ouyt bien dire ausd. soldatz, que s'ilz tenoyent le prince de chasseur dud. deposant; qu'ilz luy en feroyent tout aultant, lequel s'estoit tres bien sceu retirer, sans daingner les attendre, et scavoyent mieulx où qu'il estoit qu'il deposant, et davantage. s'ilz tenoyent ce larron de Beaujeux qui avoit brusler leur peys de Lorainne et violer leurs femmes, qu'ilz le traicteroyent de sorte qu'il en seroit bien esbahir. Oultre ce disoyent qu'ilz brusleroyent la ville de Montbeliardt et le peys, d'aultant que le prince dud. deposant estoit cause de brusler lad. Loraine, y ayant envoier led. Beaujeux, et qu'ilz ne seroyent tant faire de maulx que l'on avoit faict en leurd. peys... De laquelle sienne deposition luy a esté faict lecture qu'il a en après maintenuz contenir verité, me priant icelle signer et attester comme chose veritable.

Signé : N. Rossel.

VI. Pierre Cuvier de Poset, seigneurie de Clemont, eagé de soixante et dix ans, souvenant de cinquante et cinq de bonne souvenue, juré et receu aux Sainctz Evangilles de Dieu par luy corporellement touchez de dire et deposer son bon et leal tesmoingnage de verité sur les faictz contenuz esd. articles....

Sur tous lesquelz il dict et depose que, sont quattre
ans passez, ung trois ou quattre jours avant les
Roys de l'an mil cinq cens octante et huict, lorsque
les trouppes du duc de Guise et marquis du Pont
estoyent par les comté, terres et seigneuries de
Montbeliardt, ilz vindrent aud. Poset où qu'il demeure, auquel lieu n'y a que deux maisons, assavoir, trois soldatz à cheval bien montez et equippez
avec arquebuse, lesquelz prindrent led. deposant
avec Jaicque, son nepveur, devant sa maison, ainsi
qu'il se pensoit saulver, et le menarent au Pont de
Roide, auquel lieu il ne demeura q'une nuyct avec
lesd. soldatz, d'aultant qu'il traicta avec eulx, tant
pour sa rançon que de sond. nepveur; de faict s'o-
bligea donner trois cens escuz d'or à cappitaine La
Rotte, et afin qu'il deposant pehut recouvrer sad.
rançon, il fut relasché, ne demeurant, comme dict
est, q'ung jour et la nuyctée avec eulx. Pendant lequel terme, et mesme en traictant pour sad. rançon, pour laquelle luy demandoyent quattre cens
escuz, et luy deposant au contraire n'en voulloit
pas tant donner, d'aultant, comm' il disoit, il estoit
pauvre vieux homme n'ayant tel pouvoir, luy fut
dict par ung desd. soldat, sergent du cappitaine de
La Routte, cappitaine des gardes du marquis du
Pont, au lieu dud. Pont de Roide, qu'il pouvoit bien
donner lad. somme de quattre cens escuz, afin que
l'on ne bruslat sa maison, car sans ce voullons
nous brusler par tout, adjoustant qu'ilz avoyent
commandement de brusler et mectre le feug partout.

Interrogué de qui led. soldat disoit avoir charge
de brusler.

Respond led. sergent dire aud. deposant lad.

charge et commandement venir dud. marquis du
Pont.

En oultre dict et depose avoir, (comme dict est),
esté prins et mené par lesd. trois soldatz aud. Pont
de Roide, auquel lieu il fut rançonné, et accorda
pour trois cens escuz d'or, desquelz il s'obligea,
comme sus est dict, et pour lesquelz recouvrer il
fut relascher, et ung six sepmaines après ayant
trouver emprumpter partie desd. escuz tant du
bandelier de Bourguignon que aultres, sans ce
qu'il avoit du sien, envoya iceulx dictz trois cens
escuz aud. cappitaine La Routte au lieu de Nanci
par Jehan Crolat de Sainct Ypolitte, lequel rapporta
aud. deposant l'obligation que sur ce led. cappitaine avoit de luy. Dict davantage que pour recouvrer et avoir des escuz d'or, il luy fallut donner de
chascun escuz aud. Sainct Ypolitte, ou ailleurs où
qu'il en pouvoit recouvrer, trois frans et sept groz,
que luy revenoit à grand interestz, de façon que
sans la grand perte qu'il a faict en sa maison, en
bestial et aultres meubles, sad. rançon luy coster,
comprins despens, interestz et missions, à plus de
quattre cens escuz d'or... De laquelle sienne deposition luy a esté faict lecture qu'il a en après maintenuz contenir verité, me priant icelle signer et
attester comme chose veritable.

Signé: N. ROSSEL.

VII. Jaicque Cuvier de Poset, seigneurie de Clemont, eagé de quarante ans, souvenant de trente de
bonne sovenue, juré et receu aux Sainctz Evangilles de Dieu par luy corporellement touchez de
dire et deposer son bon et leal tesmoingnage de
verité sur les faictz contenuz esd. articles...

Sur le premier article dict et depose estre vray

qu'environ les Roys de l'an mil cinq cens octante
et huict tant luy que Pierre Cuvier, son oncle, furent prins au lieu dud. Poset par trois soldatz à
cheval bien equippez avec arquebuse, et des là menez droit à Pont de Roide du comté de Bourgoingne, environ demi lieue loing dud. Poset, auquel
lieu sond. oncle n'y demeura que la nuyctée, d'aultant qu'il fut relascher pour aller querre la rançon
d'eulx deux, qu'estoit de trois cens escuz d'or, selon
qu'en avoyent accordez avec le cappitaine nommé
La Routte. Et quant à il que depose, il fut detenu
par led. cappitaine La Routte, et le landemain sortirent dud. Pont de Roide, tirant contre Vandoncourt, seigneurie de Blanmont, auquel lieu ilz
sejornarent par trois jours et trois nuyctz. Pendant
lequel temps le secretaire dud. cappitaine La Routte
du lieu de Nanci, qui s'appelloit mons^r Des Champs,
dict aud. deposant que lesd. soldatz avoyent ordonnance et commandement du marquis du Pont de
piller, saccager et brusler touttes les terres et seigneuries de Montbeliardt et de vyoller filles et
femmes où qu'il les pourroyent attrapper.

Sur le deuxieme article dict et depose n'en scavoir non plus que cy dessus il en a deposé.

Du troisieme article depose que depuis led. Vandoncourt ilz allirent à la giste en ung village appellé Buz (1), seigneurie de Beffort, des là tirarent
par la Loraine contre Plombiere (2), où qu'ilz furent
une nuyctée, depuis Plombiere à Espinal, et dez led.
Espinal à Nanci, auquel lieu ilz ne peurent tenir
au cause des trouppes de mons^r de Guise que y
estoyent, n'y pouvans avoir place, ainsi s'en allirent

_____

(1) Buc, Haut-Rhin, territoire de Belfort.

(2) Plombières, Vosges, arr. de Neufchâteau, ch. l. de canton.

contre Marsaulx apartenant à mons' le duc de Loraine, auquel lieu il que depose fut detenuz par le temps de neufz sepmaines ; pendant lequel terme, ainsi qu'il proposoit et devisoit avec les soldatz qui l'avoyent en garde de ce que lesd. soldatz ne se contentoyent d'avoir brusler , piller et saccager les terres et seigneuries de Montbeliardt, mais qu'ilz prenoyent encour à rançon les pauvres subjectz, sur ce respondoyent lesd. soldatz que pareillement on les avoit bruslez, en violant femmes et filles, et faict beaucoup de maulx en leur peys de Loraine, et qu'à ces raisons ilz avoyent charge du duc de Loraine d'aussi brusler, piller, saccager , violler femmes et filles, prendre bestiaulx, meubles et tout ce qu'ilz pourroyent recouvrer es terres et seigneuries de Montbeliardt.

Quant à quattrieme article depose avoir bien vehu led. marquis du Pont aud. Vandoncourt, mais ne l'avoit ouyr parler, d'aultant qu'il estoit assez esloingner de luy.

Du contenuz en cinquieme article dict n'en rien scavoir.

Sur le sixieme depose avoir esté prins par lesd. trois soldatz soubz led. cappitaine La Routte et mener es lieux avantdictz, et estant detenuz par le terme sus speciffier, finallement ayant led. Pierre Cuvier envoyer leur rançon desd. trois cens escuz d'or aud. cappitaine La Routte, icelluy cappitaine depuis Nanci envoya par sond. secretaire appellé mons' Des Champs querre il que depose au lieu de Marsaulx pour le mener aud. Nanci; auquel lieu estant venuz devant led. cappitaine La Routte où qu'estoit Jehan Crolat de Sainct Ypolitte et ung de Danjour, nommé Guenin Galthier, beau frere dud. deposant, led. cappi-

taine La Routte dict qu'il ne deslivreroit led. deposant ausd. Crolat et Gaulthier qu'en prealable il
n'eust receu lesd. trois cens escuz de rançon avec
trente escuz qu'il demandoit pour les despens que
led. deposant avoit faict en ses prisons pendant le
temps de sad. detention, sur ce lesd. Crolat et Galthier luy deslivrarent lesd. trois cens escuz d'or, et
sur la requisition et priere des susd. led. cappitaine
luy quicta lesd. trente escuz de despence, leur rendant l'obligation qu'il avoit dud. deposant et de
sond. oncle, et des là s'en vindrent droit contre
leur peys.... De laquelle sad. deposition luy a esté
faict lecture et après icelle ouye, a dict qu'elle contenoit verité, me priant icelle signer et attester
comme chose veritable.

Signé : N. Rossel.

VIII. Jaicque Morelot, de Vieulx Charmont, eagé de
trente et six ans, souvenant de vingt six, juré et
receu aux Sainctz Evangilles de Dieu par luy corporellement touché de dire et deposé son bon et
leal tesmoingnage de verité sur les faictz contenuz
es avantdictz articles....

Sur tous lesquelz il dict et depose estre esté detenuz par les soldatz au lieu d'Allenjoye par trois
jours, depuis fut mené en ung village nommé Sainct
Loup qu'est à l'entrée de Loraine, à deux lieues
deslà de Lexeul, auquel lieu, sur la priere qu'il fit
à ung nommé Jehan Chappuis, marchampt de
Lexeul, led. Chappuis luy presta douze escuz, lesquelz il donna à ung cappitaine, nommé le cappitaine Hazonville, pour sa rançon, et par ce moyen
fut deslivré desd. soldatz ; pendant lequel terme il
ouyt dire ausd. soldatz qu'il leur estoit commandé
de brusler, d'aultant que l'on avoit aussi brusler en

leurs peys, et que par ce moyen ilz en avoyent leur revenche.

Interroguer de qui lesd. soldatz disoyent avoir receu led. commandement.

Respond iceulx soldatz ne nommer personne... De laquelle sienne deposition luy a esté faict lecture qu'il a en après maintenuz contenir verité, me priant icelle signer et attester comme chose veritable.

Signé: N. Rossel.

IX. Pierre Fersiot d'Allenjoye, subject de mons^r Jehan Henri de Reinach, eagé de vingt huict ans, souvenant de seize de bonne souvenue, juré et receu aux Sainctz Evangilles de Dieu par luy corporellement touché de dire et deposé son bon et leal tesmoingnage de verité sur les faictz contenuz esd. articles....

Sur tous lesquelz il depose qu'il fut prins et saisi par environ quattorze soldatz au lieu d'Allenjoye et deslà mené à Seloncourt, puis finallement au lieu de Froyer par l'espace de cinq jours, auquel lieu la nuyctée il se saulva d'eulx, allant par dedans l'eau jusques par desoubz les bras; pendant le temps de sa detention dict avoir endurer tant de maulx que rien plus, le jehannant dedans des vans par les bras que aultrement, oultre ce qu'ilz luy prindrent son argent, qu'estoit d'environ trente frans, et avoir ouyr dire à deux desd. soldatz, desquelz il ne scait leurs noms, que en sortant des terres et seigneuries de Montbeliardt ilz mectroyent le feug par les villages, ayans de ce faire ordonnance et commandement tant de mons^r de Guise que du marquis du Pont, ce qu'estre faict, si les peysans le pouvoyent esteindre, qu'ilz le fissent,

car il leur estoit force de ce faire. De laquelle sad.
deposition luy a esté faict lecture, et après icelle
ouye a dict icelle contenir verité, me priant la signer et attester comme chose veritable.

Signé : N. Rossel.

X. Vuillemin Donzel de Nommay (1), eagé de
cinquante ans, souvenant de quarante, juré et receu aux Sainctz Evangilles de Dieu par luy corporellement touché de dire et deposé son bon et leal
tesmoingnage de verité sur les faictz contenuz esd.
articles....

Sur tous lesquelz il depose qu'il fut prins au lieu
de Borangne par plusieurs soldatz qui luy couppi-
rent la senextre main au lieu de Numay et le bles-
sirent bien fort en la teste, pour lequel guerir dict
avoir donner à ung barbier de Montbeliardt la
somme de vingt frans ; pendant le temps de sa detention que fut de deux jours, s'estant salver et saul-
tant deans une eaue il a ouyr dire ausd. soldatz
que le marquis du Pont leur avoit faict commandement de tout pendre ces huguenotz, assavoir ceulx
de la comté de Montbeliardt, et de tout brusler,
d'aultant que le prince dud. deposant avoit donner
permission à ses subjectz d'aller en guerre à Grenoble, et que les soldatz avoyent aussi brusler.... De
laquelle sad. deposicion luy a esté faict lecture, et
après icelle ouye a dict qu'elle contenoit verité, me
priant la signer et attester comme chose veritable.

Signé : N. Rossel.

XI. Olry Artey (de) Dambenoist, eagé de quarante
ans, souvenant de douze, juré et receu aux Sainctz
Evangilles de Dieu par luy corporellement touché

---

(1) Nommay, Doubs, arr. de Montbéliard, cant. d'Audincourt.

de dire et deposé son bon et leal tesmoingnage de
verité sur les faictz contenuz esd. articles....

Sur tous lesquelz il depose y avoir environ
quattre ans qu'il fut prins à Dambenoist par des
soldatz lorains en nombre de trois , lesquelz menarent il que depose à Allenjoye, le tormentant
bien fort avec cordes à l'entour du cerveau, pour
avoir quelque rançon dud. deposant , et veant qu'il
estoit ainsi tormenté, se saulva le soir comm' il
pehut, des là pensant retourner aud. Dambenoist
vers ses enffans, fut de rechiefz prins par la sentinelle soubz ung cappitaine nommé cappitaine Mer-
let, qui menarent derechiefz led. deposant aud.
Allenjoye, et dez led. Allenjoye le menarent jusques
à Sainct Loup, entrée de Loraine, où que ayant
trouver ung marchampt de Lexeul, nommé Jehan
Chappuis, presta aud. deposant dix escuz qu'il
donna aud. cappitaine pour sa rançon, et par ce
moyen fut deslivré et ramené, avec ung nommé
Jaicque Morelot de Vieulx Charmont, aussi detenuz
par lesd. soldatz, jusques aud. Lexeul, et dez led.
Lexeul en leurs peys. Pendant lequel temps de sa
detention, que fut d'environ quattre sepmaines, il
a bien ouyr dire et entendu des soldatz qui le detenoyent aud. Allenjoye, que c'estoit mal faict de
brusler ainsi led. Allenjoye attendu que c'estoit
ung bon village, mais comme avant entrer en la
comté de Montbeliardt les duc de Guise et marquis
du Pont avoyent heuz conseil par ensemble, auroit
esté dict que led. Guisard n'estoit d'advis que l'on
bruslat lesd. terres et seigneuries de Montbeliardt,
mais que le marquis du Pont voulloit que ses soldatz bruslassent lesd. terres et seigneuries, d'aultant que Son Excellence avoit signé que l'on dehust
aussi brusler la Loraine, ayant la grosse armée

allemande, tant reistres françois que suysses, bruslez aulcungs villages que valloyent mieulx que
toutte la comté de Montbeliardt.... De laquelle sad.
deposition luy a esté faict lecture, et après icelle
ouye a dict qu'elle contenoit verité, me priant la
signé et attesté comme chose veritable.

Signé : N. Rossel.

XII. Perrin Noblat d'Esteuppes, eagé de trente et
cinq ans, souvenant de vingt et cinq, juré et receu
aux Sainctz Evangilles de Dieu par luy corporellement touché de dire et deposé son bon et leal tesmoingnage de verité sur les faictz contenuz esd.
articles....

Sur tous lesquelz il depose qu'il fut prins par des
soldatz lorain aud. lieu d'Esteuppes, estans en nombre de douze à cheval, soubz le cappitaine Ferrand
italien, et illec detenuz par le terme de cinq jours,
finallement se saulva comm' il pehut, après avoir
endurer beaucoup de maulx, et en se retirant d'a-
vec eulx vit bien dez le hault que sa maison brusloit ; pendant lequel temps ouyt clairement et intel-
ligiblement dire ausd. soldatz lorain que l'on avoit
brusler leur maison et que pareillement ilz brusleroyent led. deposant et sa maison, davantage que
le duc de Loraine et marquis du Pont leur avoyent
ordonnez et commandez de brusler les terres et
seigneuries de Montbeliardt, et que quant à duc de
Guise il ne voulloit point que l'on bruslat.... De laquelle sad. deposition luy a esté faict lecture, et
après icelle ouye a dict qu'elle contenoit verité , me
priant la signé et attesté comme chose veritable.

Signé : N. Rossel.

XIII. Henri Torat, mayre de Vallentegney, eagé
de soixante ans, souvenant de cinquante de bonne
sovenue, juré et receu aux Sainctz Evangilles de
Dieu par luy corporellement touché de dire et deposé son bon et leal tesmoingnage de verité sur les
faictz contenuz esd. articles....

Sur tous lesquelz il dict et depose que, sont passez
quattre ans, il fut prins et saisi aud. Vallentegney
par environ vingt soldatz des gens dud. marquis
du Pont, et tost lyer et attacher fort roidement avec
cordes, luy demandans rançon de deux cens escuz,
avec lesquelz il ne demeura que vingt quattre
heures, d'aultant qu'estant mené avec lesd. soldatz
contre Estovan, notaument par ung certain soldat
de la trouppe qui se disoit cognoistre led. deposant
et qui neantmoings tousjour de detenoit, luy dict
que s'il luy donnoit son argent, il le saulveroit, et
luy donnant sur ce led. deposant l'argent qu'il avoit
sur luy, assavoir, environ sept frans, fut par ce
moyen relasché; pendant lequel temps ouyt dire
ausd. soldatz que c'estoit l'ordonnance des sieurs
duc de Loraine et marquis du Pont de brusler et saccager les terres et seigneuries de Montbeliardt.... De
laquelle sad. deposition luy a esté faict lecture, et
après icelle ouye a dict qu'elle contenoit verité, me
priant la signé et attester comme chose veritable.

Signé : N. Rossel.

XIV. Regnauld Brung de Vallentegney, eagé de
cinquante et six ans, souvenant de quarante et six
de bonne souvenue, juré et receu aux Sainctz
Evangilles de Dieu par luy corporellement touché
de dire et deposé son bon et leal tesmoingnage de
verité sur les faictz contenuz esd. articles....

Sur tous lesquelz il dict et depose que, sont envi-

ron quattre ans, il fut prins aud. lieu par quattre
soldatz lorains soubz La Routte, des là mené à Vugeacourt, auquel lieu lesd. soldatz l'attacherent par
les piedz, le laissant plongez le contreval du pont,
faisant fiction de le nyer, afin d'avoir une rançon,
jaçois il leur heust tout donner ce qu'il avoit sur
luy, qu'estoit d'environ dix frans; en après fut mener avec aultres en nombre de neufz jusques à Vandoncourt et guidé devant le marquis du Pont, lequel marquis, incontinant qu'il heut vehuz lesd.
prisonniers, leur dict : *Et bien, quant aurons-nous
de l'argent.* Sur quoy led. deposant respondit que
d'argent ilz n'en avoyent point, que s'il leur donnoit terme, n'avoyent moyen d'en recouvrer, d'aultant que les ville de Montbeliardt et aultres de la
comté estoyent fermées, demandans ung mois de
terme, qu'il leur ouctroia, à condition qu'il se garda
de leur compagnons, scavoir, Anthoine Bryat de
Villers la Beussiere et Claude Maison de Vugeacourt, jusques à ce qu'ilz luy deslivreroyent lad. rançon que se pouvoit monter à plus de six vings
escuz, selon qu'ilz en avoyent faict le pourject. Sur
ce leur donna led. marquis une attestation qu'on
ne les debvoit brusler, nonobstant quoy il survint
aud. Vallentegney depuis aultres soldatz à cheval
environ ung quattre vings, lesquelz dirent que lad.
rançon n'appartenoit aud. marquis, mais bien à
eulx, et nonobstant lad. attestation lesd. soldatz
bruslarent led. village. Pendant lequel temps de
sad. detention a ouyr dire ausd. soldatz que l'ordonnance dud. marquis du Pont estoit que l'on debvoit brusler touttes les terres et seigneuries dud.
Montbeliardt.

Interrogué s'il cognoissoit led. marquis du Pont,
et si auparavant il avoit point vehu icelluy.

Respond que non, et ne le hust sceu cognoistre, si

les soldatz que le menoyent ne leur heussent dict
estre led. marquis.

De laquelle sad. deposition luy a esté faict lecture,
et après icelle ouye a dict qu'elle contenoit verité,
me priant la signé et attester comme chose veritable.

Signé : N. Rossel.

XV. Anthoine Bryat de Villers la Beussiere
proche Vallentegney, eagé de cinquante et six ans,
souvenant de quarante de bonne souvenue, juré et
receu aux Sainctz Evangilles de Dieu par luy corporellement touché de dire et deposé son bon et
leal tesmoingnage de verité sur les faictz contenuz
esd. articles....

Sur tous lesquelz il dict et depose que, sont environ quattre ans, il fut prins par cinq soldatz
soubz le cappitaine La Routte dez la charriere dud.
village, et tost bien estroittement lyer et attacher,
et luy prendre tout l'argent qu'il avoit sur luy, avec
luy faire tous les maulx qu'ilz pouvoyent; des là fut
mené à pont de Vugeacourt où qu'il le pendoyent
afin d'avoir de luy quelque bonne rançon, mesme
quattre cens escuz qu'ilz luy demandoyent. Depuis
led. Vugeacourt fut mené vers led. cappitaine La
Routte estant à Vandoncourt, des là remené aud.
pont de Vugeacourt, auquel lieu tous ceulx qu'estoyent prisonniers furent relaschez, saulfz led. deposant pour ceulx de Vallentegney et Villers la
Beussiere, et ung aultre de Vugeacourt, nommé
Claude de Maison, qu'ilz detenoyent aussi; lesquelz
deux ainsi detenuz furent des là menez par lesd.
soldatz, desquelz il y en avoit qu'avoyent nom
mons^r de la Rossatte, ung aultre mons^r de la Touche, qu'estoyent soubz led. cappitaine La Routte,

parmi la Loraine jusques à Marsaulx, et illec detenuz par l'espace de dix huict sepmaines, endurans
le plus de temps grande famine ; et à la fin par aulcune sollicitation que l'on façoit aud. duc de Loraine, led. deposant avec Claude de Maison furent
relaschez, sans payer aulcune rançon, sinon les
despens de plusieurs messagers que par trois fois
estoyent estez en Loraine sollicitant leurs desli-
vrances. Dict aussi avoir vehuz aud. Marsaulx ung
de Poset nommé Jaicque, aussi detenuz par led. cappitaine La Routte, qui fut deslivré avant led. deposant et son compagnon. Et durant laquelle sienne
detention, notaument es lieux de Vugeacourt, Vandoncourt, et sur les chemins ouyt dire ausd. soldatz que l'ordonnance du s^r duc de Loraine et marquis du Pont estoit que l'on debvoit brusler les
terres et seigneuries de Montbeliardt, et que aulcungs soldatz disoyent qu'ilz brusloyent malgré
eulx, estans controinctz de ce faire à cause de l'ordonnance susd. à eulx faicte.... Et après sad. deposition, luy ay faict lecture d'icelle qu'il a dict et
maintenu ainsi l'avoir dict et deposé, me priant et
requerant de la signer et attester comme chose
veritable.

Signé : N. Rossel.

XVI. Perrenotte, femme de Guenin Henri, forestier à Vandoncourt, eagée de cinquante et six ans,
souvenant de quarante et six, jurée et receue aux
Sainctz Evangilles de Dieu par elle corporellement
touché de dire et deposer son bon et leal tesmoingnage de verité sur les faictz contenuz esd. articles.

Sur tous lesquelz elle dict et depose que les s^{rs}
duc de Guise et marquis du Pont, sont environ
quattre ans, furent logez en sa maison aud. Vandoncourt, et se tenoyent lesd. deux seigneurs en

leur neuve cheminée, et y avoit grand nombre de cappitaines et soldatz logez aud. lieu, desquelz elle deposante ne receut aulcungs desplaisirs quant à sa personne, mais quant à ses meubles, la plus part fut prins et emmenez avec unze bichotz de graines, tant froment, avenne que espialte, que fut du tout prins. Lesquelz seigneurs duc, marquis, cappitaine et soldatz sejournarent aud. Vandoncourt par le terme de cinq jours, pendant lequel temps elle ouyt bien dire es lacquetz desd. s^{rs} duc et marquis, s'entrechosans l'ung l'aultre, par les aulcungs que l'ordonnance dud. marquis estoit que l'on debvoit brusler, et voire qu'ilz brusleroyent les maisons d'elle deposante avec elle deans lesd. maisons, et par les aultres lacquetz, assavoir dud. s^r duc de Guise qu'elle ne hut point de crainte, que l'on ne leur feroit rien ; quoy nonobstant furent dix huict maisons bruslées aud. village, dont en brusla une apartenant à lad. deposante.... Et après sad. deposition, luy ay faict lecture d'icelle qu'elle a dict contenir verité, me priant et requerant de la signer et attester comme chose veritable.

Signé : N. Rossel.

Après lequel examen faict par moy Nicolas Rossel, notaire juré..., Hector Loris, procureur general es comté de Montbeliardt, m'a quis et demandé acte, instrument et lectres testimoniales... que luy ay ouctroyé et concedé soubz mon seing manuel avec l'impression de mon cachet accoustumé cy mis aud. Montbeliardt, le quattrieme jour du mois de febvrier, l'an de salut 1592, styl ancien.

Signé : N. Rossel.

Original sur papier, avec signet en cire verte.
Archives Nationales, fonds Montbéliard, K 1967.

LXXIX

Déposition de Pierre de Maizières, écuyer, seigneur
de Pierrefontaine-les-Varans.

1592 — 26 FÉVRIER (N. ST.)

Au lieu de Montbeliard, le XVI de febvrier 1592.

Noble seigneur, Pierre de Mazieres, escuyer, sieur
à Pierrefontainne les Varaix, eagé de soixante six
ans ou environ, souvenant de cinquante six ou à
peu prez, par serment par luy presté et touché corporellement sur et aux Sainctz Evangiles de Dieu
dict et deppose sur ce enquis qu'au mois de janvier
de l'an octante huit les trouppes de guerre qu'estoient par ces quartiers passearent par led. Pierrefontainne, lieu de sa residence, où que furent données plusieures sauveguardes que le s^r que deppose
a veu et leu en partie, par lesquelles le sieur marquis du Pont nommé Henry de Lorrainne se disoit
general de l'armée, et n'estoit en icelles faict mention du sieur de Guise. Les premiers qu'arrivearent
aud. lieu furent les reitres du comte de Mansfeld,
tous les pages duquel portoient à leurs casques les
armoiries du duc de Lorrainne, scavoir, la croix
double, en après les gens de Charles de Lenoncourt, que se disoit lieutenant de la cavallerie italienne du sieur marquis du Pont, puis Rotycosty (1),

(1) Chrétien d'Artigotty, grand chambellan du duc Charles III
et lieutenant-colonel appartenait à une famille originaire de Bis-
caye qui vint s'établir en Lorraine en 1570 ; il se trouve cité au

conducteur, selon qu'on disoit, de quattorze compagnies de gens de pied, comm' aussy certain italien, colonel de certains cavaliers italiens (1), duquel le marquis de Malespine estoit lieutenant, et plusieurs aultres, comme les compagnies du baron de Viteau, du sieur de la Forest, qu'estoit quartier meister et feit le departement des trouppes aud. Pierrefontainne. Pendent le passeage desquelles led. s^r depposant ne veit led. feu sieur duc de Guise, ains bien les s^{rs} marquis du Pont et de Rosne, les gens desquelz disoient ouvertement qu'aussytost qu'ilz seroient au comté de Montbeliard, qu'ilz feroient ripaille et du pis qu'ilz pourroient. De faict led. s^r de Lenoncourt voyant que led. s^r que deppose se plaingnoit du tort qu'on luy faisoit, luy dict par quelques fois, que s'il vouloit venir avec luy aud. comté de Montbeliard, qu'il le recompensseroit bien tant des bœufs, chevaulx, qu'aultres bestiaux et choses qu'ilz y prendroient.

nombre des officiers faits prisonniers dans une rencontre entre les troupes lorraines licenciées qui avaient passé au service du capitaine Saint-Paul, et celles du sieur d'Amblize jointes au contingent de Sedan et Jametz, rencontre où les Lorrains eurent le dessous et qui empêcha la Champagne d'embrasser le parti de la Ligue. (V. A. de Ruble, *Mémoires de la Huguerye*, t. III, p. 116 et 117; *Mémoires de la Ligue*, t. III, p. 658.

(1) Ferrand Cavalquin, colonel de cavalerie au service du duc de Lorraine, dont nous publions une attestation écrite de sa main (voir n° XXXV), joua un certain rôle en 1589 lors de la guerre contre la duchesse de Bouillon dont il fut chargé de saccager les terres. Dans le *véritable discours de la guerre et siège de Jametz*, on voit « qu'un italien nommé Cavalquin » secondé par le sieur de Rosne, reçut mission de brûler les terres de Sedan, et que ces deux aventuriers « commirent toutes les cruautés et insolences dont ils se purent aviser »; pendant cette même campagne, la garnison de Jametz se saisit de deux soldats de ce Cavalquin', porteurs d'ordres du duc de Lorraine, lui enjoignant de s'emparer du château de Raucourt et du fort de Douzy. *(Mémoires de la Ligue, t. III, p. 598 et 635.)*

N'a entendu ny ouy dire de qui que ce fust que led. seigneur marquis du Pont heust pour lors ou avant receu commandement du seingneur duc de Lorrainne, son pere, de brusler les terres de Son Excellence ou d'entreprendre aulcune chose contre les personne et biens d'icelle. Bien scait il que depuis led. passeage le bruit a courru par la Bourguongne que led. marquis du Pont parvenu au Pont de Royde feit deffence de brusler aultre part qu'aux terres et seigneuries de Sad. Excellence, tellement qu'au lieu et villeage d'Atechauld les maisons des subgectz du s^r archevesque de Besançon ne furent pas bruslez, ains seulement de ceulx d'icelle Sad. Excellence. Qu'est ce qu'il en pourroit depposer, et plus n'en dict.

Signé : DE MAYSIERES ; H. LORYS.

Au verso est écrit cet intitulé : *La depposition du sieur de Maisieres.*

Original sur papier.

Archives Nationales, fonds Montbéliard, K 1967.

LXXX

Déposition de Claude de Valangin, seigneur de Mathay.

1592 — 12 MARS (N. ST.).

Au lieu de Montbeliard, le II de mars 1592.

Noble seigneur, Claude de Vallangin, escuyer, sieur à Matay (1) en partie, eagé de trente huit ans ou environ, souvenant de vingt huit, par serment par luy presté sur et aux Sainctz Evangiles de Dieu dict et deppose par maniere d'ampliation de sa precedente depposition et avec protestation expresse qu'il n'entend rien deroguer par ceste, que du temps du passeage des trouppes du feu duc de Guise, sont quattre ans, passées par ces quartiers, il fust à certain jour treuver led. sieur duc au Pond de Royde, où qu'estoit à sa guauche le seigneur marquis du Pont, lequel sieur duc il suppliast de luy rendre ses subgetz, tant du comté de Montbeliard qu'aultres, lequel ordonneast que l'on rendist les subgetz des gentilshommes catholicques, mais non pas ceulx qu'estoient annuellement au prince de Montbeliard, touttefois son commandement ne fust executé pour le reguard du s^r depposant qui fust contraint de se pourveoir vers d'aultres pour raveoir sesd. subgetz; se refferant au surplus à icelle sad. depposition. Et plus n'en dict, et en signe de verité l'ha signé, après que lecture luy en ha esté faicte.

Signé : DE VALLANGIN.

Original sur papier.

Archives Nationales, fonds Montbéliard, K 1967.

(1) Mathay, Doubs, arr. de Montbéliard, cant. de Pont-de-Roide.

LXXXI

Déposition d'Etienne Saige, capitaine au service du comte de Montbéliard.

1592 — 14 MARS (N. ST.)

Au lieu de Montbeliard, le IIIIᵉ de mars 1592.

Estienne Saige, cappitainne estably et aux gages de Son Excellence, eagé de quarante ans, souvenant de trente, par serment par luy presté *ad Sancta* deppose ne rien scavoir du bestial et aultres choses prinses et emmenées par les trouppes des feurent sieur duc de Guise et marquis du Pont passées, sont quattre ans, par ces païs, ny aussy si le seigneur duc de Lorrainne en a faict faire restitution, d'aultant que pour lors il estoit en guarnison avec les siens tant à Hericourt, selon que le sieur de Sainct Belmont le pourra attester, que depuis à Montbeliard. Bien sçait il qu'il y a environ ung an et demy que ceulx de la guarnison de Chastillon vindrent au Maigny où que le depposant faict sa continuelle residance (1), mais pour lors estoit ab-

(1) L'expédition dont veut parler Etienne Saige fut dirigée par des partisans de la garnison de Châtillon-sur-Saône, qui espéraient surprendre le capitaine Saige, mettre ses biens au pillage et tirer une bonne rançon de cet officier; elle eut lieu le dimanche 8 septembre 1590, vingt cavaliers armés profitant de ce que les habitants du Magny-d'Anigon étaient au prêche, envahirent l'église en criant *Tue, Tue*, se saisirent de la personne du ministre qui était en chaire, l'empoignant par la barbe, et l'emmenèrent prisonnier avec le maître d'école et un certain nombre d'habitants. Le capitaine Saige se trouvait ce jour-là à Montbéliard, son serviteur n'eut que le temps de lever le pont-levis du château; quant à sa sœur, elle perdit effectivement quelques joyaux de la valeur de 10 à 12 écus. (Voir au sujet de cette expédition une curieuse relation de Marc Girodin, maître d'école au Magny, l'un des prisonniers. qui forme avec plusieurs lettres un petit dossier, *Archives Nationales, fonds Montbéliard, K 1969.*)

sent, prindrent et emmenerent aulcungs des habitans dud. lieu, enssemble de leurs chevaulx, comm' aussy ung gros demy ceint d'argent à la sœur dud. depposant qu'ilz renvoyearent, ou bien ung aultre semblable, à sa poursuytte qu'il feit vers le comte de Salm, et dont il en donna ung escrit de sa main, comm' il l'aveoit receu. Qu'est ce qu'il en pourroit depposer, et plus n'en dict, sinon qu'à une aultre fois lesd. de Chastillon feirent pareillement une course en ce païs, emmenearent quelques vingt neuf chevaulx, dont en rendirent dix neuf, de quoy l'on envoyast escrit au sieur comte de Salm de ce qu'avoit esté delivré.

Signé : Lesaige.

Original sur papier.

Archives Nationales, fonds Montbéliard, K 1967.

LXXXII

Enquêtes et dépositions non datées.

I. Despocition des tesmoings que sont estez interoguez par serement à eulx presté sur Sçantes Evangilles de Dieu touchampt le ravagement faict par les troupes lorrains l'an 1587, rier le contté de Montbelliard que altres signories adjoincles.

Claude Goillet a dict par son serement sur les articles à lui declairez qu'i fut surprins par ung souldaird de la troupe pour les guidé jusque Allenjoye, signorie de lad. compté, estan illec lui demandirent sy congnoisoit ung vieilles home qui tenoint prisonnier, et sy l'avoit poinct bon moyen pour lui donner unes bonnes ranson, lequel deposant faignant de le rancusser lui repondi qui ne le congnoisoit point, touteffoys il dict que c'estoit Anthoinne Pieres dud. Allenjoye.

Et le landemain fut prins encour par des altres suldaird ergoullé, lesquelz led. depossant lui demanda que l'on disoit que mons^r de Guisses estoit passé et pourquoy il ne merchoint apprès, se qui lui repondi led. suldaird, qui l'alloint queres l'artiglerie pour ataquer la ville de Montbelliard, et que le landemain il voulloint mestres le feulz tout par led. compté. Et plus n'en dict.

Jehan Guillamey dict par son serement qui l'estoit estez surpris par des suldaird de la troupe, l'interogant qui lui dient : « Montrés ceulx qui resatoint le bien des subjects dud. conté et qui lui estoit tout adcordé pour piller, et que en sortan il metroint le feulz par tout leur logis. Et plus n'en dict.

Phelebez Bonvallot dict par son serement qui fut prin devan sa maison par des suldaird de la troupe et allan avec pour les guidé il proposit à sad. guide : « Paysant, que dict on que noz cherchon en ses pays, » led. deposant lui dict : « L'on dict que vous voullez ataquer la villes de Montbelliard. Le suldaird respon : « Non, faict il, ne faict besoing, maintenan nous voullon bruller touttes la comté de Montbeliard, et apprès Pasque nous voulons revenir ataqué la villes. » Et plus n'en dict led. deposant.

Jaique Bonvallot dict qui menaseint de bruller les villages voysin dud. conté, cy il ne rendent tout les meubles, chevaulx, bestiaulx des huguenot, subject dud. comtté ; et qui la compté lui estoit accordé pour piller. Et plus n'en dict.

Huguenot Grillon fut prins par des suldard de
la troupe pour les guider avec trois altres bon-
hommes, et les mynerent au lieu d'Alenjoye estan
illec il lui dirent : « Entre vous, guide, allez queres
des scait et prenez du fromment et altres butin,
car altrement tout sera perdu, car quant nous sor-
tiron, nous bruleron noz logis et tout les villages
de la comtté. » En revenant, il rancontrirent altres
suldairs qui lui demandoint : « Paysan. me seroit
tu ensengner quelque riches paysan huguenot »
Respont que non. Lui dict : « Combien qui ne seroit
huguenot, sat tout un, sy j'en povois avoir deux
cent esculz, je t'en donneroit ta partie. » Et plus n'en
dict led. deposant.

Vuillemin Beullefez dict par son serement sur les
articles que verai est que il lui venoit par plusieurs
foy ung capitaines en son logis qui venoit de piller,
lequel s'apelloit mons^r capitaines de la Haye, que
estoit ung lorrent, le desposant lui demandoit sy
voulloint ataqué la ville de Montbelliard. Respon
led. capitaines : « Non, il ne nous ont poinct prins de
villes en nostre pays de Lorrennes, nous ne lui vou-
lon point ataquer ne prendres leur villes, il l'ont
brullé nostre pays, nous lui voullon bruller toutes
la compté. Et plus n'en dict led. depossant.

Loy Bonvallot dict que en refuiant ses meubles
il fut surprins par les Loren, lui demandirent cy
c'estoit du bien de huguenot, respon led. deposant
non, puys apprès, il lui print tout ses chevaulx et
meubles apprès de Morvilard. Et après il lui dict :
« Tout le bien de la compté nous est acordé et permi
de piller, et que après avoir pillé qui voulloint
mestre le feu en leur logis. » Et plus n'en dict.

Richard Beulefez dict qui fut guide des reitte alle-

mand jusque à Chalovilairs (1), et que il lui aveit
des laiquez qui scavoint françois qui disoint que
on lui avoit commandé de brusler lad. compté, ou
altrement que on les pandroit ou breuleroit eulx
mesmes. Et plus n'en dict.

Jehan Recepveur depose par son serement sur
les articles à lui ainjoingt que il fut prins par des er-
goullés (2) qu'estoint fourager à lieu d'Alenjoye, pour
les guidé par les vilages de la signorie de Mon-
treulx (3), dont led. deposant fut prins par des bon-
hommes et fut mynez en prison à Montureulx (4),
et apprès il fut rendu entres les mains de mons^r de
Scainct Belemont, ayan bien entendu des suldaird
dud. Scainct Belemont qui l'avoint tout juré metres
le feulz en toutes la comtté dud. Montbelliard et de
pillé tout le butin, touteffoys le duc de Lorennes
lui en osty une grande partie estan en Lorennes,
tellement qui les suldaird estoint bien fachés. Et
fut myné led. deposant avec led. Scainct Bellemont
jusque à lieu de Haguenolz (5). Et dict qui lui avoit
bien de la venoison à chayriot dud. Scainct Belle-
mon du paigres (*corr.* parc) apartenan à conte de
Monbeliard, et qui l'en avoit manger avec altres
suldairds. Et plus n'en dict.

Eainemand Cabouhot dict qui cherchoint par
tout les villages, signorie de Delles et de Belfort,
apprès le bien des subject dud. compte, disant qui
seulx que les resatoint qui les bruleroint, et en ses
entrefaites il pilloint par tout les chevaulx, meubles,
et que tout le comtté lui estoit acordé pour pillé

(1) Chalonvillars, Haute-Saône, arr. de Lure, cant. d'Héricourt.
(2) Argoulés, *argoulets*, arquebusiers à cheval.
(3) Montreux, Haut-Rhin, territoire de Belfort, cant. de Fontaine.
(4) Probablement Monthureux-sur-Saône, Vosges, arr. de Mire-
court.
(5) Haguenau en Alsace.

depuys la Bourguignes jusque en Allemagnes, et que en sortan il voulloint bruller leur logis. Et plus n'en dict.

Minute sur papier.

Archives Nationales, fonds Montbeliard, K 1967.

II. Despocition des tesmoings que sont ester exa-miner et interroguer tous par sermentz à eulx doner et pretter sur Santes Evangilles de Dieu par devant honneste homme Jehan Ferriat, maire à Grantvillers, touchant le ravagement faict par les troupes lorrains l'an 1587, riere le conley de Mont-beliardt que aultres seigneuries adjoingtes.

Phillibert Quechelz a dictz et deposer par son sermentz que vray estoit que en venant de la rouge maison qu'i feisoit avec monsʳ de Reinach, seigneur de Granvillers et aultres seigneurs, ilz furent pour-suit des reiter de la compagnie à filz monsʳ de Guise, et que led. depossant fust prins prisonnier avec son chival, et fust mener parler aud. sʳ filz de Guisse, et quant fust après de luy, ilz luy demandoit qui estoint ses reiter que estoint avec luy, abilez a faison de reitter, et que c'estoient des huguenolz, qui resatoient et qui ne doibvent fouyr; se que de-posant respons que c'estoit monsʳ de Grantvillers et le capitaines Niclaus Grantwyll, qu'estoient com-mis à pays de nostre souverain princes pour avoir regardt sur ses volleur que pillent les pauvres gens. Et me pillires quarante cinq solz que j'avois en une borses, et puis me firent à marcher avec eulx jus-ques es prelz à desoubz de la villes de Grantvillers, me dissant qui failloit que je luy montrasses les chemin contre Ronchant; toutefoys à desoubz de lad. villes me rendires mon chival, et en venient

parmy aultre prisonnier que l'on avoit à Grantvillers que l'en luy rendist aussy. Et plus n'en des-
poses led. depossant.

Courauldt Chappuis deposse par son sermentz
qui fust suprins des gens de la compagnie mons' le
marcquis ung jours et une nuict, et qui luy demandoient qui les menist pour piller les milleurs chi-
valz en la comté, et aultres tressordt, qui volloient
tout piller en lad. comté de Montbeliardt, et qui luy
montrist pour scavoir passer les eaulz que estoient
grande, pour scavoir aller après de la villes de
Montbeliardt; se qui eschapist de eulz. Et plus n'en
desposses (1).

Minute sur papier.

Archives Nationales, fonds Montbéliard, K 1967.

*III. Deposition d'aulcungs subjectz de ce qu'ilz
ont ouy dire au camp touchant l'entreprinse du
marquis du Pont contre Mombeliart.*

Jacque Morelot dict que les soldatz du capitaine
Bezonville françois l'avoyent prins prisonnier, et a
ouy par plusieurs fois qu'ilz ne pourroient prendre
Montbeliart parce qu'elle estoit trop forte.

George Laissel dict qu'il y avoit ung jeune comte
qu'on appelloit monsieur le Grand, logé chez luy, a
plusieurs fois ouy dire qu'ils estoient deliberé d'assieger Montbeliard.

Jehan Cucuel de Bavans, ayant esté prins prisonnier, dict qu'il a plusieurs foys ouy que, s'ilz heussent
amené ung canon devant Montbeliard, la ville se
fust rendue, item, que monsieur de Lorraine les

______

(1) En marge de cette déposition se trouve écrit le mot : *Valet* ; la
précédente déposition est cancellée d'un trait de plume.

avoyt envoyé par deça, pour ce que ceulx de ce
pays avoyent aydé brusler son pays. Aussy pourroit il advenir que led. duc de Lorraine se pourroit
repentir des bruslementz qu'ils faisoient, parce que
le conte de Montbeliard estoit d'ung grand lignage.

IV. Certains parlant et remonstrant à aulcuns
capitaines de monsieur de Guize le tort qu'ilz avoient
de brusler les villages de la conté de Montbeliard,
veu que Son Exellence ne leur en avoit donné les
occasions ny jamais faict aulcun desplaisir, ny au
duc de Lorenne, firent responce qu'il estoit prince
d'Allemagne et que tous les princes dud. lieu s'estoient bandés ensemble pour aller en France au
voyage passé et qu'en Lorenne ilz avoient beaulcoup bruslé ; que Sad. Exellence avoit esté en en-
bassade en France pour lad. armée. Sad. Exellence
a aussy permys lever des soldats en ses terres
pour lad. France et Lorene.

Minutes sur papier.

Archives Nationales, fonds Montbéliard, K 1967.

*V. Declarations des extorcions, arrainsonnemens
fais aux subjectz.*

BÉTONCOURT.

Ung nommé Guillaume Esmonnot dud. lieu a ester
par deux foys prins prisonnier, l'une des foys par
des Lorains et la derriere par des Allemens, et y
a demeurer par l'espace de quinze jours, estans
estez pandu par leurs mains par plusieurs foys,
assavoir, par ung pied et une main, la teste estrointe
avec une corde nuer tellement que le sang en sortoit, et est en danger de mort.

Ung nommer Jehan Escorsu, paouvre homme de

bras, fut occis par des Lorains aud. Betoncourt avec des lances.

Vieulx Charmont.

Jehan Picquart dud. lieu a ester occis avec harquebute par Italiens emprès led. Vyeulx Charmont.

Jaicque Mourelot a ester prins prisonnier es mains de certains Francois et y a demeurer environ ung moys en leurs mains, mesmes lyer dedans ung van, et avoir ester par plusieurs foys battu par leurs mains voire jusque à la mort.

Anney Mercier a ester prinse desd. François, et avoir ester mener par iceulx jusque sur leur riviere, et la noyarent.

Grant Charmont.

Outhenin Jehan Guillaume a ester prins prisonsonnier es mains des Italyens et y a demeurer par l'espace d'environ six jour, estant estez par plusieurs batuz et lyez garrotez jusque à la mort.

Richard Collin, paouvre vieulx homme a ester prins prisonnier par lesd. François quatres ou cinq jour, et a ester tellement conduyt qu'il en est mort.

Davantage lesd. François enmenerent avec eulx une fille dud. Grant Charmont nommée Guyotte, ne sachant son surnom.

Jehan Jacques Collin a ester prins prisonnier par leurs mains, et tellement batu avec espée et aultre baston qu'il en est mort.

Nommay.

Estienne Richard, paouvre vieulx homme, a ester tenu prisonnier par lesd. François par l'espace d'ung moys, et a ester par plusieurs foys pandus et fais plusieurs extorcions par iceulx.

Vuillemin Donzel a ester prins prisonnier par les François par trois foys, et l'ont telement heu

batu que luy ont couper deux doys et fandu la teste.
tellement que on luy ast tyré des os de la teste.

FESCHE.

Nycolas Vuillemenot de Fesches a ester prisonnier entres les mains des François par l'espace de
demy jour, et par iceulx tellement tormenter qu'il
ne scavoit pas bonnement là où il estoit, tellement
qu'il est devenu tout sour.

Son filz a ester prins prisonnier, qu'estoit ja
mariez, et avoir ester mener par lesd. François jusques au lieu de Lure et se departir de leurs mains,
et avoir ester par plusieurs fois pandu par le col,
et aultres extorcions qu'il luy ont fais.

DANPIERRE.

Claude Pechin dud. lieu a ester enmener par lesd.
François, et ne scait on bonnement là où il est presentement, mais son frere Pierre Pechin ast receu
quelques lectres de luy, que on luy demande huitz
cent escu pour sa ranson.

Richard Bietrix a ester prisonnier entre les mains
desd. François et Lorains quatre ou cinq jours environ, et a ester tellement tormenter tant par les
genitoires que en tout son corps, tellement qu'il
aymeroit mieulx mourir que de endurer encore
d'aultant.

DAMPBENOY.

Horry Artey dud. lieu a ester prins prisonnier
par l'espace d'environ ung moys tant en ces pays
que au lieu de Leseu, et le tenoit prisonnier ung
nommer Jehan Chapuis dud. lieu, et par iceulx
avoir ester pandu par ung pied et ung bras par
plusieurs et reyterés foys, et mesme luy avoir
aussy par reiterés foys estroin la teste avec une

corde nuer, tellement que sang en sortoit, et pansoit estre mort.

Item, luy en ont enmener une fille par l'espace d'environ cinq ou sis jours.

ALLENJOYE.

Guillaume Fercyot a ester prisonnier par l'espace d'environ quinze jour à ung nommer Maryon, capitainne, et avoir ester tant batu de coup de bastons, estroindre la teste avec cordes nuer, quasy luy faire à sortir sang et aultres extorcions.

Girard Maitrol dud. lieu a ester aussy prisonnier par l'espace de quinze jour, mesme l'avoir mis en ung four aud. Allenjoye et le menassoyent de le brusler, et luy avoir lyer la teste avec cordes nuer, et faire plusieurs batures par certains François, ne scait leurs noms et n'en est plus souvenant.

Vuillemin Perrenot dud. lieu, paouvre vieulx hommes, a ester prisonnier par lesd. François par quatre ou cinq jours, et estre pandu par ung pied et ung bras par plusieurs fois, ne scait bonnement combien de foys, et mesme luy estroindre la teste avec une corde nuer, et luy disant qu'ilz renyent Dieu sy ne luy monstroit ou ensoingnoit la bource, qu'il mourroit, et qu'il le brusleroyent.

Pierre Fercyot a ester prisonnier es mains desd. François par l'espace de huit jours, et mesme luy avoir lyer les mains derriere le doz dedans ung van, et estre batu d'eulx jusques à la mort, et luy demandoyent force argent, ou il les feroyt à mourir.

Thiebault Maitrol a ester prisonnier par l'espace de quatre jour, et avoir ester batu par plusieurs desd. François jusques à la mort, et estroindre la teste avec une corde nuer et luy faire à saingner par lad. teste, et luy demandoyent force argent.

Estuppes.

Thomas Baptaille et sa femme sont estez prins prisonnier par des Italyens aud. lieu, et les ont heu tant baptuz que n'est chose posible de le scavoir nombrer.

Guillaume Demey prins prisonnier des susd., et luy avoir oster six frans en sa bource, et estre bien baptu de coup de pied et batons juisques à la mort.

Guillaume Receveur avoir ester prins prisonnier par les susd., et avoir ester batu comment le susd., et luy avoir prins six frans.

Vuillemin Victrey avoir ester prins prisonnier par lesd., et avoir ester batu tellement qu'il en est mort, prins six frans, en la presence de la femme George Laissey.

George Laissey avoir ester prins prisonnier par les susd. Italyens et bien batu, et luy ont prins cinquante frans en sa bource.

Claudot Bourgoingne dud. lieu luy avoir ester prisonnier par les susd., et luy oster deux frans.

Pierre Boutenot dud lieu, avoir ester prins prisonnier par les susd., et estre bien batu et sa femme aussy, et luy avoir oster dix frans.

Claude Marcoux, luy ont tuer son filz nommer Thomas, et enmener neufz jours une syenne fille.

Perrin Noblot a ester prins prisonnier par les susd. par l'espace de huit jours, et avoir ester bien batu et lyer la teste avec une corde nuer.

Thomas Salmet, maitre d'escolle, sa femme prins prisonniere, et luy ont oster trois frans.

Jehan Vaulthier a ester prins prisonniers desd. Italyen, et luy avoir prins vingt frans.

Cuenin Vuillemenot id., et prins quatre frans en sa bource.

La femme Pierre Horry a ester et est encores presentement en leurs mains.

Pierre Marcoux dud. lieu avoir ester prins prisonnier par l'espace de huitz jours, et l'ont tellement baptu qu'il est en danger de mort.

Thiennon, fille de Marcoux, luy ont prins es boys la somme de quatre frans.

CHARMONTEY.

Jacques Grenetier dud. lieu, paouvre viez hommes, a ester prins prisonnier es mains des François et avoir ester mener jusque à Chastenoy, et estre bien batu, et luy hostarent quartorze teston de Roy.

EXINCOURT.

Humbert Perrat, prins prisonnier par François et Lorains par l'espace de trois jours, et avoir ester bien batu et fort estroin avec cordes, et luy prindrent sept testons de Roy ensemble trois aulnes de drap bleu.

Huguenin Grayr avoir ester prins prisonnier par les susd. l'espace de deux jours, et avoir ester pandu par le col par plusieurs foys, et en coupant la corde il tumboit à terre, pensant estre mort, et luy ont prins six frans et son manteaul.

Jehan Jacque Pequegnot a ester prisonnier par les susd. par l'espace de trois sepmaines, et avoir ester pandu par le col plus de quartorze foys, tellement qu'il est en danger de mort.

Nycolas Bequillart dud. lieu avoir ester prins prisonnier par l'espace de huit jours par les. susd., tellement qu'il en est mort.

Bastien Bourquin a ester prins prisonnier par l'espace de quinze jours, et avoir ester par plusieurs foys pandu par le col et estroint la teste avec une corde nuer, tellement que le sang en sortoit, et luy ast donner pour sa ramson dix frans.

Pierre Grayr estant encores presentement prins prisonnier des susd., et le en ont enmener avec eulx.

Jehan Veron a ester prins prisonnier par les susd. par l'espace d'environ quinze (jours), et tellement batus, lyez par la teste qu'il en (est) devenuz tout sour.

ADINCOURT.

Claude Tourot a ester prins prisonnier par l'espace de huitz jours entre les mains des François et Lorain, et par iceulx luy avoir perser ung bras et batu de plusieurs coups.

La femme Mainbeufz Thevenin a ester prins et son mary par l'espace d'environ quinze jours, et avoir ester batue et fais plusieurs deplaisir et vyolence à lad. feme, et prins environ huitz frans.

Jehan Ramey, dit Mareschal, a ester tellement baptu par lesd. François qu'il est encores es mains des medicins et est en danger de mourir, et luy ont prins trente frans.

Guillaume Faibvre a esté aussi prisonier des François ou Lorrains, et tellement genné par la teste avec une corde nuer qu'il en ha esté en danger de sa vie.

Lesd. François ont aussi saisy es bois dud. lieu une jeusne fille de bonne maison, et icelle detenue en la maison du licentier Docourt jusques à leur departement, et faict d'icelle vraisemblablement ce que leurs a pleu.

Vallantegney.

Jehan Regnault estant à la garde du pont fut prisonnier par l'espace de trois jours, et fut batu, et luy prindrent ung franc.

Jehan Loys, id. prisonnier, estant à lad. garde dud. pont et a ester bien batu.

Jehan Regnault Brun a ester prins prisonnier par l'espace de trois jours, estant à la garde dud. pont, et avoir ester pandu le contreval dud. pont par plusieurs foys, et luy ostarent douze frans.

Plus ont batu Thomas Mordigue tellement qu'il en est mort.

Nycolas Jullart a ester pandu par lesd. François et Lorains desoubz led. pont, et luy ont prins dix frans.

Guenot Ferryot estre estez prins à la garde dud. pont, et luy ont prins dix huit gros.

Loys Barbier fut tirer vers le molin de Bellieu et en est mort.

Thomas Ferciot et Jehan le Poires furent jecter dessoubz led. pont et furent nyer.

Henry Thomas a ester prisonnier neuf jours, et luy ont prins ses harmes, ensemble ses habis et quinze frans argent contant.

Loys Barbier et sa femme sont ester prins prisonnier et fort batu de coup de baton, et luy ont prins en argent trois frans.

Nycolas Courtot et sa femme sont ester prisonnier l'espace de cinq jours, et les ont batu.

Le maire a ester prins prisonnier, et luy ostarent cinq frans trois gros.

Adam Brun fut prins et tyrer avec harquebutte, et en a ester longuement malaide.

Bavans.

Marguerite, femme Grosjehan Vaucler, a ester
tenue par les Italyens tellement qu'elle ast heuz les
piedz tout esgallés et fais plusieurs milles maux, et
luy prirent trois gros en sa bource.

Jehan Cucuel, filz dud. ministre, a ester prins
prisonnier par l'espace de cinq jours à iceulx Italyens, et fut tormenter par iceulx avec cordes nués
en la teste, et quasy luy faire sang, et le plus souvent l'enfermoyent en ung cofre, et led. filz s'en
deslivra d'eulx au myeux que luy fut possible.

Le filz Girard Fillaut, nommer Martin, est presentement encores entre les mains desd. François,
et le vouldroit ravoir pour tout son bien, voire
qu'il eust mile frans.

Estienne Vaucler a ester prins prisonnier entre
les mains des Italyens et y a demeurer environ ung
(jour), tellement qu'il a ester couper en deux dois
qu'il en est manchat, et luy ont quasy oster la
veue.

La fille Anthoine Boicout, nommée Françoise,
demeurant aud. lieu, est encores presentement entre
leurs mains.

Une nommée Annatte, demeurant aud. Bavans,
est encores presentement entre leurs mains.

Plusieurs femmes et filles vyolez, sans avoir
voulsu scavoir le nombre, et n'est possible de le
scavoir pour cause.

Minute sur papier.

Archives Nationales, fonds Montbéliard, K 1968.

VI. Ceulx qu'ilz sont estez detenus prisonniers.

Vernoy (1).

Jehan du Vernoy, le jeusne, a esté prisonnier, lequel a estez tourmenté par gehenne, liez les mains derrie le dolz et soubz levez en hault, en luy arrachant la barbe, et des là tombit sur son visaige en terre, et depuis fut pendu par le col avec une corde, estant quasy proche de la mort.

Deulx enffans feu Bastien Vouillot du Vernoy et ung aultre à Jehan du Vernoy sont estez prisonniers par l'espace d'ung jour et deulx nuictz, avec menace d'estre pendu, et sont lesd. enffans eschappez par une fenestre, qu'estoient en une chambre où ilz estoient enfermez de nuict.

Plus en ont menez ung enffant eagé de six ou sept ans, filz de feu Jehan du Vernoy le viez, et c'est retrouver led. enffant au bout de quinze jours dez led. Vernoy au lieu de Moffans.

Aibre.

Claude Gillot, cojuge du contey, fut prins devant sa maison aud. Aibre et des là mener jusques à Montenoy et dez led. Montenoy à Ornans (2) nuictamment, et estre mis par le capitaine Normand ou son commandement, ayans prins led. Gillot le soir en ung vant ayant les mains liez es menattes dud. vant, avec les chambes et piedz liez de cordes, demeuré par l'espace de douze heures nuictam-

----

(1) Vernois (le), Doubs, arr. et cant de Montbéliard.

(2) Onans, Doubs, arr. de Baume-les-Dames, cant. de l'Isle-sur-le-Doubs.

ment, et ce par l'espace de cinq nuictz durans avec menasses de le pendre et estrangler.

Perrin Surleau est ester detenu prisonnier par l'espace d'une nuict, et tourmenté et gehenner en luy mectant les doibgs entre le chien d'une arquebouse à rouhet, en luy serrant jusques à effusions de sang.

Jaicque Dumont dud. Aibre, idem le semblable.

Sainct Gelin.

Claude Vessaulx le jeusne est encore presentement prisonnier, ne sachant quelle fortune il a enduré jusque à retourt, sont environ cinq sepmainnes.

Raingnans.

Claude Gillot, viez homme, est estez prins prisonnier et mort entre leurs mains, estans detenuz par l'espace de trois sepmainnes.

Huguenin Bernier dud. Raingnans est estez menez prisonnier jusques à Remiremont en Loraine, et tourmenter de plusieurs sortes.

Nicolas Monnier au lieu de Raingnans a estez prins par plusieurs fois prisonnier, et a ester griefvement tourmenter.

Champey (1).

Anthoinne Peletier, maire, est ester battu, blesser et aultres navrures par sur son corps avec espés, comme le laisant pour mort.

Plusieurs femmes dud. Champey sont estez violez et enmenez, comme elles sont encores d'aulcunes de present.

(1) Champey, Haute-Saône, arr. de Lure, cant. d'Héricourt.

Davantaige en ont enmenez une servande de ma damoiselle Lucie Tylly, vefve de feu mons[r] Anthoinne du Chastellot, demeurant à Esouvaibre (1).

Minute sur papier.

Archives Nationales, fonds Montbéliard, K 1968.

VII. *Touchant ceux qui sont esté emmenez et ne sont encores de retour.*

Claude Pechin de Dampierre oultre les Bois, l'on ne sçait qu'il est devenu.

La femme de Pierre Horry d'Esteuppe a esté aussy enmenée, et ne scait l'on qu'elle est devenue.

Pierre Graïr d'Essincourt a esté aussy enmené et est de present à Marsau en Lorraine.

Martin Fillaud de Bavans est encores detenuz des François, et ne sçait on où.

La fille de Anthoine Baicouet de Bavans ensemble d'une aultre fille sont aussy esté enmenées.

Aussy plusieurs aultres femmes et filles qu'on ne peult sçavoir.

Minute sur papier.

Archives Nationales, fonds Montbéliard, K 1968.

(1) Essouaivre, localité à proximité de Champey, où se trouvait au XVIIIe siècle une grange transformée aujourd'hui en moulin.

IV

ENQUÊTES

SUR LES

DÉPRÉDATIONS ET BRIGANDAGES

DES

TROUPES LORRAINES

DANS LE

COMTÉ DE MONTBÉLIARD.

———

1588-1589.

LXXXIII

Rolle du dommaige que les subjects de la **Grant mairie de Son Excellence** ont receuz au mois de janvier 1588 par la gendarmerie françoise et ritre allemandt.

Les villaiges contenuz au present rolle (formant un cahier) :

Vernoy.
Aibre.
Essouvaibre.
Champey.
Semondans.
Tresmoingt.
Cosevaulx.
Desandans.
Raingnans.
Sainct-Gelin.
Eschenans sur l'Estang.
Yssans.
Allondans.
Laire.
Couthenans.
Bavans.
Presentevillers.
Saincte Marie.
Lougres.
Eschenans sous Montvaudois.

Un second cahier concerne les villages de Bethoncourt, Bart, Courcelles-les-Montbéliard, Dung, Charmontey, Sochaux, Grandcharmont, Brognard, Dasle, Nommay, Etupes, Châtenois, Voujaucourt,

Audincourt, Mandeure, Badevel, Fesches, Taillecourt, Belchamp, Valentigney, Dambenois, Abbévillers et Etouvans (1).

Original sur papier.

Archives Nationales, fonds Montbéliard, K 1968.

LXXXIV

Enquête sur les brigandages, larcins, rançonnements, incendies de maisons et biens, commis par les troupes du
duc de Guise dans les seigneuries de Blamont et de
Clémont.

1588 — 14 FÉVRIER (N. ST.)

*Extraict, desclairation et distincte designation des
pertes, dommages, interestz, desastres, desconve-
nues, miseres et calamités desplorables advenues es
terres, seigneuries et souveraintés de Blanmont et
Clemont, appertenantes à tres illustre, hault, puissant prince et redoubter seigneur, Fridrich, comte
de Wirtemberg et Montbeliard, seigneur souverain
desd. Blanmont, Clemont, etc., par les voleries, larrecins, brigandages, pilleries, concussions, exactions, rançonnemens, assassins, meurtres, homicides,*

(1) Cet état descriptif des dommages éprouvés par les sujets du
comté de Montbéliard proprement dit, forme deux volumineux
cahiers; nous nous bornons à l'indiquer, ne pouvant, à cause de
son étendue, en reproduire le texte qui ne renferme d'ailleurs
qu'une longue et triste énumération des maisons incendiées, du
mobilier brûlé ou pillé, du bétail enlevé, et en regard de chaque
article, l'estimation des pertes subies.

sacrileges, bruslement de maisons et biens, force-
ments et violements de femmes et filles, baptures,
oultrages, violances et aultres inaudites et inexco-
gites meschancetés y commises et perpetrés par les
tiranniques boureaux et executeurs des satanniques
desseins et volontés du tigre forcené, enraigé et en
toutes espesses de cruautés et meschancetés le sur-
passe de Neron, duc de Guise, depuis le sambedy
penultieme jour du mois de decembre de l'an mil
cinq cens octante sept, jusques au vendredy cin-
quieme jour du mois de janvier de l'an present mil
cinq cens octante huict inclus, le tout sommairement
et au plus vray recuillis par les officiers desd. Blan-
mont et Clemont en suyvant l'ordonnance à eulx en
faicte par leurs tres honnorés seigneurs, messei-
gneurs les bailly, chancelier et conseil à Montbe-
liard, tant par le serment particulierement par
ceulx ayant receus lesd. dommages prestés sur et
aux Sainctz Evangilles de Dieu, comme par dehue
et requise informations prinses et dressés de ceulx
ayant congnoissance de leurs biens et chevances,
redigés par escript comme s'ensuyt :

Blanmont.

. . . .

Par lesd. executeurs sont estés volés et prins à Jehan
Thurin, bourgeois et bandelier dud. Blanmont le
nombre de cinq chevaulx en valeur de . cl frans.
Item, à Richard Navion, trois chevaulx, iiij^{xx} xix fr.
Item, à Jehan Masson, quattre chevaulx . cxx fr.
Item, à Pierrot Navion, ung cheval. . . xxx fr.
N'est icy faict mention des dommages et interests
receuz par les aultres bourgeois, tant en particulier
qu'en general, à cause desd. vols et brigandages.
Somme toute du dommage et perte advenue aud.

Blanmont, trois centz quattre vingtz dix neuf frans forts, pour ce . . . . iii^c iiii^{xx} xix fr.

ESCURCEY.

Le village dud. Escurcey fut bruslé le dimanche dernier jour de decembre dud. an mil cinq cens octante sept, et y fut remis le feug par trois fois, tellement qu'il n'y a rien resté qu'une cheminée de pierre, et ont receuz les habitans dud. lieu tant par le feug que larecins le dommage suigant (1).

Premierement, Thiebauld Netillard dud. Escurcey a perdus sa maison que pouvoyt valoir la somme de deux centz frans fortz, pour lequel pris ne la pouroyt rebastir en tel estre, pour ce . . ii^c frans.

La maison des heritiers fut Pierre Malclerc a esté aussy bruslée, taxée et evaluée à. . . ii^c xl frans.

La maison de Guillaume Malclerc vaillant i^c xx fr.

La maison feue Elizabet Guernier taxée et evaluée à . . . . ii^c fr.

La maison et cheminée de pierre de Henry Guernier et ses freres, en valleur de. . . . . ii^c xl fr.

Les deux maisons par eulx acquises de François et Jehan Henry Netillard, en valeur de . . . c fr.

La maison de Pierrot Quidot à us de laboureur, en valeur de . . . . c lx fr.

La maison de Jehan Boitheux à us de laboureur, en valeur de. . . . . cxx fr.

La maison es heritiers fut Claude Vurpillot, en valeur de . . . . c fr.

---

(1) Nous passons sous silence dans cette énumération des dommages éprouvés par chaque village les indications relatives au mobilier, au bétail et aux biens de la terre pillés ou brûlés, nous nous bornons à mentionner les immeubles détruits par le feu et à donner le total des évaluations qui termine l'information concernant chaque village.

La maison des heritiers fut jeune Jehan Vurpillot, en valeur de. . . . . c fr.
. La maison de Claude Vurpillot, en valeur de c fr.

La maison des Colards, les trois partages taxés à. . . . . II^c fr.

La maison Richard Colard, en valeur de. . c fr.

La maison et cheminée de pierre de Henry Colard, en valeur de . . . . II^c fr.

La maison François Colard Bichenot et la cheminée, en valeur de . . . . II^c fr.

La maison Petitjehan Guidot, en valeur de c fr.

La maison Nicolas Guidot, en valeur de. . c fr.

La maison de Jehan Guernier, cordonnier, en valeur de . . . . CLX fr.

La maison de Anthoinne Bourgeois, en valeur de. . . . . IIII^{xx} fr.

La maison des anffans fut François Guydot ensemble la cheminée de pierre, en valeur de. III^c fr.

La maison es anffans fut Richard Guidot, en valeur de . . . . c fr.

Somme toute de la perte et dommage advenuz
aud. Escurcey.

Argent	IIII^m VIII^c LVI fr. III gr.
Froment	v bichots, VIII quartes.
Avenne	XIV bichots, XIX quartes.
Orge	IIII bichots.
Boige	v bichots, XIII quartes.
Pois . . . . - . .	II bichots, IX quartes.
Vasses	I bichot, VIII quartes.
Lentilles	v quartes demye.
Chenevay	VII quartes.
Millot.	II quartes demye.

AULTECHAULD.

Aud. Aultechauld par la grace de Dieu n'y a bruslé aulcugne maison, et y a esté pillé et robé cé que s'ensuyt :

Au molin dud. Aultechauld a esté pillé et desrobé des meubles appertenans à Henry Vurpillot, mugnier, jusques à la valeur de . . . . . . xii frans.

Somme toute dud. Aultechauld.

Argent . . . . . iᵐ iiiiᶜ xvii frans.
Froment . . . iiii bichots, xxiii quartes demye.
Avenne. . . . xvi bichots, xiiii quartes.
Orge . . . . . iii bichots, xv quartes demye.
Espiaulte . . . ii bichots, xvi quartes.
Boige. . . . . i bichot.
Vasses . . . . xii quartes.
Pois . . . . . i quarte.
Chenevay. . . i quarte.

THULAY.

Thulay fut bruslé le premier de janvier an cy devant declaré, et y a pery, rober et pillé ce que s'ensuyt :

La maison de Pierre Maingnin, en valeur de c fr.
La maison Anthoinne Menestrey, en valeur de
cxl fr.
La maison Jehan Maingnin, en valeur de . cl fr.
La maison Anthoinne Maingnin, dict Rondot, en valeur de . . . . iiᶜ fr.

Somme toute dud. Thulay.

Argent . . . . iᵐ vᶜ lxx frans.
Froment. . . . . xii bichots.
Avenne . . . . xxiiii bichots.
Orge . . . . ii bichots.

Boige . . . . iii bichots, vi quartes.
Espiaulte . . . . xii quartes.
Chenevay . . . . iv quartes.

SELONCOURT.

Led. Seloncourt a esté bruslé comme les precedans villages et en icelluy bruslé, pris, pillé et robé ce que s'ensuyt :

La maison de Jehan Belperrin, en valeur de c frans.

La maison de Pierre Borne, en valeur de . c fr.

La maison Jehan Belfilz, en valeur de. . . c fr.

La maison de Adrian Mathay, en valeur de cxx fr.

La maison de Jehan Cuenot, en valeur de . iv^{xx} fr.

La maison de Jehan Fernot de Seloncourt, avec les meubles, en valeur de . . . . v^c fr.

La maison Jehan de Vaux l'armurer, en valeur de. . . . . cxx fr.

La maison de Luc Fernot, en valeur de . cxl fr.

La maison Perrin Seigneur, en valeur de cxl fr.

Deux maisons de Jacques de Vaux et ses freres, vi^c fr.

La maison de Girard Quaile, en valeur de ii^c fr.

La maison Jehan Coulon comprins les meubles, en valeur de . . . . c fr.

La maison Jehan Girardin, en valeur de. . c fr.

La maison Pierre Girardin, en valeur de . lx fr.

La maison et grange de mons^r le licentier Docourt, en laquelle l'on pouvoyt loger quarante bestes rouges et quinze chevaux, oultre aultre menuz bestial, estimé et évalué à . . . . . . v^c fr.

Somme toute dud. Seloncourt.

Argent . . . . . . v^m ix^c xv frans.
Froment . . . . . xiii bichots, vi quartes.

Avenne . . . . . . xxxvi bichots, xix quartes.
Orge . . . . v bichots, 1 quarte demye.
Boige. . . . . . . iii bichots, xxii quartes.
Espiaulte . . . . . ix quartes.
Pois . . . . x quartes.
Lentilles . . . . . xiv quartes.

VANDONCOURT.

L'une des maison de Huguenin Henry forestier, en valeur de. . . . . cxx fr.

La maison Huguenin Peugeot . . . . . iv^xx fr.

La maison Jehan Vuillemin Peugeot, en valeur de. . . . . c fr.

La maison de Benoist Jehanneney, en valeur de. . . . . lxx fr.

La maison Jacques Gresard, en valeur de lxxxx fr.

La maison de Jehan, filz fut Grandjehan Gressard, en valeur de . . . . c fr.

La maison Pierre Gros. . . . . clx fr.

La maison Pierrot et Claude Peugeot . . clx fr.

La maison de Estienne Gressard. . . . cxx fr.

La maison Regnauld Meriot. . . . . . cxx fr.

La grange de mons^r le tresourier, ensemble tout le maisonnement de la maison par luy acquise de Jehan Maigny, le tout en valeur de mille frans.

Item, la graine estant esd. deux maisons, se montans à plus de deux miles et cinq cens gerbes, tant froment, avenne, orge, espiaulte, vasses, quinze chard tant foing que voihin et lavons estans en provision, le tout en valeur de mile frans.

Item, deux aultres maisons et granges acquises l'une de Loviaz, l'aultre des Polignots, et une cheminée de pierre, bon nombre de lavons estans en provision et aultres materiaux, le tout en valeur de . . . . vi^c frans.

L'interestz qu'il aura de n'avoir aulcugne maison pour loger sa grainne aud. Vandoncourt, ains la conviendra charier ailleurs, item, de ce qu'il sera bien difficile de resemmer, parce que tout a esté brusler, les fraictz du bastiment, item, pour achat de chevaux et victuailles pour les grangiers jusques es prochaines messons, comme aussy de la diminution du diesme qu'il a aud. Vandoncourt, est si grand qu'il ne peult estre estimé.

Somme toute dud. Vandoncourt.

Argent . . . , . .	VI^m III^c XI frans, III gros.
Froment.	X bichots, XIX quartes.
Avenne	XVIII bichots, II quartes.
Farinne	XII quartes.
Orge	II bichots, III quartes.
Pois	X quartes.
Boige	XVII quartes.
Espiaulte	V bichots.
Lentilles.	II quartes demye.

MEILLIERE.

La maison Grosjehan Coulon de Meilliere, en valeur de . . . . II^c frans.

La maison de Petremend Coulon.	C fr.
La maison aux anffans Vaultenin Coulon	IV^{xx} fr.
La maison Pierrot Coulon	IV^{xx} fr.
La maison Thainot Coulon	IV^{xx} fr.
La maison Jehan Maillard	CXX fr.

Somme toute dud. Meilliere.

Argent	I^m IV^c IV^{xx} II fr., III gros.
Froment.	XX bichots, XVII quartes.
Avenne	XVI bichots, IV quartes.
Orge	II bichots, V quartes.

Boige . . . . iv bichots demy.
Lentilles . . . . . i bichot, vi quartes demye.
Chenevay . . . . . v quartes.
Pois . . . . ii bichots demy.

PIERREFONTAINNE.

Led. Pierrefontainne a esté bruslé et perdus, rober et piller ce que s'ensuyt :

Premier, l'une des maisons Jehan Vyenot senioul, en valeur de . . . . iic ivxx frans.
La maison Jehan Roland le vieuz . . xlv fr.
La maison de Jehan filz fut Richard Donzel, en valeur de . . . . iic fr.
La maison es anffans fut Nycolas Vyenot. iic fr.
La maison es anffans fut Petitjehan Vyenot iic fr.
La maison Huguenin Vernier . . . . . . clx fr.
La maison Claude du Prelz et ses partages iic fr.
La maison Petitjehan Vyenot thielier. . . iic fr.
La maison Perrin Vyenot, maire . . . . . cl fr.
La maison des anffans fut Pierre Plumard. cl fr.
La maison Jehan Vernier . . . . lx fr.
La maison Jehan Henry Dhoriot . . . . lx fr.
La maison Richard Chasserat. . . . . . . c fr.
La maison Jehan Donzel le vieuz, en valeur de . . . . iic l fr.

Somme toute dud. Pierrefontainne.

Argent . . . . iiim iiic lxxii frans.
Froment. . . . . . . vi bichots, v quartes d.
Avenne . . . . xxxi bichots d.
Orge . . . . iii bichots, viii quartes.
Pois. . . . . iii quartes.
Farinne . . . . ix quartes.
Boige . . . . iii bichots, xxii quartes d.
Vasses. . . . . vii quartes.

Chenevay . . . . . . iii quartes.

Espiaulte . . . . . . i bichot, x quartes.

⚡ Bondeval.

Led. Bondeval brusla le dernier de decembre, et y est advenuz le degast suigant :

La maison de Guillaume Jehan, en valeur de
ii^c frans.

La maison Anthoinne Grosregnauld, en valeur de . . . . clx fr.

La maison Richard Thomas, en valeur de . c fr.

La maison Mainbeufz Parel, en valeur de iv^{xx} fr.

La maison de Marie, vesve fut Girard Borne, en valeur de . . . . c fr.

La maison de Cathin, vesve fut Huguenin Colard, en valeur de . . . . iv^{xx} fr.

La maison Perrin Grosregnauld, en valeur de
cxl fr.

La maison Jehan Grosregnauld, en valeur de
cxx fr.

Les deux maisons de Estienne Quaile et ses freres, en valeur de . . . . iv^c fr

La maison es anffans fut Grosjehan Quaile, en valeur de . . . . cxx fr.

La maison Pierre Quaile, en valeur de. . cxx fr.

La maison Jehan Quaile, dict Bailot, en valeur de . . . . clx fr.

La maison de la communaultey de Bondeval,
cxx fr.

La maison appertenante aux heritiers fut Pierre Piedgay . . . . ii^c fr.

Somme toute dud. Bondeval.

Argent. . . . . ii^m viii^c viii^{xx} i fr. ii gr.

Froment. . . . . . . iii bichots, x quartes d.

Avenne	xxviii bichots, xxii quartes.
Orge	iii bichots.
Boige	xiv quartes demye.
Pois.	iv quartes demye.
Vasses.	xii quartes.
Espiaulte	iii bichots, xvi quartes.
Lentilles.	viii quartes.

Glay.

Le village de Glay brusla le premier jour de janvier de l'an present, et y fut mis le feug par trois fois, les maisons et biens suigans y peris, bruslés, prins, pillés et robés.

Premier, la maison de Jehan Vyenot, maire aud. Glay, en valeur de. . . . . cl frans.

Les maisons de Jacques et Guillaume Courtin, en valeur de . . . . lx fr. (chaque).

La maison Cuenin Chasserat de Glay, en valeur de . . . . cxl fr.

La maison des heritiers fut Anthoinne Chasserat, en valeur de . . . . l fr.

La maison Bartholomey Vyenot, en valeur de
iv^{xx} fr.

La maison de Jehan Maigrat, en valeur de iv^{xx} fr.

La maison Guillaume Courtot, en valeur de lx fr.

La maison de m^{re} Claude Bourelier, en valeur de. . . . . v^c fr.

Trois maisons à us de laboureur et deux cheminées de pierre appertenans à Jehan Metetal le jeune, en valeur de. . . . . vi^c fr.

La maison des heritiers fut Richard Courtin, en valeur de . . . . lxx fr.

La maison Thevenin Chasserat, en valeur de
iv^{xx} fr.

La maison Jehan Courtot, en valeur de iv^{xx} fr.

Somme toute de Glay.

Argent . . . . iv^m viii^c iii^xx ii frans.
Froment. . . . . . . xix bichots, ix quartes d.
Avenne . . . . xxxix bichots, v quartes.
Farinne . . . . v quartes.
Orge . . . . iv bichots, vi quartes d.
Boige . . . . ix bichots, v quartes.
Espiaulte . . . . . . iv bichots, xi quartes.
Chenevay . . . . . . vii quartes demye.

Dampnemarie.

Le village dud. Dampnemarie fut bruslé le
deuxieme jour de janvier de l'an present 1588, et
y fut remis le feug par trois fois, tellement qu'il
n'y a resté que les deux moindres maisons, et s'ensuyt le dommage y advenuz tant par le feug que
larrecins.

Premier, la maison de Jehan Mathiot, avec la cheminée de pierre, en valleur de . . . . . . ii^c frans.

La maison de Huguenot Journot, en valeur de
iv^xx fr.

Deux maisons appertenans à Jehan Regnauld
Bellenney, en valeur de . . . . cxx fr.

Les maisons Gaspard et Nicolas Bellenney, en
valeur de . . . . c fr. (chaque).

Les maisons Jehan et Pierre Grosregnauld, en
valeur de . . . . c fr. et cxx fr.

La maison Jehan Grosregnauld Ruyer, en valeur
de . . . . cxx fr.

Les maisons Jehan et Pierrot Creslerat, en valeur de. . . . . lx fr. et cxx fr.

La maison es anffans fut Jehan Regnauld Creslerat, en valeur de . . . . iv^xx fr.

Les maisons Regnauld et Nicolas Gurnet, en valeur de . . . . iv^xx x fr. et xxx fr.

Somme toute de Dampnemarie.

Argent . . . . IIᵐ VIIᶜ IVˣˣ I fr. II gr.
Froment. . . . . . . xvII bichots, x quartes.
Avenne . . . . xxII bichots, I couppot.
Orge . . . . v bichots, vIII quartes d.
Espiaulte . . . . . I bichot, vI quartes.
Boige . . . . vI bichots, xx quartes.
Lentilles. . . . . . III quartes d.
Chenevay . . . . . III quartes.
Pois. . . . . v quartes.

ROCHE.

Le village de Roche fut bruslé le troisieme en janvier an predict, et y a esté perdus et robé ce que s'ensuyt :

Premier, la maison Jehan Vurpillot le vieuz, avec la cheminée de pierre, en valeur de. . IIᶜ xx frans.

La maison et la cheminée de pierre de Jehan filz fut Richard Gresat, en valeur de. . . . . cxL fr.

La maison Jehan Colard, mercier, en valeur de LXXv fr.

La maison François Colard, partage de celle subscripte, en valeur de. . . . . LXXv fr.

La maison des Montaignons, en valeur de cxx fr.

La maison Pierrot Vurpillot le jeune, en valeur de. . . . . IIᶜ fr.

La maison Jehan Clerc Coulon et ses partages, en valeur de . . . . c fr.

La maison jeune Jehan Vurpillot, en valeur de IIᶜ fr.

La maison Enriette Montaignon, en valeur de IVˣˣ fr.

La maison Jehan Simon, en valeur de. . cxL fr.

La maison de Pierrot Vurpillot le vieuz, en va-
leur de . . . . ii^c frans.

La maison Jehan Vurpillot Cadol le vieuz, cxl fr.

Une petite maison de bois appertenant aux anffans fut Petitjehan Cadol. . . . . xxx fr.

La maison Petitjehan Bourgeois . . . . c fr.

La maison Perrin Freslot. . . . . c fr.

La maison Jehan Freslot Ruyer . . . . . cxl fr.

Les maisons Ligier et Jehannette Grosregnauld,
c fr. et xxx fr.

La maison des anffans fut Claude Nory, avec la
cheminée de pierre . . . . iie xx fr.

Une maison appertenant à Richard Grosre-
gnauld . . . . cxl fr.

Les maisons Claude Chasserat, Jehan Chasserat
et ses freres, et Jehan Chasserat dict Montaignon,
cxx fr. et cxl fr.

Somme toute dud, Roche.

Argent . . . . iv^m iii^c xxxvii frans.
Froment. . . . . xv bichots, xix quartes.
Avenne . . . . xxxvi bichots, i couppot.
Orge . . . . i bichot, vi quartes.
Boige . . . . xix quartes.
Vasses. . . . . ii quartes.
Pois. . . . . v quartes.
Espiaulte . . . . viii quartes.

VILLERS.

Le village de Villers brusla le cinquieme jour du
mois de janvier dud. an mil cinq cens octante
huict, et peris les biens suigans :

La maison Richard Vannier, maire à Villers, ensemble la cheminée de pierre, en valeur de iii^c frans.

Les maisons de Jehan et Jacques Vannier, xxx fr.
et l fr.

La maison Pierre Maigrat, en valeur de . cxx fr.

Deux maisons appertenans à Jehan Vannier Ruyer . . . . ive L fr.

La maison Claude Grosjehan . . . . . xxx fr.

Les maisons Richard et Jehan Meriot, clx et
iie fr.

Les maisons Richard, Jehan, Jacques et Mailmay Mathiot. . . . . iie, cxx et c fr.

La maison es anffans Felix Meriot . . . . c fr.

La maison Richard Maigrat . . . . . . ii^e L fr.

Somme toute de Villers.

Argent . . . . v^m iiie iii^{xx} ii frans.

Froment. . . . . . xvi bichots, xvi quartes.

Avenne . . . . . . xliii bichots, i couppot.

Orge . . . . v bichots, xvii quartes.

Boige . . . . v bichots, xiii quartes d.

Pois. . . . . i bichot, i quarte.

Espiaulte . . . . . xii quartes.

BOCOURT.

L'on n'a rien bruslé au vilage de Bocourt, reservé une maison de la seigneurie de Dele, mais bien pillé et robé ce que s'ensuyt :....

Somme toute dud. Bocourt.

Argent. . . . . . . i^m ive iv^{xx} ii frans.

Froment. . . . . . vi bichots, v quartes d.

Avenne . . . . . . xv bichots, xiii quartes d.

Orge . . . . xvi quartes.

Boige . . . . xiv quartes demye.

Pois. . . . . iv quartes.

Chenevay . . . . . iii quartes.

DALE.

Le vilage dud. Dale a esté bruslé, et y a esté perdus ce que s'ensuyt:

La maison de Margueritte, vesve fut Fridrich Jehan Gros, en valeur de . . . . cxx frans.

La maison Jehannette, vesve fut Guiot Carray, en valeur de . . . . xl fr.

La maison Ligier Grosregnauld. . . . . xx fr.

La maison de Claude Malmehuz . . . . . xx fr.

La maison Pierrot Penot . . . . iie fr.

La maison de Jehan Loye . . . . iie fr.

Somme toute dud. Dale.

Argent . . . . i^m iiie xix frans.
Froment. . . . . . . v bichots, i quarte d.
Avenne . . . . x bichots.
Orge . . . . ii bichots, viii quartes d.
Boige . . . . ii bichots.
Espiaulte . . . . . xii quartes.

HÉRIMONCOURT.

Led. Herimoncourt a esté bruslé, et ce que s'ensuyt y consumé, prins, rober et piller.

La maison Claude Maillard. . . . . . . iie frans

La maison es anffans Jehan Gressard . . iv^{xx} fr.

Trois maisons et une cheminée de pierre de Claude Maingnin. . . . . v^e xx fr.

La maison de Anthoinne filz fut Thevenin Maingnin . . . . c fr.

La maison Guillaume Menestrey. . . . . c fr·

Les maisons Claude, Henry, Nicolas, Courauld et Pierre Maingnin . . . . . l fr., c fr., cxx fr. et iie fr.

La maison des heritiers Nicolas filz fut Aymé Maingnin . . . . cxl fr.

Les maisons Jehan et Regnauld Menestrey, c fr. et cxx fr.

La maison Estienne Parot. . . . . L fr.

Les maisons et cheminée de pierre de Anthoinne
Menestrey . . . . IIIe fr. et cxx fr

Somme toute pour led. Herimoncourt.

Argent . . . . VI^m V^e xxv frans.
Froment . . . . . xxvi bichots, xxii quartes.
Avenne . . . . . . Lxxii bichots, x quartes.
Orge . . . . viii bichots, xvi quartes d.
Boige . . . . x bichots, xi quartes.
Pois . . . . ii bichots, ix quartes d.
Espiaulte . . . . . xxxviii bichots, iii quartes.
Lentilles. . . . . . xvi quartes.
Febves . . . . . . ii quartes.

ADINCOURT.

Somme dud. Adincourt.

Argent . . . . I^m viiie xlvi frans, iii gros.
Froment . . . . . ii bichots, xii quartes d.
Avenne . . . . . . xiv bichots, i quarte.
Orge . . . . iii bichots, xiii quartes.
Vasses . . . . . . i bichot, xvi quartes.
Lentilles. . . . . . xiii quartes et demye.
Pois . . . . i couppot.

DAMPVANS.

N'y a bruslé aulcugne maison aud. Dampvans,
mais y a esté prins, robé, piller et degasté ce que
s'ensuyt.....

Somme dud. Dampvans.

Argent . . . . . . clxiii frans, xi gros.
Froment. . . . . . iv bichots, i quarte d.
Avenne . . . . . . iv bichots, xvi quartes.
Orge . . . . i bichot.
Boige . . . . vi quartes.

La seigneurie de Clemont.

Aud. Clemont n'y a bruslé aulcugne maison, mais piller et rober ce que s'ensuyt....

Somme dud. Clemont.

Argent . . . . viiiᶜ vi frans demy.
Froment. . . . . . vi quartes.
Avenne . . . . . . i bichot.

Montescheroux.

Led. Montescheroux a esté ars et bruslé le quattrieme de janvier an predict, et pillé tout ce que y a esté treuvé, le tout comme s'ensuyt....

Les maisons de François et Pierrot Bouvier avec la cheminée de pierre, en valeur de iiiᶜ fr. (chaque).

Deux maisons appertenans à Guillaume Chareton . . . . vᶜ fr

Les maisons de Jehan et d'Estienne Pillot, maire, en valeur de . . . . c fr. et iiᶜ fr.

La maison Claude Bichellot. . . . . . . c fr.

La maison Michiel Gruerasse. . . . . . . c fr.

Perrin Gueultal pour la rançon de François son filz . . . . xx fr.

Mʳᵉ Claude Galtrin, ministre à Montescheroux, a perdus en livres. . . . . lxxv fr.

En argent monnoyé . . . . iiᶜ lxi fr.

Mʳᵉ Pierre Thurin, maistre d'eschole à Montescheroux, a perdus en argent monnoyé . . . x fr.

En livres . . . . vi fr.

La maison Claude Ribauld . . . . iiᶜ fr.

Les maisons Alix et Jacques Gueultal. . . c fr.

La maison mʳᵉ Jehan Carlin. . . . . . . iiiᶜ fr.

Les livres de mʳᵉ Jehan Boissard. . . . cxx fr.

La maison de Jehan Petit. . . . . . . cxx fr.

La maison Pierre Lestondard . . . . . cxx fr.

La maison Jacques Lessus, en valeur de . ɪvˣˣ fr.
La maison Annel Cuvier . . . . ɪɪᶜ fr.
Une maison de tanneur, ensemble les utilz, ᴄ fr.
Quarante deux cuyrs . . . . ᴄɪvˣˣ fr.
La maison Benedict Guillemot . . . . . ᴄʟ fr.
La maison Claude Faibvre . . . . . . ᴄ fr.
La maison Pierrotte Bichellon . . . . . ᴄ fr.
La maison Ligier Bouvier . . . . ɪɪᶜ fr.
La maison Jacques Abraham. . . . . . . ɪɪᶜ fr.
Les maisons de Jehan, Pierre et Jacques Bour-
quin . . . . ᴄ, ᴄxʟ et ᴄxx fr.
Les meubles, linge et argenterie . . . . ᴄʟx fr.
La maison Estienne Guillemot. . . . . ᴄxx fr.
Les maisons Estienne et Richard Courauld, en
valeur de . . . . ᴄ et ᴄxx fr.
La maison de Claude, vesve de fut Pierre Bour-
quin . . . . ʟx fr.
La maison des anffans fut Perrin Mequillet, ᴄxx fr.
Les maisons Jehan, Pierrot et Nicolas Boillot, en
valeur de . . . . ɪvˣˣ et ɪɪᶜ fr.
Sept thinnes de vin . . . . ʟxx fr.
La maison Jehan Chareton . . . . ʟ fr.
Les maisons Estienne et François Mequillet, en
valeur de. . . . . ᴄʟ et ɪɪᶜ fr.
La maison Pierre Petit, avec la cheminée de
pierre. . . . . ɪɪɪᶜ fr.
La maison Jehan Girardot. . . . . . . ɪɪɪᶜ fr.
La maison de Germain Chareton . . . . ᴄʟ fr.
La maison es anffans fut Jacques Maclat . ʟx fr.
La maison Jehan Bran. . . . . ᴄxxx fr.
La maison des anffans fut Guillaume Girardot,
en valeur de. . . . . ɪɪɪᶜ fr·

Somme toute dud. Montescheroux.

Argent. . . . . . . xɪɪᵐ xxxɪɪ frans, ɪv gros.
Froment. . . . . . xʟvɪɪ bichots, xvɪ quartes d·

Avenne . . . . . . ᴌxᴎ bichots, xᴠᴉ quartes d.
Orge . . . . xᴉ bichots, ᴎ quartes.
Boige . . . . xᴠᴎᴉ bichots, ᴉ quarte d.
Vasses. . . . . . . ᴉ bichot, xxᴉ quartes.
Pois . . . . ᴠᴉ bichots, xxᴎ quartes d.
Lentilles . . . . . ᴉᴠ quartes.
Chenevay . . . . ᴉᴠ quartes.

ᴌᴉᴇʙᴇᴠᴉᴌᴌᴇʀs.

Richard Juillard, argent monnoyé. . . ᴎ frans.
Ses armes de guerres, en valeur de . . ᴉᴠ fr.
George Paschoux, pour sa rançon. . . xᴠᴎᴉ fr.

Somme de Liebevillers.

Argent . . . . ᴎᴎᴉᶜ ᴌᴠᴉ frans.
Froment. . . . . . . ᴎ bichots, ᴉᴠ quartes.

Poseᴛ.

Pierre Cuvier de Poset, a perdus en argent mon-
noyer . . . . cxᴌ frans.

Dᴀᴍᴘᴊᴏᴜʀ.

Somme.

Argent. . . . . . . ᴉᴠᶜ ᴉᴠˣˣ ᴎᴎᴉ frans.
Froment. . . . . . . ᴎ bichots, ᴠᴉ quartes.
Avenne . . . . ᴠ bichots, xᴉx quartes.
Boige . . . . ᴎᴎᴉ quartes.
Orge . . . . x quartes.

Nᴏᴉʀғᴏɴᴛᴀᴉɴɴᴇ.

Somme.

Argent . . . . ᴉᵐ ᴉᴠˣˣ xᴠ frans.
Froment . . . . . . ᴉ bichot, xxᴉ quartes.
Avenne . . . . xᴎᴎᴉ quartes.

Orge . . . . iv quartes.
Boige . . . . iii quartes.

Villers soubz dampjour.

Somme.

Argent . . . . ii^c xxxviii frans.
Froment. . . . . . . xvii quartes demye.
Avenne . . . . vi bichots, i quarte.
Orge . . . . xv quartes.
Vasses. . . . . . . iv quartes.
Lentilles. . . . . . i couppot.
Boige . . . . xiv quartes.

*Aultres bruslements faictz esd. seigneuries de
Blanmont et Clemont.*

Ont bruslé cinq maisons des curés en lad. seigneurie, assavoir à Vandoncourt, Seloncourt,
Roche, Villers et Montescheroux, chascune six centz
frans, font . . . . iii^m frans.

Ont aussy bruslé l'eglise de Glay et celle de Roche
en partie, que ne peuvent estre rebasties pour sept
cens frans, pour ce . . . . vii^c fr.

Plus, cinq molins, ascavoir, celluy de Seloncourt,
Herimoncourt, Glay, celuy aquis du s^r de Rocourt
aud. Glay, et le molin à vent en la seigneurie de
Clemont, chascun molin cinq cens fr., font ii^m v^c fr.

Davantage, la bergerie de Marchelavillers (1),
mesme l'habitation du bergier et establerye derrier

---

(1) Les bergerie et ferme de Marchelavillers appartenant à la seigneurie de Montbéliard étaient situées sur le territoire d'Abbévillers, (Doubs, arr. de Montbéliard, cant. d'Audincourt). Les archives départementales du Doubs renferment plusieurs cartons
(E 139-141) relatifs à l'exploitation de ces établissements agricoles.
(Voir également mêmes archives le carton E 672 qui se rapporte au
moulin seigneurial de Glay.

icelle, cinq cens quarante deux frans, ung blans, froment six bichots, quatre quartes demye, en avenne sept quartes.

Summa summarum des parcelles cy devant escriptes.

Argent.	LXXX^m CIV^{xx} x fr., i gr., i bl.
Froment. . . .	IIe XLII bichots, XVIII quartes d.
Farinne	XXVI quartes.
Avenne	Ve XXIV bichots, IV quartes d.
Orge.	LXX bichots, XVIII quartes.
Boige	LXXVIII bichots, XIII quartes.
Pois.	XVII bichots, III quartes.
Vasses.	VI bichots, x quartes.
Lentilles	IV bichots, III quartes.
Chenevay. . . .	I bichot, XIII quartes demye.
Espiaulte. . . .	LVIII bichots.
Millot	II quartes.
Febves	II quartes.

N'est comprins au present extraict les baptures, forces, violances, forcementz de femmes et filles et toutes manieres de tiranniques et inaudites cruaultés commises et perpetrés par ces boureaux et desnaturez à l'endroict des personnes que leurs sont tumbés es mains, sans respect de sexe, ny aage, parce que ce ne peult estre prisé et est inrecuperable.

De mesme n'est faict mention au present besoingne des interestz que les paouvres subjectz auront de ne pouvoir resemmer leurs champs par faulte de graine et bestiaux, n'ayant aultres moyens pour leur entretenement, à la diminution des diesmes de nostre redoubter souverain seigneur et prince, moings aussy de leur norriture jusques à la maturité des prochains fruictz, pour avoir tout perdus leur peu de substance.

Moings ne sont comprins aud. negotier les fraicts qu'il convient mectre à la reparation et bastiment des maisons desd. subjectz et achat de bestial pour ce faire.

Pareillement l'interestz que Son Excellance et lesd. subjectz auront en leurs bois et forestz tant pour le pesnage que aultrement pour rebastir deux centz trente sept maisons peries et par eulx bruslés, d'austant que toutes ces choses ne peuvent estre taxées, estimées ni esvaluez.

Faict à Blammont le quattrieme de febvrier mil cinq cens octante huict.

Signé : VURPILLOT, ROLAND.

Original sur papier.

Archives Nationales, fonds Montbéliard, K 1968.

LXXXV

Enquêtes sur les dommages causés par les troupes lorraines dans la seigneurie de Granges.

1588 — FÉVRIER-MARS.

I. Extrait et invantoire des perte et ruyne que Nicolas Cheville commis sur les sallines de Saulnot a receue par les trouppe des ligeurs.

Et premier :

Item, pour les ruyne tant du bois pour les cuytte que pour les retardement me porte perte de plus deux cent escus ou envyron, sans y comprandre les degast et ruynne du batiment de la salinne, comme porte rompue et serrure emportée, et autre telle ruynne que pour le present sont dificille de savoir jeusque à ce que l'on viendra aus reparation.

Plus, aud. Saulnot perte de six bichot tant orge que avoynne, lesquel j'avoye colocquée au logis de chez Blandin.

Plus, à Chavanne, à Arcey perte d'anvyron trois bichot non icy comprenant ce que j'ay advancez à plusieurs particuliers pour faire provision pour lesd. salinne, desquels je ne fait conte, ne scachant à quoy je poray avoir recours.

Et pour l'esgard de ceux qui ont charge sous led. Cheville ausd. salinne, ung nommé Jean Barbier dit Gratez dit avoir perdu la valeur sept cens livres tant en la perte de ces chevaux et chariot de graine.

Colin Pigasse a perdu tant en chevaux, chariot et grain la valeur de cinq cent frans.

Pierre Vienot, tant en chevaux, chariot et grain la valeur de trois cent frans.

Nicolas Gonnel a perdu envyron la valeur de deux cent frans.

Semoy Jean Mol perte à la valeur de deux cent frans, sans comprandre le reste du vilage, desquel je ne suis informez de leurs perte.

II. Declaration des interestz survenuz en la sei- gneurie de Granges au moyen des compagnies tant d'allemans, italiens, albanois, franceois que lor- rains, ayans passez par le comté de Bourgongne au mois de janvier 1588, tant en despence que pil- lages y faictz, et tant en argent, bestial que aultres meubles, lesd. interestz revenans à XLV^m IX^c LI frans VI gros.

A Saulnot, le vingt quatrieme jour du mois de febvrier, l'an mil cinq cens octante huict, les cy après nommez dud. Saulnot, subjectz de la seigneurie de

Granges, prins par serement par le chastelain dud. Granges soubscriptz sur le faict des pillages et interestz faict aud. Saulnot par les compagnies du s^r marcquis du Pont, tant allemandes que franceoises et de Loraine, ont dict chascun d'eulx avoir esté interessez comme s'ensuit : (1)

Somme : iii^m vii frans.

Declaration des interestz des subjectz de lad. seigneurie de Granges du village de Villers sus Saulnot (2), faicte comme dessus par devant led. chastelain, le XXVe de febvrier 1588.

. . . .

Somme : i^m viiie frans.

Declaration des subjectz estans à Chavenne (3).

Somme : v^e lxi fr.

Au lieu d'Onnans, le vingt quattrieme jour du mois de febvrier, l'an mil cinq cens octante huict, les cy après nommez, subjectz de la seigneurie de Granges, interroguez par le procureur dud. lieu sur l'interestz par eulx soubstenuz.... ont dit chascun en particulier avoir estez interessez comme s'ensuyt : Somme : iv^m c fr.

. . . .

Le landemain, à Montenoy, a esté faict le mesme examen. Somme : v^m iiie xlii fr.

Led. jour à Arcey, a esté par led. procureur faict le mesme examen. Somme : vii^m ixe xl fr.

(1) Suit l'énumération des pertes subies par chacun des habitants de cette localité en mobilier, grain et bétail, énumération d'un intérêt très restreint, nous nous contenterons de donner le total des évaluations pour chaque localité, avec un extrait des quelques articles qui nous paraîtront dignes d'une mention spéciale.

(2) Villers-sur-Saulnot, Haute-Saône. arr. de Lure, cant. d'Héricourt.

(3) Echavanne, Haute-Saône, arr. de Lure, cant. de Champagney.

A Grange, le vingt cinquieme jour du mois de febvrier, l'an susd. 1588, les cy après maistres bourgeois et subjectz de lad. seigneurie de Granges par devant le chastelain dud. Granges ont respondu par serement chascun d'eulx des interestz particulierement receuz à cause desd. gens de guerre en leurs meubles, comme s'ensuit :

  . . . .

Richard Poutier, chastelain dud. Granges, interessé de plus de deux centz frans, par ce . . IIᶜ fr.

Mᵉ Girard Ganet, recepveur, interessé de trois centz frans, par ce. . . . . IIIᶜ fr.

Richard Bouchuz, procureur, interessé de cinq cens frans, par ce . . . . Vᶜ fr.

Jaques Labruz, greffier, interessé de deux centz frans, par ce. . . . . IIᶜ fr.

Mᵉ Vernier Robin à cause desd. compagnies de guerre est allé demeuré à Baulme, par cy devant a certiffié avoir esté interessé de cinq cens escus, led. chastelain pour l'absence d'iceluy certiffie qu'icelluy Robin est interessé de mil frans, par ce . Iᵐ fr.

Somme : Vᵐ VIᶜ XX fr.

De plus, sont esté les habitans contrainctz donner au maistre d'hostel du coronel IVˣˣ VI escus sol, et ung escus à une guyde, par ce . . . . . IIIᶜ IV fr.

Son Excellence a perdu en son chasteau deux charres, quattre thynes de bon vin, en valeur de dix frans la thyne, revient à. . . . . . . IVᶜ XL fr.

La maison des Chiens interessée des fers que l'on a prins es fenestres, des portes rompues et bruslées, cerrures d'icelles prinses, rompure de fenestres et grande quantité de marrin pour la vigne qu'estoit bruslé, la cloisure du vergier du chasteau

prinse et bruslé, le domage de ce revient à plus
de cinquante frans, par ce . . . . L fr.

Non comprinses les graines icy delaissées ny du
foing, pour ce que l'on dresse poursuitte contre plusieurs particuliers pour en avoir restitution, ce que
se peult monter à trois centz frans, y comprins une
petite maison que appartenoit à Sad. Excellance à
Crevans, que les reithers ont abbatu, reste les co-
lonnes pour bruslé le bois. Les Franceois ont
aussi bruslé le four de Moffans, tous lesd. interestz
de Sad. Excellance sont de plus de huict centz frans,
par ce . . . . VIII^c fr.

Grange la Ville.

. . . .

Messire Jaques Fournier, prebstre, curé de
Grange la Ville, interessé de cent cinquante frans,
par ce. . . . . CL fr.

Somme : I^m IV^xx x fr.

Du landemain suyvant par devant led. chastelain,
à Sainct Ferjeulx (1).

Somme : c fr.

Dud. jour à Georffans.

Somme : CLX fr.

Corbenans.

Somme : III^c XIV fr.

Gemontval (2).

Somme : III^m VI^c IV^xx IV fr.

(1) Saint-Ferjeux, Georfans, Courbenans, Haute-Saône, arr. de
Lure, cant. de Villersexel.

(2) Gemonval, Doubs, arr. de Baume-les-Dames, cant. de L'Isle-
sur-le-Doubs.

Du quattrieme de mars, par devant led. chastelain.

MOFFANS.

Somme : I^m IIIe LIII fr.

FROSTIER (1).

Somme : IXe fr.

LOMONTOT (2).

Du cinquieme dud. mois de mars 1588.

Somme : IIe LXX fr.

FAYMOND (3).

Somme : V^e LII fr.

MIGNAVILLERS.

Somme : IIIe LXVII fr.

VELLECHEVREULX.

Somme : IV^{xx} XV fr.

BOURNOY (4).

Somme : VIIe XX fr.

ACCOULANS.

Somme : IIe fr.

VUILLAFFANS.

Somme : IIe XXII fr.

CECENANS.

Du VIe dud. mois de mars.

Somme : I^m IIIe IV^{xx}X fr.

CREVANS.

Somme : I^m IIe XL fr.

(1) Frotey-les-Lure, Haute-Saône, arr. et cant. de Lure.

(2) Lomontot, Haute-Saône, arr. de Lure, cant. d'Héricourt, comm^e de Lomont.

(3) Faymont, Chapelle-les-Granges, Mignavillers, Villeche-vreux, Villafans, Secenans, Crevans, Haute-Saône, arr. de Lure, cant. de Villersexel.

(4) Bournois, Doubs, arr. de Baume-les-Dames, cant. de L'Isle-sur-le-Doubs.

La Chapelle.

Pierre Fournier, dict Clerc, intéressé de neufz cents frans, par ce. . . . . IXᶜ fr.

Son filz de . . . . IIIᶜ fr.

Vernier Fournier dict Clerc, de six centz frans, oultre que Jacques, son frere, comme l'on tient, a terminé ses jours par le malvais traictement des reithers, par ce . . . . VIᶜ fr.

Magdelenne Maignin, vefve Servois Oudot et ses enfans, interessez de huict centz frans, oultre la mort de son mary, qu'elle dit estre survenue au moyen desd. reithers, par ce . . . . VIIIᶜ fr.

Vernier Chanterel ou lieu de Estienne Clerc, son beaul pere puis nagueires decedé, a declaré que sond. beaul pere a esté interessé de plus de cinq cens frans; oultre ce led. Estienne et ses gens sont decedé, comme l'on dit, à cause de la peine par eulx receue au moyen desd. reithers, n'y restant en la maison que une servante, par ce . . . . . Vᶜ fr.

Somme : IIIᵐ Iᶜ fr.

Romain (1).

Somme : IIIᶜ fr.

Andornay et Lyoffans (2).

Somme : CXXX fr.

Somme de tous lesd. interestz, quarante cinq milles neufz centz cinquante ung frans, six gros, par ce. . . . . XLVᵐ IXᶜ LI fr., VI gr.

Original sur papier.

Archives Nationales, fonds Montbéliard, K 1968.

----

(1) Romain, Doubs, arr. de Baume-les-Dames, cant. de Rougemont.

(2) Andornay et Lioffans, Haute-Saône, arr. et cant. de Lure.

LXXXVI

**Enquêtes sur les dommages causés par les troupes
lorraines dans la seigneurie de Clerval.**

1588 — 15 MARS (N. ST.).

*I. Estat et sommaire description commencée faire
au lieu de Vielthorey (1), le cinquieme jour du mois
de mars, l'an mil cinq cens octante huict, par nous
soubscriptz procureur et scribe en la justice et seigneurie de Clerval sur Doubz, ou conté de Bourgongne, par ordonnance de l'Excellance de mon
redoubtey seigneur, monseigneur le conte de Montbeliard, seigneur dud. Clerval, des domaiges et interestz que ses subjectz dud. Vielthorey ont receuz et
soubstenuz par les trouppes de gens d'armes, reistres et François de la compaignie de mons^r le marquis du Pont et de mons^r de Guyse, ayans passez
et logez aud. Vielthorey par deux nuictées ou
mois de janvier derrier passés, assavoir, la nuict
suyvant le jour des Roys et la sequente; auquel lieu
de Vielthorey lesd. trouppes arrivarent le jour des
Roys, que fust ung mecredy, et en sortirent le vendredy après, le tout selon que lesd. domaiges et interestz nous ont estez declairez et rapportez par
serment aux Sainctz Evangilles de Dieu par lesd.
subjectz après nommez :*

Premierement, Anthoine Beuret, maire pour Sad.
Excellance aud. Vielthorey, a declairé par sermènt
avoir esté interessé et domaigé par les susd. troup-

____

(1) Vielthorey, Doubs, arr. de Baume-les-Dames. cant. de Rougemont.

pes de deux cens frans, en ce que furent logez en sa maison plus de quatre vingtz chevaulx, et quant aux personnes n'a peu scavoir le nombre, ayans lesd. gens d'armes en premier lieu mangez en sad. maison une vache entiere, huict quartes de froment, environ soixante quartes d'avenne, et à leur depart ont emmenez deux beuf et une vache, ont chargez et emmenez aussi deux baccons, que sont porcs ja salez, item, deux manteaux, trois paires de chausses de drap, finablement ont prins et emportez tant de menuz meubles et biens que led. Beuret ne les pourroit bonnement specifier . . . . . IIe fr.

Germain Tavernier par sond. serment a dit et declairé que lesd. trouppes de reistres et François estoient logez confusement à la foulle, sicques il ne pourroit faire nombre de ceulx qu'il a soubstenuz, et leur a forny trois vingtz quartes d'avenne, quatorze quartes d'orge, douze quartes de froment, ung baccon, ung cartier de vaches, deux testons en argent content, et luy ont prins et emporté la plus grande partie de tous ses meubles, sicques il estime le tout de sesd. interestz monster à six vingtz six frans . . . . VI^{xx} VI fr.

Jean Beullet dit par serment que lesd. reistres luy ont prins et emmenez deux beuf, une vache, trois porcs gras, et leur a forny trois vingt quartes d'avenne, vingt quartes d'orge, sept couppot d'orget, cinq quartes de froment, et au surplus luy ont prins et emporter lesd. reistres et François plusieurs meubles, habitz et linges, tellement que estime avoir esté endomaigé et grevé de deux cens frans, par ce . . . . IIe fr.

Pierre Amyot dit Jaquin a par sond. serment declairé avoir forny ausd. reistres et François dix huict quartes d'avenne, cinq couppot de froment,

ung porc gras, deux aultres petitz porcs, et oultre
luy ont prins et emporté iceulx reistres ung travers de lict, deux oreilliers et plusieurs aultres
linges et meubles, le tout en valeur de quarante
cinq frans . . . . XLV fr.

Nicolas Tavernier dit estre interessé de cinquante frans, tant en grainnes qu'en meubles que
lesd. reistres luy ont prins et emportez, mesmes
ung lict de plumes, ung goudet de drap bleud et
plusieurs linges et habillemens, par ce . . . L fr.

Pierre et Nicolas Costin, freres, declairent par serment avoir soubstenuz et logez six hommes à cheval,
lesquelx leur ont prins, mangez et emmener trente
quartes d'avenne, trois quartes d'orge, une vache,
ung jouvencel et plusieurs linges et meubles, oultre
ce qu'ilz ont despenduz de bouche, tellement qu'ilz
en sont interessez de quatre vingt frans . . IV^{xx} fr.

Nicolas Briche dit et rapporte par serment que
luy, Servois et Jaques Migard, ses commungs en
biens, ont logez et soubstenuz huict hommes à cheval, lesquelx oultre leur norriture ont emportez
et prins plusieurs habillemens de drap et aultres
linges, comme trois paires chausses, garguesses,
ung manteau, une casaque, deux linceulx, des pa-
tenostres de coral, item, deux quartes d'avenne,
ung couppot d'orge et ung de febve, le tout en valeur de vingt quatre frans demy, tellement qu'il ont
estez interessez tant desd. habitz et grainnes que de
la norriture desd. reistres de quarante fr. . XL fr.

Nicolas Grossot l'aisnez et Nicolas Grossot le
jeune ont affermez par leursd. sermens avoir logez
et soubstenuz huict hommes à cheval, que luy ont
mis en piece ung couffre et emporté ung manteau
de drap, de sorte qu'ilz en sont estez interessez
d'environ vingt frans, la norriture comprinse, XX fr.

Evotte Grossot, vesve fut Jaques Gabier, a declairer par serment avoir logez en son hostel cinq hommes à cheval que luy ont prins et emportez une quarte d'orge et trois chemises, luy ont mis en pieces ung sien couffre et luy ont portez dommaige de plus de quinze frans. . . . . xv fr.

Estiennette, vesve fut François Briche, par serment a declairé avoir logez dix hommes à cheval, lesquelx luy ont tant mangé que prins et emportez unze quartes d'orge et unze d'avenne, trois couppotz de froment, dix couvrechief de lin et sept groz d'argent content, et se dit estre interessé par ce moien de quarante frans. . . . . . xL frans.

Somme totale : huict cens seize frans. viiie xvi fr.

Signé : Mairet.

II. Estat et sommaire description faicte au lieu d'Antheuille le cinquieme jour du mois de mars, l'an 1588.... des dommaiges et interestz que les subjectz dud. Antheuille ont receuz et soubstenuz par les trouppes de gens d'armes italiens et françois de la compaignie de mons^r le marquis du Pont et de mons^r de Guyse ayans passez et logez aud. Antheuille par deux nuictées ou mois de janvier derrier passé, auquel lieu d'Antheuille lesd. trouppes arrivarent le dymenche dix septieme dud. mois de janvier, et en sortirent le mardy sequent, le tout selon que lesd. domaiges et interestz nous ont estez rapportez et declairez par lesd. subjectz après nommez :

Ligier Ponssot, maire aud. Antheuille pour Sad. Excellance, a declairé par sond. serment qu'il logea et soubstint quatre hommes à cheval qui le contraingnirent et forçarent de leur bailler et delivrer en argent content dix frans, et aussurplus luy ont portez domaige tant en vin que grainnes et aultres victuailles de vingt frans, qu'est en tout xxx frans.

Claude Ponssot a revelé et declairé par sond. serment avoir logez et soubstenuz unze personnes et treize cheval, que luy ont mangez vingt trois quartes d'avenne avec deux quartes d'orge, et au demeurant luy ont portez domaige en vin, pain, viandes et meubles qu'ilz luy ont prins de plus de vingt quatre frans, et pouvoit valoir lad. graine lors seize frans, que seroit en tout . . . xL frans.

François Ponssot a aussi presté serment avoir soubstenu et logé cinq personnes et cinq chevaulx que luy ont mangez six quartes d'avenne, en valeur lors de cinq frans, et au reste luy ont portez domaige en pain, vin, victuaille et menuz fraiz de douze frans, qu'est en tout. . . . . . xvii frans.

Pierre Ponssot a aussi juré ausd. Sainctz que luy et Jean, son frere, ont logez et soubstenuz huict personnes et huict cheval qu'ont mangez dix quartes d'avenne vaillans lors viii frans, iv gros, item, sept frans d'argent content qu'il fut contrainct leur delivrer après avoir esté bien baptu, et au surplus ont despenduz en vin, pain, viandes et menues fornitures huict frans, que sont en tout . . . . xxiii frans, iv gros.

Pierre Mathenet a declairé par sond. serment avoir soubstenu et logé neuf personnes et unze cheval ayans mangez quatorze quartes d'avenne vaillans unze frans huict gros, et cinq frans qu'il fut contrainct leur donner en argent content, et aussurplus ont despenduz en pain, vin et victuaille quatorze frans, qu'est en tout . . xxx frans, viii gros.

Jean Mathenet par sond. serment a dit avoir logez et soubstenuz cinq personnes et sept chevaulx que

ont mangez huict quartes d'avenne vaillans lors
six frans, huict gros; item, estant mené prisonnier
par eulx fut contrainct paier cinq frans de rannbson, et aussurplus luy ont porté domaige en pain,
vin, victuaille et meubles qu'ilz ont emportez de
quinze frans, qu'est en tout . xxvi frans, viii gros.

Noel Durand par serment dit avoir logé trois personnes et deux chevaulx ayans mangez quatre
quartes d'avenne en valeur de trois frans quatre
groz, item, vingt et ung frans d'argent content donnez par rannbson, et au surplus luy ont fait domaige de plus d'unze frans tant de meubles par
eulx prins et emportez, vin, pain et victuaille par
eulx mangez, que vitres et fenestres par eulx rompues et froissées, le tout revenant à xxxv frans,
iv gros.

Jaques Medadey a dit par serment avoir logé et
soubstenuz sept personnes et unze chevalx ayans
mangez douze quartes d'avenne vaillans lors dix
frans, et au surplus luy ont portez domaige de plus
de trente frans, tant en meubles et habillemens
qu'ilz luy ont prins et emportez, qu'en pain, vin et
victuaille par eulx mangez, le tout revenant à xl fr.

Jaques Richard Sirot par serment a declairé
avoir logé et soubstenu neuf personnes et neuf
chevaulx ayans mangez environ neuf quartes d'a-
venne vaillans sept frans demy, item, quatre frans
demy d'argent content, et au surplus ont portez
domaige et despenduz tant en pain, vin que viande
dix huict frans, qu'est en tout . . . . xxx frans.

Henry Richard Sirot par serment a dit avoir
soubstenu et logé neuf personnes et sept chevaulx
ayans mangez six quartes d'avenne vaillans cinq
frans, item, trois frans demy d'argent content et

sept frans demy en pain, vin et victuaille, qu'est en
tout . . . . xvi frans.

Jean Richard Sirot par sond. serment a declairé
avoir donné en argent content pour estre exempt
de loger personne, quatorze frans demy, et neantmoings a forny encoires dix huict groz en victuailles pour ceulx qu'estoient logez en la maison
de Henry Richard Sirot, son frere, et les soldatz ont
rompuz ses fenestres et verrieres que vailloient
trente groz, qu'est en tout . . . xviii frans demy.

Claude Drappelot a par serment declairé avoir
soubstenu et logé quatre personnes et trois chevaulx que luy ont porté domaige de dix frans, tant
en deux moutons qu'ilz ont tuez, cinq quartes d'a-
venne qu'ilz ont mangez, que en pain, vin et victuaille, par ce . . . . x frans.

Jean Regnault a par serment declairé avoir logé
et soubstenu six personnes et six chevaulx, que luy
ont mangez dix quartes d'avenne, deux moutons,
et luy peuvent avoir porté domaige en tout de
xxii frans.

François et Jean Durand, freres, par serment ont
declairez avoir logez et soubstenuz douze personnes et huict chevaulx qui les ont interessez de
trente cinq frans, tant en xii quartes d'avenne
mangées, huict frans d'argent content qu'il a estez
forcez de donner, que en pain, vin, victuaille et
meubles perduz, par ce . . . . . . xxxv frans.

Claude Richard Sirot par sond. serment a dit et
declairé avoir soubstenu et logez cinq personnes
et cinq chevaulx, ausquelx il a forny huict quartes
d'avenne en valleur de six frans huict groz; item,
pour rescorre sa maison du feug il a donné
trente ung frans d'argent content, et au demeurer

luy ont gastez ses avilles et mouches à miel, prins
et robé plusieurs meubles jusques à la valeur d'environ huict frans, et au surplus ont despenduz en
pain, vin et victuaille environ huict frans, qu'est
en tout. . . . . LIII frans, VIII gros.
   Somme totale . . . . IVe XXVIII frans, II gros.

               Signé : BICHIN, MAIRET.
Original sur papier.

Archives Nationales, fonds Montbéliard, K 1968.

LXXXVII

**Enquête sur les dommages causés et excès commis
par les troupes lorraines dans la seigneurie de Passavant.**

1588 — 4 MARS (N. ST.).

Par nous Nicolas Vernerey, procureur, et Jean
Maignin, greffier en la seigneurie de Passavant,
appartenant à Son Excellence, pour parvenir à la
congnoissance des degastz, foules, pertes, dommages et oultrages faitz en lad. seigneurie par les
compagnies françoises et lorraines à la suytte des
s^{rs} de Guise et marquis du Pont, estans puis na-
gaires passées par le comté de Bourgoingne mesme
es mois de decembre et janvier derrainement passez, nous estans transpourtez es lieux de lad. seigneurie par où lesd. compagnies ont passé, a esté
sur ce enquis et informé par les maires, proudhommes et habitans desd. lieux, lesquelx par seirement par chascun d'eulx touché corporellement
aux Sainctz Evangilles de Dieu d'en dire et respondre verité en ont deposé comme cy après est
contenu.

Premier, au lieu de DOMPREL (1), le vingt deuxieme jour du mois de febvrier, l'an mil cinq cens octante et huit.

Guillame Bunel et Jeantot Mairet, proudhommes et eschevins dud. Domprel, par seirement que dessus, deposent que plusieurs trouppes desd. compagnies ont logé par quatre nuictz aud. lieu, pendant lequel temps aucuns d'icelles ont baptu et oultragé plusieurs des habitans dud. Domprel, mesme fut Jean Noble qui à raison desd. baptures est decedé peu de jours après la sortie desd. trouppes, lesquelles ont prins et enmené quarante cinq chevaulx appartenans à plusieurs desd. habitans, avec plusieurs meubles, comme aussi ont forcé iceulx habitans de leur donner sommes d'argent, tellement que, selon qu'a esté depuis recongneu, evalué et rappourté par chascun d'eulx, ilz ont receu de dommages et interestz, tant à raison du larcin desd. chevaulx, meubles et sommes d'argent, que de la norriture desd. trouppes, des sommes et comme cy après est declairé (2) . . . .

Le tout revenant à . . . IV^m VII^c XXXVIII frans.

Le mesme jour au lieu de GRANFONTAINE (3).

Jean Billerey, dit Rauldot, et Henry Morel, proudhommes et eschevins dud. Grantfontaine, par seirement que devant, deposent qu'aucunes desd. trouppes ont logé par trois nuictz aud. Grantfontaine, et que pendant led. temps aucuns d'icelles

----

(1) Domprel, Doubs, arr. de Baume-les-Dames, canton de Pierrefontaine.

(2) Nous passons sous silence le détail des pertes individuelles, ainsi qu'elles résultent de l'attestation de chacun des habitants, et ne donnons que le total.

(3) Grandfontaine, Doubs, arr. de Baume-les-Dames, cant. de Pierrefontaine.

ont baptu et oultragé plusieurs des habitans dud. Grantfontaine, en ayans penduz par soubz les bras aucuns d'iceulx es corges des tuelz de leurs maisons, et baptu si enormement un aultre qu'il est decedé; ayans lesd. habitans receuz de pertes, dommages et interestz, tant à raison des meubles à eulx prins, argent qu'ilz ont esté forcé donner ausd. trouppes, que norriture d'icelles, selon qu'a esté depuis recongneu, evalué et rapporté par chascun d'iceulx habitans, ainsi que cy après est contenu.....

Jean Billerey, dit Lambert, de soixante frans, ayant esté pendu par soubz les bras en forme d'estrapade, les bras derrier le dol, afin de leur enseingner son argent . . . . LX frans.

Le tout revenant à . . . . M IIIᶜ XI frans.

Le vingt deuxieme jour du mois de febvrier au lieu de LA SOMMETTE (1).

Claude Girardot et Pierre Girardot, proudhommes et eschevins dud. la Sommette, et Jeantot Vannier, maire aud. lieu, par seirement que les precedans, dient qu'aucunes des trouppes desd. compagnies ont couché et logé par trois nuictz aud. la Sommette, ayans tué et occis Blaise Bresard et Jean Girardot dud. lieu, aussi baptu et oultragé enormement plusieurs aultres des habitans dud. la Sommette, mesme Jeantot Bouhelier, luy ayant percé une cuisse et rendu impotent du bras dextre; aussi ont prins et emmené cinquante cinq chevaulx appartenans à plusieurs particuliers, avec plusieurs meubles, desquelx chevaulx lesd. habitans ont recouvré au Pont de Roide dix, ayans esté forcé par

(1) Sommette (la), Doubs, arr. de Baume-les-Dames, cant. de Pierrefontaine.

lesd. trouppes de leur donner sommes d'argent
tellement que tant à raison du larcin desd. chevaulx, meubles et argent, que norriture d'icelles
trouppes, ilz ont receuz de pertes, frais et interestz
selon qu'a esté depuis recongneu et rappourté par
chascun desd. habitans, ainsi que cy après est contenu . . . .

Le tout revenant à. . . . . . . IV^m IV^c XX frans.

Le lendemain vingt troisieme jour dud. mois de
febvrier au lieu de PIERREFONTAINE.

Adrian Merceret, Pierre Prieur, proudhommes,
Nicolas Bataillard, François Juif, Pierre Vacheresse
et Guillame Prieur, jurez dud. lieu, par seirement
que les precedans, dient que lesd. compagnies ont
passé par led. Pierrefontaine, y ayans couché et logé
partie d'icelles en grand nombre par six nuictz;
auquel lieu elles ont bruslé vingtz maisons, prins
et emporté plusieurs meubles, aussi ont enmené
vingt chevaulx appartenans à plusieurs particuliers, et constraintz plusieurs desd. habitans tant
par oultrages et baptures qu'aultrement leur donner grandes sommes d'argent, si avant qu'iceulx
habitans ont esté interessez et ont receuz de pertes
et dommages à raison de ce que dessus, et de la
norriture desd. compagnies, selon qu'a esté depuis
recongneu, evalué et rappourté par chascun desd.
habitans, ainsi qu'ensuyt . . . .

Ce que les prenommez presens avec les susd.
proudhommes et jurez ont attesté et certiffié, de-
clairans avoir faitz les susd. evaluations au meings.
Car l'infanterie desd. compagnies passans par led.
Pierrefontaine ont avec haches rompuz et degastez
les portes de grande partie des maisons desd. habitans, y estans entrez, et y ayans les soldartz prins
et empourtez tout ce qu'ilz treuvoient.

Plus, ont deposé lesd. jurez et proudhommes y
avoir neufz aultres subjectz et habitans dud. Pierrefontaine, estans absentz, ayans esté leurs maisons
bruslées, comme sus est dit, dont ilz ont peu recepvoir interestz de plus de. . . . . xv^c frans.

Et qu'oultre tous les susd. habitans y en avoit
absens dud. lieu environ trente qui au moyen des
larcins, norriture et choses devant contenues,
avoient peu recepvoir de dommages d'environ aultres quinze cens frans, sans y comprandre les s^{rs}
de Maisieres et de Romain, ayans aussi receuz
grandz interestz, ayans receuz et logez les chefz
desd. compagnies, lesd. interestz peuvans estre à
chascun d'environ deux centz escuz. . II^m c frans.

Finablement, ont certiffié par leursd. seiremens
que ceulx de la compagnie du s^r de Sainct Balmon
ont prins et emporté trois calices d'argent de l'e-
glise dud. Pierrefontaine, en valeur d'environ huit
vingtz frans, et que lesd. habitans ont esté contraintz
donner à une compagnie soubz la charge du cappitaine Vistarin, pour la faire passer oultre, douze
escuz.

Le tout revenant à. . . . . . xv^m IX^c LI frans.

Suigamment, le XXIVe jour dud. mois de febvrier,
an que devant, au lieu de Landresse.

Pierre Jeampierre et Claude Jahin, proudhommes
et eschevins dud. Landresse, par seirement que devant, dient que la compagnie du s^r de Fontenille
a passé aud. Landresse y ayant sejournée et demeurée par cinq jours, et qu'à leur sortie dud. lieu
ceulx de lad. compagnie ont prins et empourtez
plusieurs meubles appartenans à plusieurs desd.
habitans, comme aussi ont heu par contrainte et
force d'aucuns d'iceulx sommes d'argent, tellement

que tant à raison de ce que de la norriture de lad.
compagnie, iceulx habitans ont receu de dommages
et interestz, selon l'evaluation et rapport en fait par
chascun d'eulx, de la somme de. . . . VII[c] frans.

Aussi avons interrogué Petitjean Curée et Estienne Brasset, proudhommes et eschevins de
Vellevans, lesquelx par seirement que les precedans nous ont dit et declaré que les habitans dud.
lieu avoient receuz de dommages et interestz à raison desd. compagnies de la somme de II[c] L frans,
non comprins les chevaulx qui furent prins et robez par aucuns desd. compagnies.... Aussi ont certiffié plusieurs desd. habitans avoir esté oultragez
par aucuns des. compagnies mesme la femme Jean
Quanney, qu'ont esté emmenez par eulx et depuis
relaschez à requisition du s[r] de Belvoir, III[c] LXXIII fr.

De mesme avons interrogué Jacques Lescornel
et François Guillemin, proudhommes et eschevins
de Cervin, lesquelx nous ont affermé que les habitans dud. Cervin à raison desd. compagnies avoient
receu de dommages et interestz de plus de II[c] frans.

Le tout revenant des sommes devant contenues à
vingt sept milz deux centz vingt trois frans, ce certiffions vray soubz noz seingz manuelz cy mis.

Signé : Vernerey, Maignin.

Original sur papier.

Archives Nationales, fonds Montbéliard, K 1968.

LXXXVIII

Enquête sur les pertes et dommages éprouvés par les habitants de la seigneurie d'Etobon, instruite par le procureur général Hector Lorys, à Montbéliard.

1589 — 25 DÉCEMBRE (N. ST.)

S'ensuyvent les pertes, dommeages et interrestz qu'aulcungs des subgetz de Son Excellence ont souffert et enduré d'aulcungs des gens de guerre du duc de Lorrainne venuz dez le pays d'Allemagne en ces quartiers de par deça, lesquelles pertes sont estées ce jour d'huy quinzieme en decembre 1859, par moy procureur general à Montbeliard soupscript mises et redigées par escript, selon que lesd. subgetz les ont declaré par serment qu'ilz et chascun d'eulx en ont presté sur et aux Sainctz Evangiles de Dieu.

CHAGEY.

. Estienne Canchet, sergent dud. Chagey, a par serment declaré avoir receu d'interestz et luy avoir estez prins par lesd. gens de guerre ce que s'ensuyt :

Asscavoir, sept gelines, en valeur chascune de trois gros, par ce . . . . XXI gros.

Item, ung chappon, en ayant heu refusé neuf gros,
IX gros.

Ung poulet.

Regnauld Mabille, filz de Pierre Mabille, a declaré par serment avoir perdu vingt six quartes d'aveinne . . . . XIII frans.

Cinq gelines et ung poulet . . . . . XVIII gros.

Deux linceulx et ung bassin à scille, enssemble d'aultres utensilz de mesnage qu'il extime IV frans d.

Jehan Caspard, dict Dormoy, a affermé par serment qu'il avoit perdu une porche et les fournimens de deux porcs qu'il avoit tué, et extime à . . . . ii frans.

Regnauld Mabille le viez a perdu deux tinnes de verjuz esvaluées à. . . . . iv frans.

Pierre Boutaillier, filz Martin Boutailler, a declaré par serment lesd. gens de guerre luy avoir bruslé une harche d'hatel ferrée, esvaluée à . . i franc d.

Plus, luy ont rompu une aultre arche que se fermoit à clef, en ayant interest de. . . . . ix gros.

Aussy, luy ont prins trois poulles . . . ix gros.

Et pour quattorze gros de meubles . . xiv gros.

A Antoinne Mabille a esté prins, asscavoir une demye tourte de pain . . . . ii gros·

Plus, dict avoir soustenu interestz pour avoir retiré son bestial en la ville de Belfort luy ayant cousté ung taler, par ce. . . . . ii frans

Jehanne, vefve de feu Clement Noblot quant il vivoit à Chagey, a dict par serment qu'iceluy Clement, son marit, estant rencontré par aulcungs desd. soldats fust tiré par eulx avec une harquebouze, heust la teste à demy fendue et l'ung de ses bras à demy couppé, tellement qu'il mourut quelques dix heures après, ayant led. deffunct laissée lad. Jehanne, paouvre vieille femme malade et avec trois enffans.

Antoinne Boutaillier a pareillèment declaré par serment que luy avoit esté prins ung porc de la valeur de. . . . . ii frans.

Plus, deux ou trois gelines. . . . . . . ix gros.

Philippe Bulot, demeurant aud. Chagey, mareschal, a dict par serment avoir perdu deux thines de vin ou environ, au prix de six frans quattre gros la tinne. . . . . vi frans, iv gros.

Au sʳ Joseph Mourelot, selon que ses forgerons l'ont declaré, a esté bruslée une maison de bois prez sa forge, en laquelle y avoit cinq chambres, esvaluée à . . . . xl frans.

Estobon.

Perrin Charme, maire aud. lieu, a declaré par serment avoir perdu, asscavoir :

Trois quartes d'orge, que font . . iv frans demy.

Une selle à mectre sur cheval . . . . iii frans.

Une hache à fendre bois . . . . . . i franc.

Deux gelines esvaluez à. . . . . . . vi gros.

Luy ont rompuz deux portes et plusieures serrures qu'il extime à . . . . iii frans.

Zacharie Plansson a par serment affermé luy avoir esté prins de la chair pour deux frans et trois gelines, partant. . . . . ii frans, ix gros.

Perrin Blanchard a par serment declaré que lesd. gendarmes luy ont rompu ung buffet estant au poille de sa maison, prins et emporté la serrure qu'il extime à . . . . i franc.

Plus, luy ont prins et emmené ung pouloing peultre d'ung an qu'il extime à . . . . . xii frans.

Aussy luy ont rompu une porte, une arche et aultres meubles qu'ilz luy ont prins, en valeur le tout de . . . . ii frans.

A Huguenin Plansson a esté rompu la porte et serrure de son grenier et aultres meubles, qu'il extime, y comprins la chair, la lard et les linges que luy sont estez prins, à . . . . . . xix frans.

Plus, luy sont estées prinses trois quartes et demye de farinne que vaillent . . . . . . v frans.

Nicolas Migneney a declaré avoir perdu, premierement deux gelines . . . . vi gros.

Plus demy couppot de chenevay, en valeur de
vi gros.

Plus, luy ont deguasté nombre et quantité de clannes d'oignons qu'il extime à . . . . . ii frans.

Jehan Charme le vieulx a declaré avoir perdu deux chemises de toille à us d'hommes, en valeur d'environ . . . . xx gros.

Pierre Plansson a par serment declaré luy avoir esté prins ung couppot d'aveinne, comm' aussy ung poulet, une toye de lict et ung soillot qu'il extime à . . . . xviii gros.

Girard Girardet a declaré avoir perdu une serrure en valeur de . . . . iv gros.

Et Nicolas Choillon deux gelines, et luy ont rompuz trois portes et deguasté des poires seiches qu'il extime en tout à . . . . ii frans.

Mre Claude Deboult, ministre du Sainct Evangile aud. Estobon a declaré que les fenestres de sa demeurance sont estées en partie rompues, deux portes rompues, plus a perdu quattre gelines et aultres plusieurs meubles que luy sont estez deguastez, en estant en interestz de plus de dix frans, à quoy il extime. . . . . x frans.

Huguenin Blanchard a dict avoir perdu ung poulet et une geline, comm' aussy ont rompu ses portes qu'il extime à environ. . . . . i franc.

De plus a esté rompue une arche qu'estoit en l'eglise de Belverne, en laquelle y avoit sept gros huit nicquetz de l'argent des paouvres, par ce pour l'interest de l'arche et argent i franc, viii niquetz.

FRIDERICHSBRUN (1).

Symon Sorel, demeurant aud. lieu, a declaré avoir perdu et luy avoir estées prinses quattre miches de pain gros, en valeur chascune de cinq soulz.

Jehan du Rup dud. lieu a declaré luy avoir estée

______

(1) Frédéric-Fontaine, Haute-Saône, arr. de Lure, canton de Champagney.

prinse une miche de pain de la valeur de cinq gros
ou environ.

Claudot Regnauld, sabotier de son mestier, a dict
que pendant le passeage des trouppes du duc de
Lorrainne advenu la sepmainne passée luy sont estées mouillies et guastées quelques quinze ou seize
quartes de seigle et orge, que luy vient bien à deux
escus d'interest.

Michiel Martinot dud. lieu dict que son espée luy
a estée prinse, et laquelle luy avoit cousté à Fontenoy quarante soulz.

Nicolas Paris a declaré que de peur qu'il heust
des trouppes dud. duc de Lorrainne, il feit mener
tout son peu de bien, y ha huit jours, au lieu de
Frotey, chez le mareschal dud. lieu, où aulcungs
desd. trouppes arrivez luy prindrent (selon que luy
a esté dict) trois peaux de chamois, que luy cous-
toient trente deux gros.

A perdu aussy une poulle.

Claudot le jeusne a declaré que luy sont estées
prinses :

Une frisse de lard, de la valeur d'environ iii frans.

Une quarte de segle que luy coustoit vingt gros,
par ce. . . . . xx gros.

CLAIREGOUTTE.

Christofle Tournier a declaré avoir perdu et que
les souldats que furent l'autre sepmainne aud. Clairegoutte luy emportearent, premierement, quattre
quartes de grainne par moytié froment et seigle.

Une espée, trois tourtes de pain, quattre sacs et deux
sacs pleins de pomme, en valeur de iv frans et demy.

Pierre Olivier dict que les portes et fenestres de
ses maison et cheminée luy sont estées rompues,
et qu'il ne les pourroit faire à refaire selon qu'elles
estoient pour quattre frans.

Aussy luy sont estées prinses trois tourtes de pain, en valeur chascune de quattre gros, par ce. . . . . ɪ franc.

Une nappe, une quarte d'aveinne deux ou trois quartes de pommes, le tout en valeur de ɪɪɪ frans,
ɪɪɪ gros.

Perrin Fourtot dud. lieu, selon qu'il a declaré, a perdu trois couppotz d'aveinne en oultre, sept quartes de pommes en valeur de ɪɪɪ frans et demy.

Olivier Tournier, maire aud. lieu, a declaré que luy a esté prins, premierement, une quarte d'aveinne.

Deux tourtes de pain, en valeur de. . . . x gros.

Deux travers de plumes, en valeur de . ɪɪ frans.

Ung demy bichot de court pendus, de la valeur de . . . . vɪ frans.

Claudot Tournier dict qu'aulcungs des trouppes du duc de Lorrainne furent la sepmainne passée aud. Clergoutte, et luy rompirent trois portes et ung banc en sa maison, que luy vient à plus de ɪɪɪ fr. d'interest.

De plus, luy a estée prinse une sienne harque-buze, que luy coustoit quattre frans.

Deslot Bringuey a declaré avoir perdu une quarte et demye de froment, ung couppot d'orge.

Une toye de lict toutte neufve, en valeur de
xvɪ gros.

Quattre quartes de pommes et trois andouilles, le tout en valeur de . . . . ɪɪ frans.

A Jehan Tournier a esté prins une quarte de segle, deux pintes d'estaing, une pinte de beurre, ung couppot de farine, deux toyes de lict et deux sacs, le tout en valeur de. . . . vɪɪɪ frans, ɪɪ gros.

Plus, luy sont estées rompues et brisées trois fenestres qu'il ne scauroit faire à raccoustrer pour
xx gros.

Jehan Olivier a affermé avoir perdu, premierement, ung poulain d'ung an, extimé à . . x frans.

Plus, trois quartes d'aveinne, par ce . xviii gros·

Plus, ont rompu pour trois frans de fenestres.

Perrin Cugnet dud. lieu a declaré avoir perdu
une quarte d'aveinne et une tourte de pain, en valeur le tout de . . . . x gros.

Plus, deux quartes de pommes, par ce . i franc.

En oultre luy ont rompu les portes de sa maison qu'il ne sçauroit refaire pour ung franc.

Perrin Tournier a declaré avoir perdu deux
tourtes de pain, la moytié d'ung couppot de seel et
une pinte de beurre qu'il extime tout enssemble
à. xx gros.

Quattre poulles.

Luy ont rompu ung coffre que coustoit iv frans.

Claudot Horry a declaré lesd. soldatz luy avoir
rompu pour deux frans de fenestres.

Plus, luy ont prins ung couppot de bled, les serrures de sa maison et cinq tourtes de pain qu'il
extime à . . . . iv frans, viii gros.

Le ministre dud. lieu a souffert quelque perte
que pour son absence n'a peu estre declarée (1).

---

(1) A la fin de l'enquête se trouve annexée une lettre du ministre
de Clairegoutte, qui est conçue en ces termes :

Monsieur le procureur,

Après vous avoir souhaitté toute felicité et prosperité, comme
dernierement n'estant à la maison lorsque vous deulx à m^{re} Claude
Donzel fustes en noz quartiers, y ayant estez envoyez de la part de
Son Excellence ou de messieurs du Conseil pour s'enquerir des
dommages qu'un chacung pouvoit avoir receus par ces dernieres
troupes de Lorrains qu'iceulx pouvoit avoir faictz en noz lieux, j'en
ay receu les dommages cy après specifiez.

Tout premierement, aulcungs de mes livres que furent trouvés, les
ungs furent decoupés, les aultres deschirés jusques à la valeur
de. . . . . ii frans.

Bélvérné.

Girard Demoingin a declaré avoir perdu dix tourtes de pain, ung sac et deux quartes d'aveinne qu'il extime en tout à . . . . . . iii frans, iv gros.

Plus, deux tinnes de verjuz, en valeur de iv frans.

Dix poulles, que sont . . . . xxx gros.

Huict pieces de porc, en valeur chascune de deux gros . . . . xvi gros.

Pierre du Bois a declaré avoir perdu quattre poulles. . . . . i franc.

Ung chauvel de beurre, en valeur de . ix blans.

Nicolas Fromont a declaré avoir perdu sept couppotz d'aveinne et ung couppot d'orge.

Sebille Blanchard, vefve de feu Estienne Stayve, a perdu quattre poulles . . . . i franc.

Une tourte de pain . . . . iv gros.

Item, de mes meubles emportés, comme basin, pelle, pots de fer, haches, estimés aussi. . . . . ii frans.

Item, ung lict de plumes qu'ilz fendirent tellement qu'il y peult avoir de dommage en la toye de dix huict gros. . . . i fr. demy.

Item, noz utensiles de bois et aultres menus fatras servant au mesnage rompus et froissez, de la valeur de . . . . . iii frans.

Item, deulx quarttes d'aveinne qu'ilz emporterent.

Item, deulx channes de miel qu'ilz repandirent.

Item, seize gelines qu'ilz emporterent avec le coq.

Plus, du linge de la valeur environ de . . . . ii frans.

Item, les fenestres de la maison de la cure rompues, trois portes froissés, le fournot rompus et gasté.

Sur ce, à Dieu soyez auquel je vous recommande, en priant le Seigneur qu'il vous maintienne, ensemble avec madame vostre bien aymée femme et petits enfans, en bonne santé et prosperité.

Vostre tres humble serviteur et meilleur amy,

Pierre Febvre,

ministre à Clairegoutte.

Suscription : A Monsr le procureur general du conté de Montbeliard, mons^r Hector Lorys, mon bon seigneur et singulier amy, à Montbeliard.

Luy a esté rompue une fenestre extimée à vi gros.

Jehan Petit, dict la Cave, a declaré luy avoir estez prins trois couppotz d'aveinne, par ce . .   ix gros.

Quattre poulles . . . .   i franc.

Ung chauvel de beurre, en valeur de. .   x blans.

Pour trois carolus d'œufs. . . . . . .   i gros.

Une demye tinne de verjuz . . . . . .   i franc.

Tiebauld Demoingin a perdu une chemise à us d'homme, une toye de lict et les ferremens de sa cave qu'il extime à. . . . .   xxiii gros.

Jehan Demoingin a declaré avoir perdu ung manteau de drap noir, de la valeur de . .   i franc.

Une poulle . . . .   iii gros.

Pareillement a declaré Guenin Demoingin avoir perdu sept poulles. . . . .   xviii gros.

Plus, deux sacs, une quarte d'aveinne, une tourte de pain . . . .   xviii gros.

A Nicolas Dubois a esté prins dix tourtes de pain extimées a. . . . .   iii frans, iv gros.

Un sac, une nappe, deux quartes d'aveinne, six fermetures de portes et ung pot de fer, le tout en valeur de . . . .   iii frans.

Jehan Dubois a declaré avoir perdu deux pieces de chair . . . .   ii gros.

Quattre poulles . . . .   i franc.

CHENEBYE.

Pangratz Jehanmaire, maire aud. lieu, a declaré luy avoir esté prins environ dix quartes d'orge, la quarte au prix de. . . . .   xvii gros.

Plus, huict quartes de segle, la quarte au prix de . . . .   xx gros.

Plus, tant pour rupture de portes, fenestres, fournot, arches, tables, bancs que aultres meubles

de bois et utilz de mesnage, jusques à la valeur
d'environ . . . . xx frans.

Plus, luy ont prins dix gelinnes et trois tinnes de
verjuz, le tout esvalué à . . . . . vii frans demy.

Aussy, luy ont guasté trois bussons de mouches
à miel. . . . . ix frans.

Plus, luy ont deguasté et rompu une carpiere, en
laquelle il y avoit nombre de carpes et eslevins,
extimez . . . . xviii frans.

A dame Anne, vefve du feu s^r procureur Bichin,
a esté deguastée une carpiere où il y avoit nombre
d'eslevins, extimez à . . . . xxv frans.

Les bourrons, charpeingnes et autres utilz à pescher sont estez bruslés en la maison dud. maire,
lesquels apartiennent à Son Excellence, estans esvaluez à . . . . ii frans.

Jacques Bonhostal a declaré avoir perdu six
quartes tant seigle qu'aveinne, esvaluées iv frans.

Luy ont rompu le fournot de sa maison et bruslé
trois arches y estantes, comm' aussy ung escreing,
ung tonneau à charrier poisson, environ cinq tinnes
de tonneaux à mectre vin, esvalué le tout, y comprins une tinne demye de verjuz et trois gelinnes,
à . . . . xx frans.

Nicolas Oudolotte a declaré avoir perdu deux
quartes demye d'orge et dix quartes de seigle,
esvaluées à . . . . xxiii frans demy.

Plus, deux chards de bois esvaluez à . . x frans.

Trois linceulx et ung travers à . . . . v frans.

Luy ont deguasté et rompu les portes, fenestres,
prins tous les utensilz de son mesnage qu'il extime
à . . . . viii frans.

Une tinne et demye de verjuz, esvaluée à iii frans.

George Bochard a declaré avoir perdu ung bichot
demy d'aveinne, esvalué à . . . . . xviii frans.

Ung veau d'ung an à . . . . v frans.

Dix gelinnes et ung poulet . . . ii frans demy.

Une tinne de verjuz . . . . ii frans.

Plus, luy ont bruslé ung escrein, une arche et aultres utensilz de bois, esvaluez à . . . iii frans.

Deslot du Mont a declaré avoir perdu ung bichot demy d'aveinne, esvaluez. . . . . . xviii frans.

Trois quartes de segle . . . . vi frans.

Deux porcs esvaluez à . . . . iii frans.

Plus, luy ont deguasté environ trois chardz de foing qu'il extime à . . . . ix frans.

Trois linceulx et ung travers de plume, chemises et plusieurs aultres meubles qu'ilz luy ont bruslé et deguasté, esvalué le tout à. . . . . xxii frans.

Plus, ont bruslé et deguasté la maison où il se tient, apartenante aux enffans de feu Jehan Barbauld, y ayans porté dommeage de plus de x frans.

Deslot Bonhostal, dict Mourel, a declaré qu'iceulx gens de guerre luy ont prins quantité de grainne, ses meubles et deguasté les portes, fenestres et aultres choses par sa maison, qu'il extime au moings à. . . . . L frans.

Deslon Bonhostal a perdus six quartes d'aveinne, une quarte de segle, une arche, ung escrein et aultres choses deguastées par sa maison tant en linges qu'aultrement, esvalué à . . . . xi frans.

Huguenin Bonhostal a declaré luy avoir esté prins ung bichot demy aveinne, huit quartes d'orge, trois tinnes de verjuz, une tinne demye de vin, ung porc, trois linceulx, une serge, plusieures chemises, chauldieres deguastées, ung pot de cuyvre. Plus ont rompuz et deguasté tous ses utensilz de mesnage, rompuz les portes et plusieurs aultres choses qu'il extime à environ . . . . c frans.

Perrin de Chieujehan a declaré avoir perduz une harquebouze avec les fournimens. . . . v frans.

Une hallebarde que coustoit . . . . . iii frans.

Une faulx et une hache à fendre bois, extimées à . . . . xviii gros.

Six gelines esvaluées à . . . . . . xviii gros.

Ung couppot de segle . . . . i franc.

Luy ont bruslé deux arches et deux escreins, deux breins et deux tonneaux, deux portes et tous les utensilz de son mesnage, esvalué le tout à vi frans.

Tiebaud Franceois a pareillement declaré avoir perdu trois couppotz de seigle que font . iii frans.

Plus demy bichot d'aveinne, sont. . . vi frans.

Quattre fassons de fill . . . . i franc.

Tous ses utensilz de mesnaige . . . . i franc.

Luy ont bruslé une arche et ung escrein, xvi gros.

Ont aussy rompu et deguasté les portes, tables, bancz et aultres choses en la maison où il se tient, apartenante aux heritiers de feu George Rebillard, esvaluez à . . . . x frans.

Claude Rebillard a declaré luy avoir esté prins deux quartes de milet . . . . iv frans.

Ung couppot de segle et ung d'orge, i franc, ix gr.

Une tinne de verjuz . . . . ii frans.

Quattre gelines et ung poulot. . . . . xv gros.

Ung sac de toille et deguasté par son mesnage plusieurs meubles qu'il extime à ii frans, iv gros.

A Jacques Jehan Maire a esté prins, premierement une quarte de seigle. . . . . . . ii frans.

Trois vingtz quartes d'aveinne . . . xxx frans.

Cinq quartes d'orge . . . . . vii frans demy.

Deux porches avec huit petitz porcz saillans, estimez à . . . . xxiii frans.

Plus ung veau . . . . iii frans.

Vingt six poules et le poulot, sont . . . vi frans.

Aussy luy ont deguasté les portes et fenestres de sa maison, tous les utensilz de mesnage, prins les linges et aultres interestz faictz en sad. maison qu'il extime à. . . . . xl frans.

Jacques Bonhostal le jeusne a declaré avoir perdu une genisse d'ung an, extimée à . . . . . vi frans.

Douze quartes d'aveinne . . . . . . vi frans.

Plus, luy ont deguasté ses utensilz de mesnage, rompu ses portes et aultres deguastz qu'il extime à. . . . . vi frans.

Tiebauld Bonhostal a affermé par serment avoir perdu :

Deux bichotz d'aveinne à six gros la quarte, xxiv frans.

Plus six quartes de segle, sont. . . . xii frans.

Quattre gelines. . . . . i franc.

Aussy ont bruslé ses arches, escrein, cuves, couppotz et rompu ses portes, fournot et plusieurs aultres meubles qu'ilz luy ont deguasté par sa maison qu'il extime à . . . . xx frans.

Pangratz Bonhostal a declaré avoir perdu et luy avoir esté prins ce que s'ensuyt :

Trois vingtz quartes d'aveinne, par ce xxx frans.

Trois quartes de seigle, sont. . . . . vi frans.

Trois quartes d'orge . . . . . iv frans demy.

Dix gelines y comprins le poulot ii frans demy.

Plus, luy ont bruslé ses arches, escreins, trois chardz de bois, plusieurs paulx, rompu les portes de sa maison, fenestres, fournot et porte, plusieurs aultres dommeages qu'il extime à . . xxvii frans.

Luy ont deguasté six tinnes de verjuz . xii frans.

Tiebauld Jehanmaire a declaré luy avoir esté prins quattorze quartes de segle. . . . . xxviii frans.

Plus vingt quartes d'aveinne . . . . . x frans.

Quattre bussons de mouches à miel, esvaluez à
xii frans.

Dix gelinnes y comprins le poulot ii frans demy.

Deux petitz porcz et une chauldiere esvaluez à
iii frans.

Trois arches et ung grenier à mectre grainnes,
en valeur de . . . . x frans.

Plus, luy ont deguasté ses meubles, utensilz de
mesnage, pour ses portes, fenestres et aultres deguastz faictz en sa maison qu'il extime, y comprins
une tinne de verjuz, et ung sery à sericer œuvre,
à . . . . xiii frans.

Jacques Bonhostal le viez a declaré avoir perdu
sa boursse où il y avoit. . . . . iii frans.

Ung sac auquel y avoit du pain et de la chair,
extimé à . . . . i franc.

Plus, luy ont deguasté ung demy bichot d'a-
veinne, deux quartes de segle et deux tinnes de
verjuz . . . . xiv frans.

Luy ont rompu ses arches, portes, escreins et
deguasté son mesnage qu'il extime le tout à x frans.

Sebille Bretey a declaré avoir perdu cinq quartes
d'aveinne et deux quartes de seigle, esvaluées à
vi frans demy.

Du fillet pour . . . . iii frans.

Plus, de l'orge pour . . . . x gros.

Pour ung couppot de chenevay extimé i franc.

Tevenotte Verron, vefve de feu Jehan Henry
Metetal, jadis musnier de Chenebié, a perdu neuf
quartes de seigle esvaluées à . . . . . xviii frans.

Luy ont prins ses linges, ses utensilz de mesnaige
et aultres choses qu'ilz ont deguasté par sa demeurance qu'elle extime à . . . . x frans.

Plus, ont deguasté et l'eglize et la boitte des
paouvres, esvaluez . . . . iii frans.

Eschavanne.

Claudot le Crisle dud. Eschavanne a declaré luy avoir esté prins sept quartes de seigle esvaluées à. . . . . xiv frans.

Luy sont estez guastés trois chards de foin, dont il n'en pourroit jouyr, esvaluez à . . . . vi frans.

Luy sont estez rompus et brisez tous ses utilz de mesnaige de bois, se montans bien à la valeur de . . . . x frans.

Claudot Pequignot dud. lieu a dict avoir perdu, premierement, quattre ou cinq chards de foin, partant tant pour led. foin que pour deux cent boissons d'estrain . . . . xv frans.

En oultre luy ont bruslé les tendures de sa maison, ses charrues, arches, chalitz, tables, bancs et aultres guepillemens de bois qu'il extime à xv frans.

Deux gelines et ung petit porc de la valeur de xx gros.

Nicolas Pochey a par serment affermé luy avoir esté prins quarante quartes de seigle, partant iv^{xx} frans.

Trois vingt quartes d'aveinne, partant xxx frans.

Neuf bussons de mouches à miel, partant xxvii fr.

Cinq chards de foin, esvaluez à . . . xv frans.

Pour vingt frans de meubles et utensilz de mesnaige. . . . . xx frans.

Deux veaulx extimés à . . . . vi frans.

Deux gelines, quattre quartes d'orge v fr., iv gros.

Tiebauld Demoingin dud. lieu a dict avoir perdu quinze quartes d'aveinne . . . . . vii frans demy.

En oultre tant pour feurre, meubles, que pan de sa maison, chard et charrue que luy sont estez bruslés dict en avoir pour quinze frans d'interestz, xv frans.

Pour une tinne de verjuz . . . . ii frans.

Antoinne Pequignot a par serment affermé luy avoir esté prins premierement deux bichetz de segle, partant . . . . iv^{xx} xvi frans.

Cinq quartes d'aveinne. . . . . ii frans demy.

Quattre porcs en valeur de . . . . . . x frans.

Une genisse d'ung an extimée . . . . v frans.

Luy sont estez bruslés tous ses utensilz de mesnage, foing, voihin, estraing, chard et charrue qu'il extime à . . . . xxx frans.

Pareillement ont bruslé touttes les portes, fenestrages de bois et tendures de la maison apartenant aux enffans Jehan Blanchard, dont led. Antoinne Pequignot est tuteur, qu'il extime à . . xv frans.

Jacques Pequignot a dict avoir perdu trois porcs gras esvaluez à. . . . . x frans.

Ung cheval jument extimé à. . . . . xv frans.

Trente quartes d'aveinne, par ce. . . xv frans.

Pour dix frans d'utensilz de mesnage . x frans.

Jehan Willaumey dict Desbouley, a dict avoir pareillement perdu quattre poulles.

Ung travers de lict en valeur de . . . . i franc.

Une quarte à bled ferré, que luy coustoit xv frans.

Ung pot de fer, en valeur de. . . . . xvi gros.

Trois fassons de fill, ung couppot d'orge et ung couppot de chenevay, en valeur le tout de xxxiii gr.

Quattre chards de foin qu'ilz luy ont guasté, viii fr.

Deux linceulx. . . . . xvi gros.

Une tinne de verjuz . . . . ii frans.

Tiebauld Rolet a declaré que luy sont estez du tout guastez deux chards de foing, partant iv frans.

Et tous ses utilz de mesnaige, comme arches et bancs, tables, portes et selles luy sont estez bruslez, par ce. . . . . , iii frans.

En oultre a receu six coups de cousteau au doz.

Jacques Franceois a aussy declaré avoir perdu trente quartes tant de seigle que d'aveinne.

Luy sont estez rompues les fenestres de sa maison, portes, chalits, arches, bancz, selles et aultres utilz de mesnaige qu'il extime, y comprins son mestier de tixerand et ung porc qu'ilz luy ont prins, à . . . . xxx frans.

Plus, l'ont tellement navré et blessé en la teste et aultres parties de son corps qu'il est en danger de sa vie.

LUZE.

Christofle Franceois, maire de Louze, a declaré que touttes les portes et huis de cheminée et maison apartenant à la vefve du feu procureur d'Hericourt, m^{re} Gaspard Bichin, sont estez rompues et deguastées tellement que pour les refaire cousteroit plus de deux escus. . . . . vi frans.

Pierre Joly dud. Louze, en sa maison sont estez rompues les portes, fenestres et buffet, en ayant receu d'interest plus de. . . . . ii frans.

Semblablement les portes de la cave de Petremand Bichin, substitut du fourestier d'Hericourt, sont estés rompues, en ayans receu d'interest environ . . . . ii frans.

Aussy sont estées prinses aud. Louze tant à l'ung qu'à l'autre environ trente gelines.

ESCHENANS SOUBZ MONTVAUDOIS.

Aud. villeage n'ont rien prins pour le meings que l'on se soit jusques à present apperceu, ains ont violé et deshonoré deux femmes que l'on dict estre de Chalonvillars, et lesquelles sont de Chalonvillars.

Le present roolle parachevé le xvie de decembre 1589.

Signé : H. LORYS.

Original sur papier.

Archives Nationales, fonds Montbéliard, K 1968.

V

NÉGOCIATIONS

LA LORRAINE.

———

Correspondances diplomatiques.

1588-1595.

LXXXIX

Lettre de Philippe II, roi d'Espagne, au comte de Vergy, gouverneur de Bourgogne, regrettant que le récent passage des gens de guerre ait donné lieu aux plaintes de ses sujets, et l'invitant à y donner bon ordre à l'avenir.

1588 — 7 JANVIER.

Le Roy, ducq et conte de Bourgoigne.

Tres chier et feal....

Bien sumes nous marry que les passaiges des gens de guerre vers noz pays d'embas ayent donné occasion aux plaintes du peuple, ausquelles estimons que nostre bon nepveu le ducq de Parme aura remedié selon les advertences que vous estes accoustumé de luy en donner.

Aussi avons nous depuis receu voz lettres de XI⁰ de decembre passé et voluntiers entendu la bonne correspondence que vous tient le personnaige y denommé, suyvant quoy et le bon succès dés affaires en France voulons nous esperer que nostredit conté ne sera travaillé du repassaige des Allemans, et que pour celluy des Suisses, (que ne peult estre denié), puis retournent en si povre estat, vous donnerez si bon ordre qu'ilz n'y pourront inferer aulcun dommaige. De ce que en adviendra, ensemble de toutes aultres occurences, tiendrons à service d'estre par vous reservy, sans que delaissez faire le mesme endroict nostredit bon nepveu le ducq de Parme, comme tousjours l'avez continué.

Tres chier et feal, Nostre Seigneur soit garde de vous. De Madrid, le VII⁰ de janvier 1588.

Signé : Philippe.

A nostre tres chier et feal, le conte de Champlite.

. . . .

Original sur papier.

Bibliothèque de Besançon. Papiers Granvelle.

LXXXX

Lettre missive du magistrat de Bâle à Nicolas Brulart, ambassadeur du roi de France auprès des Suisses, lui faisant connaître les ravages exercés dans le comté de Montbéliard par les troupes lorraines, et réclamant son intervention pour empêcher l'invasion de s'étendre sur leur pays.

1588 — 10 janvier.

Hern ambassador zu Solothurn (1).

S. P. et obsequia nostra. Nobilissime et magnifice domine legate, amice charissime. Vocati ante dies aliquot ad praesentem confoederatorum Badensem conventum, dederamus legatis nostris quos poste-

---

(1) Nicolas Brulart, seigneur de Sillery, occupa sous Henri III le poste d'ambassadeur en Suisse; après l'assassinat de ce roi, Henri IV le continua dans ses fonctions, comme on le voit par une lettre du 8 août 1589. *(Recueil des lettres missives de Henri IV,* t. iii, p. 12). Brulart fut encore envoyé auprès des cantons en 1595 et 1602; nommé président au Parlement en 1595, ambassadeur à Rome en 1599, il devint garde des sceaux en 1604, et chancelier de France, le 10 septembre 1607.

rius eo destinaveramus, coram tibi explicandi man-
datum quanta clade militares copiae sub illustrissi-
mis Lotaringiæ et Guisiæ ducibus, (ut communi fama
fertur), stipendia merentes, vicinum nobis comitatum Montisbeligardi populationibus, rapinis et in-
cendiis afficerent, quod denique factis in vicinos
pagos excursionibus minitarentur, simulque nostro
nomine postularent ut si forte idem exercitus rebus
nostris quoque propius imminere velle videretur,
eum a proposito quantum in te avertere non dedi-
gnarere. Verum enimvero, cum iidem reversi tuam
ab eo conventu absentiam nobis retulerint, eaque
non nisi cum subdelegato tuo ibidem agere potue-
rint, nos in presenti vicinorum calamitate interque
varias comminationes aures nostras circum so-
nantes, omittere noluimus quin te ipsum amice per
litteras interpellaremus.

Caeterum cum nil dubitemus jam pridem tibi
quod istic rerum agatur certius innotuisse quam
nobis hac epistolari brevitate enarrari liceat, idcirco
supervacaneum judicavimus hac de re longos voces
tenere, ac soli (quod dicitur) faces inferre, quin po-
tius cum proximo pariete ardente rem quoque nostram agi existimemus, quanto possumus opere
rogamus ut ad resignendum præ foribus nostris
vigens incendium, auctoritatem tuam qua regie
majestatis nomine polles interponere non graveris,
in primis autem nuntiis, vel literis, aut alia commo-
da ratione quam tuæ prudentiæ relinquimus, si
necesse sit, principes id agere ut intelligant, iis foe-
deris causa quod regiae majestati devincti sumus,
a finibus nostris omnique maleficio penitus absti-
nendum esse. Et quanquam id te facturum pro
singulari tua erga nos benevolentia non dubitemus,
præsentem tum nostrum tabellarium, amicum

tuum responsum expectabimus. Nos vicissim, oblata
bene merendi occasione, operam dare studebimus
ne justa animorum gratitudo in nobis desiderari
queat. Bene vale. Datum 10 januarii, anno salu-
tis 1588.

Ulricus Schultheiss,
consul et senatus Basiliensis.

Minute sur papier.

Archives de Bâle. Missiven buch.

LXXXXI

**Lettre missive de Charles III, duc de Lorraine, au comte
de Montbéliard, lui annonçant que son fils, le marquis
de Pont, chargé de poursuivre les gens de guerre qui ont
saccagé la Lorraine, se trouve dans la nécessité de passer
par le comté de Montbéliard, où il se comportera de
façon à ne causer aucun déplaisir.**

1588 — 12 janvier.

Monsieur mon cousin,

J'ay receu vostre lettre du vingt quatrieme du
mois passé, sur le subject de laquelle je vous diray
que mon intention n'a jamais esté, comme encor elle
n'est, de rien entreprandre contre vous, ny voz subjectz, mais, comme j'ay esté legitimement occasionné, voire forcé de prandre les armes, tant pour
la conservation de mon estat, que justement poursuivre ceulx lesquelz, sans occasion quelconque,
sont à main forte entrés en mes pays, y ravagé,
pillé, saccagé et bruslé, avec infinis autres actes

barbares et inhumains qu'ilz y ont exercé et commis, je n'ay peu de moings de les faire suivre par mon filz le marquis du Pont avec les forces qu'il a, pour par tous moyens essayer d'avoir raison de telle indignités; et à cest effect les a poursuivy en divers lieux par la France, lesquelz estans enfin eschappé de la façon qu'avés peu entendre, est l'occasion qu'iceluy mon filz c'est resoult de se retirer par deçà et contrainct, comme j'entends, de passer par voz terres, où je m'asseure qu'il ce comportera tellement que n'en recevrés aulcun desplaisir, desirant de continuer en vostre endroict la bonne amitié et voisinance que par le passé c'est tousjours praticquée entre vous et moy, qui ne mancquera de mon costé avec telle affection, qu'après m'estre affectueusement recommandé à vostre bonne grace, je prieray Dieu vous donner, (1)

Monsieur mon cousin, en santé, longue vie. De Fontenoy en Vosge (2), le XII⁰ janvier 1588. (3)

Vostre bien bon et afectionné cousin,
CHARLES.

Monsieur mon cousin.

Monsieur le comte de Monbeliart.

Original sur papier, avec signature autographe et cachet aux armes du duc de Lorraine.

Archives Nationales, fonds Montbéliard, K 1966.

---

(1) A la marge se trouve cette remarque : Bonnes paroles, mais le faict tout contraire.

(2) Fontenoy-le-Château, Vosges, arr. d'Epinal, cant. de Bains.

(3) Ce document a été publié par M. Ch. Duvernoy. *(Journal de l'Institut historique,* année 1835, p. 31).

LXXXXII

Lettre missive du duc Charles III de Lorraine au duc de
Wurtemberg , exprimant tous ses regrets des excès
commis dans le comté de Montbéliard par les troupes
du marquis de Pont, lancées à la poursuite des bandes
du roi de Navarre, et déclarant qu'il a immédiatement
fait retirer ces troupes et châtier exemplairement les
coupables.

1588 — 19 JANVIER.

Monsieur mon cousin,

J'ay receu vostre lettre en datte du dernier jour
du mois de decembre dernier passé, sur le subject
de laquelle je vous diray que les brulemens, saccagemens, concussions, pilleries et actes d'hostillité
plus que barbares et inhumains dont l'armée du
Roy de Navarre sans occasion quelconque a commis et usé en divers endroictz de mes pays par où
elle a passé, à la ruyne totalle de mes subjectz, m'a
justement occasionné de m'armer pour la deffense
et conservation de mon estat, que aussi pour tirer
raison de lad. armée et de ses mauvais deporte-
mens, l'ayant à cest effect faict poursuivre en divers endroictz de la France avec force bastante
conduictes par mon filz le marquis du Pont, lequel
sans doubte avec l'ayde et assistance des princes de
la maison de Guise, mes cousins, eust tiré de lad.
armée telle reparation que j'eusse peu desirer pour
luy faire ressentir les indignités que j'en ay receu,
mais comme l'effect ne s'en est du tout ensuivy par
la fuitte honteuse d'icelle armée, du moings si peu
qu'il en est resté, ainsi que j'estime que l'avés peu

entendre, laquelle eschappée par les lieux inacces-
sible qu'il sont esté contrainctz de passer pour
asseurer leur vie, s'estans du tout disbandé et
escarté, a esté la cause qu'iceluy mon filz, ensemble
monsieur de Guise et autres princes de ceste maison, ont resoult de rebrousser chemin pour retourner par deça avec leur force, comme de faict ilz y
sont presantement pour la plus part, et en revenant
sont esté contrainctz de passer par le comté de
Monbeliard, comme chemin le plus droict pour tirer
en mes pays (1), où ilz ont receu advertissement
qu'une partie de lad. armée, notamment des chefz,
si y estoient retirés, qui les a meu, comme j'entends,
de les y rechercher et poursuivre pour les attrapper,
qu'en ce faisant les soldatz estans de divers nations, comme ilz sont, s'i sont comportés, selon que
l'on m'a dict, trop licentieusement à mon tres grand
regret, et de quoy je suis infiniment desplaisant. Et
pour remede, aussi tost que j'ay receu advertissement de tel desordre, j'ay commandé que lesd.
trouppes et forces tant de mon filz que aultres eussent à vuider, sortir et se retirer du tout hors led.

(1) Une copie jointe à l'original de cette lettre porte en marge
des annotations introduites, selon toute apparence, par le chancelier, chef du Conseil chargé de veiller aux intérêts de la principauté
de Montbéliard; ces annotations qui réfutent point par point les
assertions contenues dans la lettre du duc de Lorraine, méritent
d'être rapprochées du texte; nous donnerons successivement en
note la teneur de ce qui reste de ces observations en partie enle-
vées par une déchirure du papier.

« Monseigneur le (comte de) Wurtemberg (est ad)verty que le
mar(quis du Pont) avec ses trouppes, pouvoit prendre chemin
plus court pour (retourner) en Lorainne, tyrant des St-Claude là
où qu'il a esté. . . . entre Besançon et Dôle, sans approucher le
comté de Montbeliardt. »

« Les chefz de l'armée (du Roy de) Navarre se sont retyrés. . . .
passez par Nantua. . . . l'Escluse et à Geneve . . . la Suyze, dont
n'est vraysemblable qu'ilz se soient retyrez à Montbeliardt.

comté (1), comme je m'asseure qu'aulcuns et nul d'eulx n'y sont presantement, et si davantage quatre compagnies d'Albanois que j'avois envoyé particullierement à la poursuitte de mes ennemys, s'estans contre mon commandement ramagé au comté dud. Monbeliard, et y pris quelque bestail et autres hardes, dont estant adverty j'ordonna sur le champ que le tout fust restitué à voz subjectz (2), ainsi qu'il a esté faict, comme se verra par les attestations du capitaine Sage (3) qui est à Hericourt, et autres mayeurs dud. comté, que j'ay par deça; mesme les principaulx autheurs de ce desordre ont esté chastiés exemplairement, qui est sommairement la verité des choses, comme elles se sont passées, estant tres marry qu'elles n'ont reussy à meilleur fin. Je desire de continuer l'amitié et bonne voisinance qui c'est tousjours praticquée entre vous monsieur le comte de Monbeliard et moy, laquelle ne mancquera de mon costé, que je feray tousjours paroistre par bons effectz, l'occasion s'i offrante et que vouldrés m'enployer, d'aultant bonne volonté qu'après m'estre bien affectueusement recommandé à vostre bonne grace, je prieray Dieu vous donner,

(1) Nota : « Les trouppes se sont retyrez après ce qu'elles ont pillez, breuslez, saccagez, violez, breuslez aulcungs tout viffs et commis actes pires que jamais Turcques ne feirent. »

(2) Nota : « Les Albanois ny aultres n'ont rendus aulcunes choses, ains ont non seullement enmenez tout le bestial des pouvres subjectz de par deça, mais d'aulcunes personnes qu'ilz detiennent prisonniers pour tyrer rançons d'icelles, les ayans menez avec eulx miserablement en Lorainne.

(3) Nota : « Et ne se treuvera que le capitaine Sage ou aultres ayent donnez attestations, aultrement elles se treuveront faulses.

« Quant à la punition mentionnée en ceste, l'on n'en ha veu aulcune. et. . . . ny apparance d'aulcune. »

Monsieur mon cousin, en santé bien heureuse et longue vie, d'Espinal, ce XIXe janvier 1588 (1).

Vostre bien bon et tres afectioné cousin,

CHARLES.

Suscription au verso :

A Monsieur mon cousin,
Monsieur le duc de Wittemberg.

Original sur papier avec signature autographe et cachet aux armes.

Archives Nationales, fonds Montbéliard, K 1966.

XCIII

Lettre missive de François de Vergy, gouverneur du comté de Bourgogne, au duc de Wurtemberg, déclarant que malgré tous ses efforts il n'a pu empêcher le passage de l'armée du marquis de Pont, ni préserver le pays de ses excès, et qu'il a même protesté contre la prise du château de Granges.

1588 — 30 JANVIER.

Monsieur,

J'ay le XXVIIe du present mois receu celles de Vostre Excellence soubz la datte du IXe du mesme mois, et pour responce à icelles luy diray en prealable, que, comme je l'ay ja escript à monsieur le conte de Montbeliard, ce n'a esté de mon vouloir et

---

(1) Un extrait de cette lettre, tronqué et arrangé à la fantaisie de l'éditeur, a été publié par M. Ch. Duvernoy. *(Journal de l'Institut historique,* année 1835, p. 34).

consentement que l'armée de monsieur le marquis
du Pont soit entrée en ce païs et conté de Bourgongne, mais disant aller rechercher ceulx desquelx ilz avoient receuz plusieurs tortz et injures,
et mesmement les reistres, qui s'en retournoient
de France en Allemagne, auroient prins de leur
auctorité led. passage avec telles forces et soubdai-
neté que je n'avois les moiens promptz et facilles
pour l'empescher, estant certain qu'ilz y ont faict
de tres grandes foulles et oppressions, sans que je
y aye peu non plus remedier. Bien je n'aye man-
qué à faire à lad. fin tous les bons offices qu'il convenoit tant envers led. prince que monsieur le duc
de Lorraine, son pere, et par frequentes rescriptions, et par envoy de gentilhommes de ma part
devers eulx, aiant aussi la court de Parlement en
ced. païs faict diligenment de son costel les mesmes bons offices, signatment par la voie de deux
conseilliers d'icelle, aians esté pour ce expressement rencontré lesd. princes, par où si tout ce nonobstant je n'auray peu prevenir ny aud. passage
ny ausd. degastz, ny en preserver mon gouvernement, trop moingz doncques le pouvoye je faire
hors icelluy. Bien veux je icy dire, qu'estant adverty
que ceulx de lad. armée avoient prins le chasteau
de Granges, qu'advint par la culpe et faulte du capitaine d'illec, je leur feiz à diligence entendre que
lad. seigneurie estoit nuement de ced. païs et de la
souveraineté du roy, mon maistre, duquel led.
conte de Montbeliard la tenoit en fiefz, et que partant Sa Majesté ne prendroit de bonne part ce que
y auroit esté faict au prejudice de ses auctoritez
souveraines, de façon qu'ilz s'en departirent sans
y attempter davantage. Voires nous auroit led. passage tellement esté à contrecœur, que si tost qu'ilz

meirent le pied en ced. païs, edictz de Sa Majesté
roialle y furent partout publiez, prohibitifz à tous y
vassaulx et subjectz se mesler en lad. armée, ny
de sortir en armes hors led. païs, à peine de rebellion et de confiscation de corps et de biens, si que,
si led. s^r conte de Montbeliard a quelque occasion
de plainctes et mescontantement de ce costel là,
nous n'en avons aussi par deça que par trop nostre
part, que j'ay representé à Sad. Majesté et aussi à
mons^r le duc de Parme. Et au regard du secours
qu'il demanderoit, puisque lad. armée est retirée, il
n'est pas necessaires pour le present, mais Sad.
Majesté au besoing y sçaura bien pourveoir et faire
tousjours congnoistre à tous ceulx qui vouldroient
attempter à ses païs et estatz, combien Dieu mercy
sa main est puissante et forte pour reprimer toutes
telles entreprinses, et qu'il les en peult par sa grandeur preserver, et conserver ses vassaux soubz son
auctorité roialle et souveraine. Et sur ce, me recommandant bien humblement à la bonne grace
de Vostre Excellence, suplie au Createur,

Monsieur, luy donner en tres bonne santé, heureuse et tres longue vie. De Gray, ce XXXe janvier
1588 (1).

Tout entierement à luy rendre bien humble service,

DE VERGY.

Suscription au verso :

A Monsieur, Monsieur le duc de Wirtemberg.

Original sur papier, avec signature autographe et
cachet aux armes.

Archives Nationales, fonds Montbéliard, K 1966.

(1) Ce document a été publié par extrait dans le *Journal de
l'Institut historique*, année 1835, p. 34.

XCIV

Lettre missive de Henri de Lorraine, duc de Guise, au duc
des Deux Ponts, l'assurant de son intention de réprimer
toute entreprise hostile contre ses sujets, et rappelant
la réponse qu'il fit l'année dernière, sous Sedan, à la
lettre du duc des Deux Ponts, au sujet de l'armée du
duc de Bouillon.

1588 — 6 FÉVRIER.

Monsieur mon cousin,

J'ay receu les lettres qu'il vous a pleu m'escripre
et seroy tres marry que l'asseurance que je vous
ay tousjours donnée de l'affection que j'ay de vous
faire service feust alterée par aulcune doubte ou
suspicion que quelques ungs peu amateurs du bien
et repos de mons^r le duc de Lorraine vous pourroyent imprimer de nous sans subject, vous pouvant asseurer avec toute verité que son intention
ny la mienne ne tournera jamais à nul entreprinse
ny resolution qui vous puisse importer, ny troubler en quelque sorte que ce soit l'amitié et bonne
voisinance que nous avons tousjours maintenue et
conservée reciproquement jusques à ceste heure,
et seray le premier à poursuivre le chastiment de
ceux qui sans adveu rechercheront aulcune voye
de force contre vous et vos subjectz, n'en ayant
commandement du Roy mon maistre, ny la volonté.
Monsieur mon cousin, je vous feray souvenir par
ceste occasion de la responce que je vous fis l'année passée sur ce que vous m'escrivistes, moy
estant devant Sedan, me conseillant d'eviter le

malheur que me devoit arriver des forces conduictes par mons^r de Bouillon, je ne me suis point
trompé en l'opinion que j'avois avec l'auctorité de
Sa Majesté de pouvoir chastier ses inferieurs qui
viendroient entreprendre contre le bien de son
service et repos de son estat, avec la charge que
pour cest effect il m'avoit mis entre les mains et
espere avoir tousjours quant telles occasions se pre-
senteront. Cela vous fera mieux cognoistre telles
gens et à qui ilz s'adressent, estant bien la resolution de Sa Majesté avec ses grandz moyens et bons
serviteurs de s'attacquer à ceux qui les favorise-
ront à manger ses subjectz, car aultre mal ne peuvent ilz faire en son royaulme. Vous suppliant pour
fin de ma lettre croire tres certaine l'asseurance et
nouvelle confirmation que je vous donne de mon
amitié et affection à vostre service, comme vous le
cognoistrés en toutes occasions où me vouldriés
employer, et après m'estre recommandé humblement à vostre bonne grace, je prie Dieu, monsieur
mon cousin, vous donner longue et heureuse vie.
De Nancy, ce 6ᵉ jour de febvrier 1588.

Vostre bien affectionné cousin à vous obeir.

Henry de Lorraine,
duc de Guise.

Copie sur papier.

Archives Nationales, fonds Montbéliard, K 1966.

XCV

Lettre missive de Charles III, duc de Lorraine, au duc des Deux Ponts, affirmant que ce qui s'est passé au comté de Montbéliard s'est fait sans son aveu, bien que ses propres états eussent été cruellement ravagés par ses adversaires.

1588 — 7 FÉVRIER.

Monsieur mon cousin,

J'ay veu ce que m'avés escript par vos lettres du 22ᵉ de janvier dernier, et quant à ce qui s'est passé au comté de Montbeliard, croyés qu'il m'en deplaict et que ce n'est mon adveu ny consentement, ains contre la deffence tres expresse que j'en avois faict, toutesfois je ne fais doubte que n'ayés bien entendu comme et par quelle façon hostille l'on a usé dans mes pays, bruslant, pillant, saccageant et usant de toutes aultres voyes cruelles, comme en pays d'ennemy, nonobstant que je n'en eusse donné aulcune occasion à pas ung de tous ceux qui m'ont faict et pourchassé telz degastz, dommages et ruines; pour de quoy avoir ma raison et ces mes ennemis de qui j'avois receu ce desplaisir, il ne fault trouver estrange sy je les ay poursuivy à toute extremité, pour les faire resentir de tous les outrages susd., n'ayant d'ailleurs jamais eu volonté d'offencer ny faire desplaisir à personne quelconque sans bien grande et precedente occasion, ains a tousjours esté mon intention de tenir et conserver toute bonne voisinance et amitié avec ung chascun, specialement avec mes voysins du costé de l'Empire. Mais sy contre droict et raison l'on faict tant que de m'assaillir ou entreprendre aulcune chose contre moy et les miens, j'adviseray de me conserver et rompre les desseins de mes adversaires par les moyens que Dieu m'a donné en ce monde, avec l'assistance de mes parens et amis qui ne me delaisseront en une querelle si juste, c'est pourquoy vous devés estimer de moy que je ne cherche aucunement de troubler le repos publicque, comme aulcuns malveillans veullent dire, et que les gens de guerre que je tiens encor presentement à ma solde et que pourray encor lever en cas de necessité ne sont à aultre intention que pour faire paroistre le tort que je reçois d'aultruy et garder qu'on ne s'ingere plus d'user de telles et semblables voyes d'hostilité. Que si l'on veult tenir bonne voysinance et amitié avec moy et les miens, je seray tres aise de correspondre de mesmes, et n'y manquera rien de ma bonne volonté. Pour l'esgard de ce qui vous peult toucher en particulier, vous sçavez de quelle façon je me suis comporté avec vous par cy devant et jusques à present, n'estimant vous avoir donné aulcune occasion de vous en vouloir, comme encor je ne vouldrois commencer à vous ny à aultres, moyennant que l'on use de mesme en mon endroict, et ne vous en pouvant dire aultre chose pour responce de vostres lettres, je feray fin à ceste par mes bien affectueuses recommandations à vostre bonne grace, et prieray Dieu vous donner,

Monsieur mon cousin, en santé tres bonne et longue vie. De Nancy, ce 7ᵉ de febvrier 1588.

Vostre bien bon et affectionné cousin,
CHARLES.

Copie sur papier.

Archives Nationales, fonds Montbéliard, K 1966.

XCVI

**Lettre de Jean, comte de Salm, à M. de Beaujeu, comman-
dant la place de Montbéliard, relative à un sujet du comté
de Montbéliard, fait prisonnier et rançonné, et aux désordres commis à titre de représailles par les troupes
du marquis de Pont, désordres bien difficiles à éviter
dans une armée composée de soldats appartenant à diverses nations, et à la solde de divers chefs.**

1588 — 9 FÉVRIER.

Monsieur,

J'ay veu ce que m'avés escript par voz lettres du
24ᵉ janvier dernier passé touchant ung subject du
comté de Monbeliard nommé le Bourrelier, lequel
seroit esté prins et mis à rançon par le sʳ de Frenicourt, lieutenant de la compagnie de gensdarmes de
monsieur de Rhosne, et avez raison de juger et
vous assurer que ce n'a esté la volonté de Son
Altesse ny de monseigneur le marquis qu'on
print prisonniers, ny meist à rançon les pauvres
gens, tant s'en fault que telle chose soit de leur adveu, qu'au contraire il y avoit deffense tres expresse.
Et est Son Altesse tres marrye d'avoir entendu les
ruynes que sont advenues par le feu et autres desordres que sont esté commis, partie par accident
et cas fortuit, et d'aultres par la malice de gens mal
conditionnés, que l'on n'a peu descouvrir, quelque
diligente perquisition qu'on ait sçeu faire, car au-
trement vous eussiés ja entendu le chastoy et punition qu'on en eut faicte, mais vous scavés qu'en
une armée qui est composée de diverses nations, à
la solde de divers chiefs, et bonne partye d'iceulx

volontaires et sur le point d'estre licenciés, il est
bien dificile qu'il n'y en ayt des mal conditionnez
et vicieux, plus qu'on ne vouldroit. Et ce qu'a irité
partie des gens de ceste armée, c'estoit encor la
fresche memoire des cruaultez, saccagemens, feux
et autres semblables ruynes advenues tant en ce
pays qu'ailleurs par l'armée Navarroise, en laquelle
il y en avoit plusieurs qui estoient venus du comté
de Monbeliard, et des guides plus remerqués;
ayans neanmoins nosd. soldats receu commandement tres exprès de monseigneur le marquis passant par le comté de Montbeliard de vivre seulement, sans user de feu ny autre semblable voye
hostile, que sy quelques particuliers indiscrets ont
faict du contraire et ont donné occasion de plaincte
croyés que c'est au tres grand regret de Son Altesse
et de mond. s^r le marquis, et contre leur expresse
volonté et intention, ainsy que dict est, veu qu'ils
ont tousjours faict estat et de longue main de l'a-
mitié de la maison de Wirtemberg. Quant au Bour-
lier, il ne fault qu'il se mette en peine pour sa rançon, ny le capitaine Besanço, archier des gardes de
Son Altesse, que la caution Son Altesse y ayant
donné ordre, et s'il en avoit encor quelques ungs
prisonniers, m'en advertissant et l'ayant faict entendre à Son Altesse, je m'assure qu'elle les fera
remettre en pleine liberté francs et quites. De ma
part, estant sy proche à Monsieur le comte de Monbeliard, vous pouvés juger de combien je suis faché
des dommages qu'il a receu, vous priant au surplus de croire que non seulement en ce, ains en tous
autres endroits où je vous pourray servir et faire
plaisir et amitié, m'y emploiray tousjours d'aussy
bon cueur que je me recommande affectueusement
à vos bonnes graces, et prie Dieu vous donner,

Monsieur, en santé, tres bonne et longue vye. De Nancy, ce 9ᵉ jour de febvrier 1588.

Vostre tres affectioné tres sur amy à vous servir,
JAN, CONTE DE SALM.

Suscription : A Monsieur, Monsieur de Beaujeu, commandant en la ville de Montbeliard.

Original sur papier, avec signature autographe et cachet aux armes.

Archives Nationales, fonds Montbéliard, K 1966.

XCVII

I. **Mémoire de Charles III, duc de Lorraine, en réponse aux plaintes du duc de Wurtemberg, transmises par le duc de Bavière, au sujet des ravages faits par les troupes du marquis de Pont lors de l'invasion du pays de Montbéliard.**

1588 — 19 FÉVRIER.

Monseigneur le duc de Calabre, Lorraine, Bar, Gueldres, etc., a entendu ce que monsieur de Laubenberg à luy envoyé par monseigneur le duc de Bavieres, son beau frere, luy a dit et proposé touchant les plainctes que fait monsieur le duc de Wirtemberg des degastz qui ont esté faitz au comté de Montbeliart, lorsque monseigneur le marquis du Pont, revenant dernierement ez pays de Son Alteze avec son armée, et monseigneur de Guise avec luy, passerent par led. comté.

Sur quoy Son Alteze a remarqué que mond. sʳ

le duc de Wirtemberg desire deux choses, la premiere, de sçavoir et entendre soubz quel pretext et occasion l'on auroit fait telle entreprinse aud. comté de Montbeliart.

La seconde, quelle esperance et oppinion il peult et doit avoir de Son Alteze pour les dommages et mespris qu'il a receu en ce que dessus.

Pour à ce respondre, premierement et avant toute chose, doit estre asseuré mond. s^r le duc de Wirtemberg et de quoy Son Alteze prent à tesmoin tous princes et autres personnes d'honneur qui ont eu congnoissance de ses comportemens, qu'elle a tousjours infinyment chery, aymé et honnoré l'allyance et ancienne amytié qu'elle et ses predecesseurs, ducz de Lorraine, ont eu par cy devant avec la maison de Wirtemberg, et que pour ceste occasion elle a ung extreme regret et incroyable mescontentement de ce qui s'est passé aud. comté de Montbeliart.

Mais est la verité telle, que Sad. Alteze offensée par aucuns siens ennemys et malvueillans, ayant esté contraincte de prendre les armes pour resister à leurs effortz et avoir sa raison des injures qu'elle avoit receu d'eulx par bruslemens, pilleries et saccagemens de plusieurs villes et villages de son pays, lorsque l'armée du duc de Bouillon y passa, auroit permis dez le mois de novembre dernier à monseigneur le marquis son filz de s'acheminer au service du Roy tres chrestien contre lad. armée, et voyant qu'elle prenoit la fuytte pour se retirer en la Germanie, desirant qu'il estoit de l'attaindre quelque part qu'elle se retirast, et prenant advis qu'il estoit necessaire que la cavallerie allemande pour passer le Rhin approchast du comté de Montbeliart, mond. seigneur le marquis delibera dez le commen-

cement de s'y aller rendre, comme il declera dez
son entrée au comté de Bourgongne, ce qu'il n'eust
fait, sy de guet à pend il y eust voulu entreprendre
par voye d'hostilité, mais arrivé aud. comté de
Bourgongne et jugeant qu'il pouvoit copper chemin ausd. reyttres avant qu'ilz arrivassent ez envyrons dud. Montbeliart, s'achemina pour cest
effect et pour les prevenir jusques à Sainct Claude;
là où luy estant l'esperance ostée de les pouvoir
combatre, d'autant que ceulx de la ville de Geneve,
les receurent et que de là ilz se retirerent par la
Suysse, il congnut bien qu'il ne pourroit executer
son desseing, sinon lors que sesd. ennemys descen-
droient en la plaine entre led. Montbeliart et Basle,
pour aller passer le Rhin aud. Basle ou à Strasbourg. Affin doncq de ne laisser rien en arriere
pour tendre à ceste fin, reprint le chemin dud.
Montbeliart qu'il avoit auparavant laissé, où arrivé
il se trouva frustré de son desir, parce que lesd.
trouppes ennemyes s'estoient rompues dens le
pays de Suysse, occasion qu'il se resolut de s'en
retourner trouver Son Alteze en Lorraine, comme
il feit en diligence après avoir sejourné ung jour
seulement aud. comté de Montbeliart, et feit par
mesme moyen revenir son armée, toutes fois avec
plus de loisir. Et avant son partement dud. comté
commanda par ordonnance tres expresse qu'on
n'eust à offenser les subjectz d'icelluy, en sorte ou
maniere que ce fust, en leurs biens ou en leurs
personnes.

Que s'il eust deliberé d'y entreprendre hostilement, il avoit commodité de faire venir artillerie
d'Aussonne pour attacquer les places dud. comté,
et la facilité que lors s'y retrouvoit ne pouvoit luy
en promectre qu'une bien aysée issue, mais n'en

ayant eu oppinion ny volunté, non plus que de la prinse d'Ericourt et Granges, il n'en delibera aucune entreprinse, ains a esté sans adveu sien et nul commandement de Son Alteze qu'un colonnel de ses reyttres, après la sortye de mond. seigneur le marquis, de son armée, s'est saisy dud. Ericourt, comme aussy n'y a il eu personne pour la garder et deffendre en son nom, ce qui est assez manifeste à ung chascun, et le veriffieroit encor tant plus voluntiers pour en rendre satisfaction particuliere, sy led. colonnel estoit son vassal, ce qu'il n'est, ains du Roy d'Espaigne, comme aussy il feit planter aud. Ericourt les armes de Sa Majesté (1).

Les desbordemens doncques commis au comté de Montbeliart sont advenuz au tres grand regret de Son Alteze et de mond. seigneur son filz, et contre leur intention et commandement, mais plus tost de la licence que les soldatz de diverses nations et soubz commandemens divers ont prins, n'estans pas tous soubz l'auctorité de mond. seigneur le marquis, pour se ressentir et avoir la raison des feuz et saccagemens perpetrez par aucuns qui se sont reffugiez aud. comté de Montbeliart, et lesquelz sont esté autheurs de beaucoup de telz inconveniens en Lorraine et pays voisins, estant Son Alteze et mond. seigneur son filz princes trop bien nayz et trop plus amateurs de la craincte de Dieu et de leur propre reputation, que conniver ny prester consentement à telz desordres. Et qu'ainsy ne soit, comme Son Alteze auroit envoyé quelque temps auparavant la venue de mond. seigneur son filz aucunes compagnies Albanoises sur les frontieres de son pays devers la plaine d'Aulsay, ayant

(1) En marge se trouve cette observation : *Hoc falsum est.*

receu plaincte qu'ilz avoient prins et emmené quelque quantité de bestail sur aucuns subjectz dud. comté de Montbeliart, les auroit aussy tost fait restituer, comme de ce appert par acte passé par devant notaire et personne publicque, portant tesmoingnage et certiffication de la restitution qui en a esté faicte entre les mains des mayeurs desd. villages, et sy commanda Son Alteze des lors tres expresseement par lettres aux cappitaines Albanois de mectre ordre qu'il ne fust faicte aucune offense ez biens et personnes des subjectz dud. comté.

Quant au second poinct concernant l'asseurance de l'amytié ou inimytié que mond. s^r le duc de Wirtemberg doit attendre de Son Alteze, il se peult asseurer qu'en elle il a tousjours eu, a encor pour le present et aura à jamais ung parent, amy et voisin totalement affectionné en son endroit, et de quoy elle luy rendra tesmoingnage, lorsque l'occasion s'offrira et que mond. s^r de Wirtemberg en vouldra tyrer preuve par effect; et ne desire rien mieulx Son Alteze que de veoir une bonne et fidelle correspondence et continuation de mutuelle et ancienne amytié qui a tousjours esté entre ces deux maisons, laquelle de la part de Sad. Alteze ne sera aucunement offensée ny alterée, mais cherye et conservée, comme chose dont elle a tousjours fait beaucoup de cas. Et comme elle ouvre à plein son cueur et declere l'interieur de sa volunté, sans aucun fard ny dissimulation aud. s^r duc de Wirtemberg, elle desire au reciprocque d'estre asseurée de la sienne, affin qu'elle scache comme elle se devra comporter à l'advenir avec luy, par le conseil, advis et assistance des princes qui luy sont parens, allyez et amys.

Estant Son Alteze en intention dez le lendemain

de l'arrivée dud. s^r baron de Laubenberg de despecher ung gentilhomme des siens vers mond. s^r le
duc de Wirtemberg pour luy faire entendre et luy
representer ce que dessus, qui est la mesme verité,
et laquelle pour chose du monde Sad. Alteze ne
vouldroit dissimuler, ayant tousjours fait profession d'estre prince veritable et de traicter avec les
princes ses voisins avec toute candeur et syncerité,
comme aussy estoit elle sur termes de despecher à
Monsieur l'archiduc Ferdinand d'Austriche, d'autant qu'elle a esté advertye que les susd. trouppes
s'estoient de mesme oublyées de commectre quelques insolences en aucuns villages qui sont de son
comté de Ferrette, dont Sad. Alteze ne reçoit moins
de desplesir et mescontentement qu'elle fait de ce
qui s'est passé aud. comté de Montbeliart. Et peult
par là mond. s^r le duc de Wirtemberg evidemment
congnoistre que les choses dont il se lamente n'ont
esté faictes du commandement de Son Alteze, ny de
monseigneur son filz, parce que, sy ainsy estoit et
que ses forces se fussent acheminées de propos
deliberé pour faire telz effectz, ilz n'eussent entre-
prins sur les terres et villages de mond. s^r l'archiduc, parce que chacun scet l'honneur et respect
que Son Alteze luy a tousjours porté, pour estre
prince de telle qualité qu'il est, et pour luy estre sy
proche parent et bon voisin. Et partant il fault
croire que ces desordres sont advenuz de la seule
licence, insolence et desobeyssance du soldat, et
particulierement de ceulx qui marchoient soubz
autre charge et commandement que celluy de
mond. seigneur le marquis, le nombre desquelz
estoit grand, comme aussy de plusieurs autres vo-
luntaires qui s'estoient mis à la suytte de son
armée et qui vivoient sans aucune discipline, des

actions et comportemens desquelz il est du tout
impossible à Son Alteze de pouvoir respondre.

Fait à Nancy le dix-neufieme jour du mois de
febvrier mil cinq cents quatre vingtz et huict.

Signé : Charles.

Contresigné : Guérin.

Original sur papier, comprenant trois folios.
Archives Nationales, fonds Montbéliard, K 1966.

**II. Responses aux articles envoyés à monseigneur le duc
de Wirtemberg de la part de monsieur le duc de Ba-
vières.**

Sur le 4ᵉ article.

Monseigneur le marquis du Pont, lorsque sa resolution fut de venir attendre les rheistres auprès
de Basle, ce n'estoit le chemyn, estant à Sainct
Claude, à venir passer au contey de Montbelliard,
veu sa deliberation de les combatre proche de
Basle, mais de Sainct Claude failloit aller passer au
Grand Vaux (1) et village du Four du Plain (2),
destant de deux lieues, du Four du Plain aux Fon-
cinnes (3) une lieue, les Verrieres (4) 4 lieues, au
Vautravers 3 lieues, à Chaudefond une lieue, au
Vau Sainct Himier, au Vau Delemon (5), Laufen (6) à

---

(1) Grand-Vaux, abbaye de l'ordre de Saint-Benoit, au pied du
Mont-de-Joux.

(2) Fort du Plasne, Jura, arr. de St-Claude, cant. de St-Laurent.

(3) Foncine-le-Haut, et Foncine-le-Bas, Jura, arr. de Poligny,
cant. des Planches.

(4) Verrières de Joux (les), Doubs, arr. et cant. de Pontarlier.

(5) Le Val de Travers, le Val de Saint-Imier, et le Val de Delé-
mont sont en Suisse, canton de Berne.

(6) Laufen, petite ville de la Suisse, cant. de Berne, à 13 kilom.
E. N. E. de Délemont, sur la Birse.

Basle, qui estoit le plus beau, droict et le plus court chemin, et sans approcher le contey de Montbelliard de sept ou huict lieues.

Sur le 5ᵐᵉ.

Vray est que l'armée s'est retirée fort à loysir dud. contey après y avoir sejourné trois sepmaines ou un mois pour le moins et fait tous les degastz et inhumanitez icy reservez à desduyre, dont monseigneur le duc de Wirtemberg est tres veritablement adverti.

Il est certain que l'armée s'est acheminée devant Montbelliard, et pourroit estre que la volonté de Son Altesse de Lorraine n'estoit d'attaquer lad. ville, bien est vray que l'incommodité de temps et l'esperance du secours pour ceux de lad. ville qu'envoyoit mond. seigneur le duc de Wirtemberg a peu estre cause que l'artillerie ne s'est acheminée.

Sur le 6ᵉ pour le fait d'Hericourt.

Il a esté sommé par quatre fois.

La premiere, de la part de Son Altesse de Lorraine par un Albanois nommé le capitaine Marlot, lequel ne fit pas grand sejour dans le païs et retournoit en Lorraine.

Depuis, deux jours après fut sommé de la part de monsieur de Sainct Balmon, dict Moncointyn, qui pour lors commandoit à l'armée en l'absence de monseigneur le marquis de Pont, par un gentilhomme nommé La Roche qui disoit estre envoyé avec le trompette, et lequel assuroit que tout ce qu'en faisoit led. sʳ de Moncointyn estoit pour le service de Son Excellence.

Depuis led. sʳ de Sainct Balmon mesme y seroit

venu en personne et le resomma par deux diverses foys.

Quant aux armes de Sa Majesté catholique, elles n'y sont esté faictes ny affichées.

Led. sieur de Sainct Balmon est domestique de Son Altesse, un de ses chambelland et capitaine de la garde des Suisses qui demeurent à Nancy.

Monseigneur le duc de Wirtemberg avec son conseil advisera aux qualitez susdites.

Sur le 7me.

Touchant ceux qui se sont retirez et qui ont esté receus par hospitalité dans le contey de Montbelliard, qui peuvent avoir suivy l'armée du duc de Bouillon.

Il est tres certain et veritable que s'il leur estoit besoing de se justifier de ce qu'on les accusent, ils s'en justifieroient toutes et quantes fois, mesmes par les seigneurs et gentilshommes du païs de Lorraine.

Sur le 8me.

Quant au second point, cela concerne la volonté de monseigneur le duc de Wirtemberg.

Au verso se trouve cet intitulé :

M. de Beaujeu. Advis sur la responce du duc de Lorraine donnée à l'ambassadeur de Bavieres.

Minute sur papier.

Archives Nationales, fonds Montbéliard, K 1966.

III. Réponse du duc de Wurtemberg au mémoire du duc
de Lorraine à lui transmis par l'envoyé du duc de Bavière, réfutant les allégations contenues aud. mémoire
et demandant réparation des dommages causés par l'invasion du comté de Montbéliard.

1588.

Monseigneur le duc de Wirtemberg et Teckh,
comte de Montbeliard, ayant veu la responce par
escrit que Monsieur le duc de Lorraine a baillée
au s^r de Laubenberg, ambassadeur, de monsieur le
duc de Bavieres, son beau frere, ha treuvé fort estrange que led. s^r duc de Lorraine pretend d'excuser totalement les enormes hostillitez et plus
que barbares deportementz perpetrez par les
trouppes dud. s^r duc de Lorraine conduictes par
son fils le s^r marquis du Pont, et par son cousin le
s^r duc de Guise es comté de Montbeliard et aultres
seigneuries y adjoinctes, ne pouvant led. s^r duc de
Lorraine ignorer que led. comté de Montbeliard
est ung membre du Sainct Empire et que les
princes de Wirtemberg possedans led. comté de
Montbeliard sont princes du Sainct Empire, comprins ensemble leurs terres et seigneuries en la
protection et paix publicque dud. Sainct Empire, et
que par les constitutions et recès d'iceluy et de lad.
paix publicque il n'est permis à personne de in-
vahir ou commectre aulcuns telz actes d'hostilitez
es terres comprinses en lad. paix publicque, sinon
soubz le danger des peines statuées par les loix et
recès de lad. paix publicque.

Ce nonobstant, c'est chose toute notoire et manifeste que, jaçoit les chefz desd. trouppes pouvoient

et debvoient prendre leur chemin dez la France
droit en Lorraine, sans approcher de loing led.
comté de Montbeliard, voire mesmes si led. s^r duc de
Lorraine et son fils heussent voulu demonstrer par
effect la bonne amityé, ancienne alliance et mutuelle correspondance touchée en la responce dud.
s^r duc de Lorraine, selon que tousjours avoit esté
faict et praticqué par leurs predecesseurs, toutesfois
il est advenu que par ung complot de faict et propos
deliberé et une commune resolution prinse par les
chefz desd. trouppes ilz se sont acheminez en toute
haste et diligence esd. comté de Montbeliard et seigneuries annexes (mesme par chemins non frequentez et quasi inaccessibles, voires aucuns d'eux,
comme sont partie des Albanois, retournans dez la
Lorrainne); esquelles terres, sans prealablement
avoir demandé aulcun passage n'y s'estre declarez
amys ou ennemys et sans aulcune deffiance, ont commencé et tousjours continué par l'espace de plus de
quinze jours à prendre, lier, torturer par toutes especes de gehennes horribles les habitantz desd. lieux,
desquelx ung tres grand nombre sont esté meurtris,
noyez, harquebousez tout vifz, ung infini nombre
de filles et femmes mariées forcées, violées et
deshonnorées, plusieurs personnes, hommes et
femmes, rançonnées et enmenées captifz en Lorraine, où aulcungs d'eulx sont encores presentement detenuz, aultres qu'on ne peult scavoir où ilz
sont de present, mesmes partie desd. filles exposées
publiquement en vente à Nancy; plusieurs villages
tout entierément bruslez et d'aultres pour la pluspart, les graines, fourages et tous aultres especes
de meubles desd. pauvres villageois et subjectz entierement consumez par feug, tous leurs bestiaulx,
beufz, chevaulx, vaches et aultres quelconques gros

et menuz pillez, robez et enmenez, sans aulcune restitution. Et ne fault prendre esgardt ad ce que l'on pense faire croire le contraire, car tous les circonvoisins du costel de Lorrainne scavent que l'on a conduict et enmener au duché de Lorrainne une infinité de bestial, de sorte que lesd. pauvres subjectz, ayantz perdu avec leurs maisons tous leurs biens, sont destituez de tous vivres et moyens mondains, chose fort pitoyable. Par ainsy mond. seigneur duc de Wirtemberg laisse à penser aud. s^r duc de Bavieres, son cousin, si la bonne amityé susmentionnée a esté observée par les chefz desd. trouppes, ou si plus tost ilz ne sont pas escheuz aux peines desd. constitutions de lad. paix publicque, et tenuz de restituer, ressarcir et reparer tous les domages et interestz ausd. princes de Wirtemberg et à leurs pauvres subjectz entierement destruitz par lesd. trouppes. Et est chose toute certaine que les chefz et conducteurs desd. trouppes sont tenuz de tous les faictz et actes d'hostillitez par elles commis.

Si doncques led. s^r duc de Lorraine veult et pretendt que la bonne amityé, parenté et voisinance soit restaurée, reintegrée et retenue entre sa maison et celle de Wirtemberg, il est neccessaire et tres juste qu'en prealable il face restitution et reparation desd. grandes pertes et domages, lesquelx aultrement sont irreparables. En deffault de quoy n'est possible ausd. princes de Wirtemberg ny aux aultres princes leurs parentz consanguins, alliez, amys et confederez de tollerer et passer soubz silence ung tel opprobre et deshonneur qu'ils ont receu par lesd. trouppes, oultre tous les domages et interestz inestimables sustouchez, sans en avoir condigne reparation, et de tant plus que jamais ilz n'en ont donné aud. s^r duc de Lorraine ny à aultres aulcune occasion, s'estans tousjours demonstrez amateurs de paix envers tous leurs voisins. Et ne fault que l'on pretexe excuse que les autheurs de plusieurs inconveniens advenuz en Lorainne se soyent refugiez au lieu de Montbeliard, car le contraire est tout notoire, selon qu'en appert aussi par la responce dud. duc de Loraine, en ce qu'il dict que ceulx de Geneve les ont receu.

Pareillement, quant à la prinse d'Hericourt mond. seigneur le duc de Wirtemberg ne peult croire que led. s^r duc de Lorraine n'en ayt esté suffisamment adverty, veu que le tout s'est faict et praticqué par Girard de Reinach, dict Sainct Bellemont, serviteur domestique dud. s^r duc et capitaine de la garde des Suisses qui demeurent à Nancy, et lequel estoit et se nommoit colonnel des reittres dud. s^r duc de Lorraine, se referant en toutes ses actions et depportemens sur icelluy, mesmes en distribuant des sauvegardes et passeports à ceux qui se rendoyent comme aux bourgois dud. Hericourt, et ung passeport à sept soldatz de lad. ville, ayant demandé l'entrée d'icelle par reiterés fois au nom de Son Alteze de Lorraine, sans que jamais il y aye lieu aulcunes armoiryes ou panonceaux plantez de la part de la Majesté du roy d'Espagne ny de mons^r le duc de Parme, son lieutenant, lesquelx mond. seigneur le duc de Wirtemberg a tousjours heu en tel honneur et respect que leur grandeur merite, et ausquelz s'est faire grand tort d'emprunter leurs noms à si peu honnestes entreprinses, joinct que l'archier nommé Besançon, ayant esté de l'entreprise touchant led. Hericourt, confesse en une lettre d'excuse envoyée à Montbeliart, que jamais ne fust entré aud. Hericourt, s'il ne fut esté asseuré que c'estoit la volonté de mons^r le marquis.

Que si donc led. s* duc de Lorraine ne vouloit entendre à la satisfaction et reparation susmentionnée, selon que de droit et raison il est tenu conformement à la disposition de lad. paix publicque, en ce cas mond. s* le duc de Wirtemberg advisera par le conseil et assistance de sesd. parentz, alliez, amys et confederez, ausquelx led. faict touche aussy, d'user de telz remedes qu'ilz treuveront estre les plus convenables pour estre hors de telz opprobres et domages à eulx inferez sans aulcun merite.

Au verso : Copie de la responce faicte sur la declaration du duc de Lorraine donnée à l'embassadeur de Bavieres.

Minute sur papier.
Archives Nationales, fonds Montbéliard, K 1966.

XCVIII

Lettre missive du comte Frédéric de Montbéliard au duc de Parme, au sujet de la place d'Héricourt que Gérard de Reinach reçut à composition en usant de subterfuge grâce à la mission supposée du sieur de Cobreville, chargé de recevoir le serment des habitants comme sujets du roi d'Espagne.

1588 — 5 MARS (N. ST.).

Monsieur,

Nous vous avons par cy devant escrit touchant le faict de Louze et Chagey (1), et depuis ja le duc

---

(1) Le fait de Luze et Chagey est une de ces interminables questions de souveraineté qui divisaient alors les comtes de Wurtemberg-Montbéliard et le roi d'Espagne à titre de comte de Bourgogne. La cause du débat était l'introduction de la réforme dans ces deux villages par les princes tuteurs du comte Frédéric ; le duc de Parme, se basant sur ce que Luze et Chagey étaient une enclave

de Wirtemberg pour le faict d'Hericourt, dont n'a-
vons encores receu vostre responce, par quoy avons
treuvé bon vous envoyer ce gentilhomme porteur
de ceste, auquel, s'il vous plait, vous adjousterez
foy en ce qu'il a charge vous remonstrer de bouche
et representer, ceste par laquelle vous prions que
led. faict et different touchant lesd. Louze et Chagey,
comme aussy tous aultres que peuvent estre suscitez
contre nous par la court de Parlement à Dole, quelqu'ungs de noz officiers et subjectz de Blanmont et
Grange, soyent terminez par une voye amyable et
conference mutuelle, et deputer pour cest effect telz
personages qu'il vous plaira pour en conferer et
entendre toutes choses sainement et selon la verité
des faictz, et de nostre part donnerons ordre que
noz deputez s'y comportent en telle sorte que Sa
Majesté et vous en pouviez recepvoir vostre con-
tantement. Ce pendant qu'il vous plaise ordonner à
lad. court de Parlement à Dole de cesser les pour-
suittes qui se font ou pourroient faire pour lesd.
differentz, et de mesme aussi ordonner à icelle
court de ne mectre empeschemens à moy led.
comte Fridrich à la distraction de graine que je
peulx avoir à Grange, Clerval et Passavant, pour
les applicquer à mon usage, selon que mes predecesseurs et moy avons faict de tout temps passé,

du comté de Bourgogne, dépendant de la seigneurie de Granges,
contestait la légitimité de ce changement de religion. Le différend
soulevé par le gouvernement espagnol donna lieu à un échange de
correspondances suivi de longues négociations. Le conseiller Docourt fut envoyé une première fois à Dôle à la fin d'octobre 1589, avec
mission de demander la remise de la cause intentée par les fiscaux
de Bourgogne ; en février 1591, le même conseiller Docourt, assisté
du maire André Duvernoy, revint à Dôle, et eut les 8 mars 1591
et jours suivants, une conférence avec les officiers chargés de l'administration de la province, conférence qui semble être restée sans
résultat. (*Archives Nationales, fonds Montbéliard, K 1865*).

estantz mes subjectz dud. Passavant tenuz de
m'amener lesd. graines en conformité des nou-
veaux et anciens denombremens de moy et de
mesd. predecesseurs. Pareillement nous vous prions
de reduire en memoire quant au faict dud. Hericourt que Girard de Reinach, dict Sainct Bellemont,
serviteur et pensionaire du s^r duc de Lorraine, estant et se qualifiant colonnel des reittres dud. s^r
duc, se transporta dernierementt aud. Hericourt,
lorsque les trouppes dud. s^r duc conduictes
par le marquis du Pont, son fils, brusloient
et saccageoient les comté de Montbeliard et seigneuries annexes appartenant à moy (led. comte
Fridrich), et demanda ouverture dud. Hericourt par
reiterés fois, sommant les habitantz dud. lieu se
rendre aud. duc de Lorraine, son maistre, ce
qu'ayant lesd. d'Hericourt souvent refusé, led. de
Sainct Bellemont amena avec luy ung nommé Cour-
beville, se disant estre par vous commis et deputé
de vostre part pour recepvoir lesd. habitantz d'Hericourt en serment de subjectz de Sad. Majesté, ce
que croyons avoir esté feinct et supposé par lesd.
Sainct Bellemont et Corbeville, ne pouvans imaginer que Sad. Majesté ou vous ayent oncques heu
telle intention, comme aussi sommes depuis esté
bien advertis par le s^r de Broissia (1); bien certains
que selon leurs grandes vertuz et integritez ilz ne
vouldroient user de telz moyens, principalement
envers nous, princes tres bien affectionnez au service de Sa Majesté, et de laquelle je, led. comte Friderich, desire demeurer bon, loyal et fidele vassal,

(1) Jean Froissard, seigneur de Broissia, maître des requêtes et
membre du Conseil privé de Sa Majesté catholique aux Pays-Bas
et premier président du Parlement de Dôle de 1592 à 1595.

autant que du passé. Par quoy suplions Sad. Majesté et vous considerer de quel importance est led. faict, et si c'est chose licite ou raisonable d'ainsy usurper et emprunter les noms et auctoritez de Sa Majesté et de vous à si peu honnestes entreprises. Qu'il plaise donc à Sad. Majesté et à vous de s'en ressentir et en faire repentir les autheurs, et mesmes ne prester l'oreille à aulcungs de noz adversaires et malveuillans qui ne desirent qu'avancer leur proffit particulier par moyens sinistres en troublant le bien et repos public, et ne vouloir adjouster foy à leurs rapportz, sans en prealable nous entendre en noz raisons et bons droictz, puis qu'en tous les differens à nous suscitez n'avons oncques refusé, comme aussi ne faisons pour le present, la voye d'amyableté ou de justice, de quoy nous nous confions, vous asseurantz, Monsieur, qu'en tous endroitz où nous aurons les moyens pour le desservir envers Sad. Majesté et vous, nous nous y employerons tres volontiers et d'aussy bon cueur que nous estantz bien affectueusement recommandez à voz bonnes graces et attendans vostre bonne responce, prions le Createur, Monsieur, vous conserver en bonne santé et heureuse prosperité, le 24ᵉ de febvrier 1588.

Minute sur papier.

Archives Nationales, fonds Montbéliard, K 1966.

XCIX

Lettre missive de Louis, duc de Wurtemberg, et de Frédéric, comte de Wurtemberg-Montbéliard, au roi de France, pour se plaindre de l'invasion du comté de Montbéliard par le marquis du Pont et des excès de tout genre commis par les troupes placées sous ses ordres.

1588 — 19 AVRIL (N. ST.)

Sire,

Nous ne doubtons aulcunement que vous n'ayez esté assez adverty de quelle cruelle façon le duc de Lorraine, par son filz le marquis du Pont, avec l'aide et assistance du duc de Guise et ses adherans, ha hostilement envahy, sans aulcune juste raison, nostre comté de Montbeliart et les seigneuries adjoinctes, lorsqu'ils ont poursuyvy les reistres qui estoyent entré en France, et ce, sans que preallablement nous en ayons esté tant soit peu advertiz, selon la louable coustume des braves guerriers du temps passé; y ayans lesd. marquis et duc de Guise exercé sur noz pauvres subjects infiniz actes d'hostillité plus que barbares et inhumains, par bruslements, saccagemens, concussions, pilleries, emprisonnemens, rançonnemens, tortures, violations des dames et pucelles, et par innombrables aultres cruautez, peines et sortes de gehenne, tellement que les infideles payens et Turcs mesmes n'en sçauroyent inventer des façons plus cruelles que celles dont il en ont usé en ce lieu là. Comme de faict nous en avons entendu depuis d'aulcungs prisonniers que led. duc de Guise leur avoit baillé entierement en pillage nostred. comté de Montbeliart et aultres noz seigneuries pour les recompenser, et que le sieur de Rosne avoit dict à ses soldatz : Que par la mort de Dieu, si aulcuns d'eux partiroit de son logis sans y mectre le feug, qu'il le brusleroit luy-mesme. Or, quand nous considerons la bonne confiance et correspondence qui a tousjours esté practicqué entre la couronne de France et noz ancestres, lesquels aussy l'en ont faict paroistre par bons effects, (ce que, de nostre costé nous ne desirons pas moins de continuer), nous ne pouvons aulcunement nous imaginer et encores moings persuader qu'une telle plus que hostille entreprise et degast ayt esté faict de vostre sceu et consentement, ains plustost esperons que suyvant la susd. bonne confiance, vous en aurez ung tres grand regret et mescontantement ; et neantmoings nous n'avons voullu laisser de vous en advertir de ce degast, esperantz que non seullement vous ferez chastier exemplairement les autheurs et coulpables de ce desordre, comme perturbateurs d'aultres, qui vous sont bien affectionnez, mais aussy que par le porteur de la presente vous nous rescriprez que c'est qu'il vous plaira faire en cest endroict et quel rapport vous en a esté faict de ce degast advenu, vous pryant bien humblement d'ordonner à ceux qui vous sont subjects que cy après, sans occasion quelconque, ils ne nous troublent de telle façon, et qu'il vous plaise aussy nous avoir aultant bien pour recommandez, comme voz ancestres d'heureuse memoire en ont faict envers nous. Ce faisant, vous nous rendrez obligez à vous faire humble service d'aussy bon cueur que pryons le Createur vous donner,

Sire, en bonne santé, heureuse et longue vye (1).
De Stoucard le 24ᵉ de mars, l'an 1588.

> Voz bien humbles et affectionnez,
> Louys, duc de Wurtemberg,
> Frideric, comte de Wurtemberg.

Copie sur papier.
Archives Nationales, fonds Montbéliard, K 1966.

CC

Réponse de Henri III, roi de France, à la lettre des duc
de Wurtemberg et comte de Montbéliard, déclarant que
les excès, très-regrettables d'ailleurs, commis par les
troupes du marquis de Pont, devaient être imputés
aux princes allemands qui avaient laissé envahir les
états des princes leurs voisins.

1588 — 1ᵉʳ MAI.

Mes cousins,

Le mal qui est advenu en vostre païs à la poursuite du reste des reistres et lansquenets qui estoient entrez premierement en la Lorraine, y ayans
exercé beaucoup de bruslemens et excès de guerre,
comme ils ont fait depuis plusieurs autres grands
dommages dedans mon royaume, est fort à plaindre. Et ne peult qu'il ne desplaise à toutes personnes qui desirent le repoz et tranquillité de la
chrestienté, ainsy que je fais de ma part aultant et
plus que nul autre prince. Mais il le fault imputer à
ceux qui en ont donné le subject par les premiers
torts et injures qu'ils ont faites, lesquelles estants

(1) Cette lettre a été publiée par M. Ch. Duvernoy, *(Journal de
l'Institut historique,* année 1835, p. 35.)

divertyes et empeschées par les princes de la **Ger-**
manie, en ne laissant si licentieusement marcher
leurs subjects pour l'invasion des estats des princes
leurs voysins, ainsy qu'ils ont fait cy-devant, j'espere que telles choses n'adviendront plus, comme il
est aussi à craindre que, n'y estant pourveu aultrement que par le passé, il n'advienne pis; vous as-
seurant que, de ma part, je seray tousjours prest à
conserver la sincere amitié et bonne intelligence
qui a esté de tout temps entre les princes de la Germanie et mes predecesseurs roys, mesmement à
l'endroit de vostre mayson, sans y manquer de tous
bons offices, comme je pense n'avoir fait jusques
icy, sy (contre ce que j'espere), il ne m'est donné
quelque occasion de m'en refroidir par effects contraires à ce que je doibs attendre d'eux. Qui est,
mes cousins, ce que je puis respondre à vostre
lettre du XXIIII° de mars dernier passé, et le lieu où
je supplie le Createur qu'il vous ayt en sa sainte
garde (1).

Escript à Paris le premier jour de mai 1588.

Signé : HENRY.

Contresigné : BRULART.

A mes cousins, les duc de Wirtemberg et conte
de Montbeliard.

Copie sur papier.

Archives Nationales, fonds Montbéliard, K 1966,
et Bibliotheque Nationale, département des manus-
crits, fonds Français, n° 17990, fol. 123.

(1) Cette pièce a été publiée par M. Ch. Duvernoy. (*Journal de*
l'Institut historique, année 1835, p. 35.)

CCI

Lettre de Philippe II, roi d'Espagne, à M. de Vergy, gouverneur du comté de Bourgogne, au sujet de la réponse
négative du duc de Lorraine touchant la réparation des
dommages éprouvés par les sujets du comté.

1588 — 24 JUIN.

Le Roy, ducq et conte de Bourgogne.

Tres chier et feal...

Et quant à la responce qu'a faict le duc de Lor-
raynne, que luy defaillent les moyens pour satisfaire à la recompense des foulles que noz pouvres
subjectz du conté de Bourgongne ont supporté au
passaige des gens de guerre dud. ducq par icelluy,
nous estimons que nostre bon nepveu le ducq de
Parme advisera par occasion propre quelque expedient de nostre part, puisque à luy en avez donné
la mesme advertence, comme est convenable estre
faict de toutes occurences ausquelles il peult et luy
touche de pourveoir de son costel plus briefvement
que nous ne ferions de cestuy cy.

De St-Laurent, le 24 de juin 1588.

Signé : PHILIPPE.

A nostre tres chier et feal, le conte de Champlite,
chevalier de nostre ordre, lieutenant general et
gouverneur de noz pays et conté de Bourgoigne.

Original sur papier.

Bibliothèque de Besançon, Papiers Granvelle.

CCII

Lettre de Henri IV, roi de France, au duc de **Wurtemberg**, l'assurant de son désir de rester en bonne intelligence avec lui, même en ce qui concerne les griefs du comte de Montbéliard, son cousin, contre le duc de Lorraine.

1591 — 20 OCTOBRE.

A mon cousin le duc de Wirtemberg, prince du Sainct Empire . . . , ...
. . . .

Je scay, mon cousin, l'amitié que vostre maison a tousjours eue avec la couronne de France, et vous prie croire que je ne seray jamais moins soigneux de l'entretenir que ont esté les roys mes predecesseurs, pour vous en rendre tous les offices qui despendront de moy. Et comme nous avons des ennemys communs, ainsy je desire que nous demourions joincts de bonne intelligence contre eulx, et de ma part je vous y favoriseray tousjours de ce que je pourray, mesme aux justes querelles et inimitiez que vostre cousin le conte de Montbeliart a contre le duc de Lorraine, comme aussy je feray tout ce qui despendra de mes moyens et auctorité pour la satisfaction et accomplissement des contractz qui ont esté passez en mon nom avec vostre dict cousin où je suis tres marry qu'il soit empesché . . . .
Escript à Sedan le XX⁵ jour d'octobre 1591 (1).

Signé : HENRY.

Lettres missives de Henri IV, t. III, p. 501 (d'après les Archives de Stuttgard).

CCIII

Mémoire justificatif de Charles III, duc de Lorraine, pour servir de réponse aux propositions du duc de Wurtemberg remises par Paul Gartzweiller, conseiller de l'empereur Rodolphe II.

1594 — 26 SEPTEMBRE.

Le s^r Paul Gartzweiller, conseillier de la Majesté Imperiale, envoyé par elle vers l'Alteze de monseigneur le duc de Lorraine, luy ayant faict entendre les responses de monsieur le duc de Wurtemberg aux propositions que par expedient il luy a faict de la part de Sad. Majesté pour concilier et chasser touttes les mauvaises intelligences que depuis quelques années pourroient avoir glissé entre les deux maisons à l'occasion du desastre advenu au comté de Montbeliard en la poursuitte des reythers entrez en France soubz la conduicte du feu s^r duc de Bouillon en l'année MDLXXXVII après leur premiere deroutte faicte par feu monseigneur de Guyse :

Son Alteze en toute humilité et tres officieuse affection d'humble service faict remercier Sa Majesté de ce qu'avec tant de bonne volunté, elle daigne en ceste partie assister de ses faveurs la justice de sa cause, aussy se peult elle asseurer Sad. Alteze estre en cest inconvenient exempte de toute mauvaise tache et de n'avoir oncques de près ni de loing y aporté aultre affection que d'un regret extreme des choses en ce advenues et passées à son insceu et contre sa volunté, la suppliant tres humblement à ces fins daigner se resouvenir de ce

que pour ceste sienne justification elle luy en a
faict ja cy devant representer, affin de ne l'attedier
davantage pour une ennuyeuse repetition. Seullement repetra elle icy (soubz la benigne correction),
que tant s'en fault que ni Son Alteze ni monseigneur le marquis son filz ayent donné cause ni
aporté consentement à tout ce dont led. sʳ duc de
Wurtemberg a prins argument de plaincte, que
led. sʳ marquis n'auroit au comté de Montbeliard
faict sejour que de deux nuictz et ung jour, en estant party pour aller trouver mond. seigneur son
père à Fontenoy avant aulcun feu mis aud. comté
et les degastz y commis exequntez plustost qu'il en
fut adverty; ayant à son partement faict estaindre
quelques feuz aperceuz qu'il estimoit estre fortui-
tement advenuz, de sorte qu'il est du tout sans
coulpe de cest evenement, si ce n'est qu'on veuille
tirer argument contre luy de ce que luy mesme
par inconvenient de feu advenu en son logis auroit
pensé courir fortune, prest qu'il estoit de se mettre
à table, avec perte d'une partie de ses mœubles et
de ceulx de son trayn, forcé et contrainct de se
sauver et retirer ailleurs.

Croire au surplus que Son Alteze n'a jamais heu
et n'ha encor, (de tant plus qu'elle veoit cela revenir à quelque contentement de Sa Majesté), aultre
volunté ni intention que de continuer avec led. sʳ
duc de Wurtemberg ceste mesme et sincere amitié,
bonne voisinance et estroite correspondence que
de tout temps a esté nourrie entre ses predecesseurs et elle-mesme, et ceulx de la maison de Wirtemberg, et telle qu'on doibt attendre et esperer
de parent bien affectionné, vray et fidel amy,
prest aux occurrences d'en faire reussir et paroistre
les effectz.

Mais en ce que touche le pretendu expedient proposé par mond. seigneur le duc de Wirtemberg,
de moyenner vers monseigneur le cardinal, filz de
Sad. Alteze, de se deporter de son droict en l'evesché de Strasbourg, elle supplie tres humblement
Sa Majesté de considerer que la disposition dud.
evesché n'est à Sad. Alteze ni en sa puissance, et
que combien le droict en apartienne à son filz, si
ne seroit bien seant à luy, (comme pere qui ne
doibt rien desirer, soubhaiter ni procurer que le
bien, l'honneur, le debvoir, la reputation et le salut
d'iceluy), moins encore raisonable de luy faire ouverture et proposition de chose si elongnée de
l'obligation, du debvoir et du service que sur et
avant tout mond. seigneur le cardinal doibt à Dieu
et à son Eglise, si indigne du rang et de la dignité
qu'il tient en icelle, si contraire au serment qu'il
a presté à la conservation et soustenement des
droictz dud. evesché et continuation du saint
exercice de la religion en iceluy, si peu aprochante
des promesses qu'il a faict à ses confreres, cha-
noines, à sa postulation, si repugnante ad ce que
comme prince d'Empire il doibt à Sa Majesté sans
l'authorité de laquelle il ne pourroit sur ce rien
traicter, si peu convenable ad ce que non seullement comme prince chrestien et catholique, mais
cardinal du S* Siege, il ha d'obligation precise à
Nostre S* Pere qui luy en a conferé la confirmation,
enfin si prejudiciable à tous les princes catholiques
de la Germanie et à l'estat de leur religion. Su-
pliant tres humblement à Sad. Majesté de voulloir
benignement considerer, quelle breche sond. filz feroit à sa conscience quelle attainte il donneroit à
son ame, (que Dieu luy a mis et donné en mains) d'entendre et se laisser couler à ce pretendu deporte-

ment; que faict croire Son Alteze que Sa Majesté le
sachant trop mieulx considerer, ne trouvera jamais
mauvais que mond. seigneur le cardinal sur ce subject n'entre à aulcun traicté, ni face essay d'y entrer,
mais bien de suplier Sa Majesté, comme il la suplie tres humblement, de tenir la bonne main que
led. evesché ne tumbe ailleurs qu'ez siennes ,
comme en estant le vray et legitime titulaire, et où
il mesadviendroit de luy qu'il ne passe soubz la
conduite et gouvernement d'autre seigneur que
ecclesiastique et catholicque, pour l'importance
qu'elle sçait qu'en pourroit revenir à l'Eglise.
Estime aussy Sad. Altesse que mond. seigneur
duc de Wirtemberg entrant en consideration des
choses susdites, et que ce qu'il en a proposé ne
pourroit estre non seulement faict mais consenti
par Son Alteze sans offenser d'aultant sa conscience, il n'y insistera davantage, tout de mesme
qu'il ne trouveroit bon qu'en particulier on le voulut recercher de la sienne.

Pour l'esgard de ce que par aultre seconde proposition led. s^r duc a declarré ne regarder tant à
son particulier qu'à celuy de ses paouvres subjectz,
et qu'il se contentera de deux cens mil escus, prenant argument de ce que Son Alteze auroit cy
devant faict offre de somme semblable du vivant
du feu s^r duc de Wurtemberg, son cousin, que sans
led. s^r defunct il eust accepté, Son Alteze prie led.
s^r envoyé asseurer sur ce Sa Majesté qu'onques il
n'entra en la pensée de Sad. Alteze de luy faire ni
faire faire aulcun offre. Toutefois, puis qu'il plaist à Sa
Majesté de desirer particulierement que les parties
rentrent en leurs premieres intelligences, en re-
preignent les errementz et levent touttes occasions
de subject contraire, Son Alteze, (ores que Dieu

sçait, qu'elle et mond. seigneur le marquis son filz
n'ont donné cause ni presté aulcun consentement
au desastre qui a trainé quant à soy ce malheur),
au contraire, qu'aussi tost que le fait en seroit
venu à sa cognoissance, qu'aussy tost y auroit-elle
aporté tout le remede que l'estat des choses passées auroit peu admettre et recevoir, tant par la
restitution du bestail retrouvé en estre par expresse et diligente recerche en faicte, elargissemens
des prisonniers et solution de la rançon d'aucuns
d'iceulx de ses propres deniers, qu'aultrement,
ainsi qu'il a esté cy devant et veritablement ja representé à Sa Majesté; si est ce que pour n'estre
cause de son costé, (dont elle proteste), que la peine
qu'il a pleu à Sad. Majesté de prendre en son inter-
position à ce negoce, ne demeure arrestée sans
aulcun fruict, aussy pour la compassion qu'elle ha
des pauvres subjectz qui par ce desastre et malheur
ont en effect receu pertes et dommages en leurs
moyens, elle veult bien à ceste consideration, et
singulierement pour la reverence qu'elle porte à la
bonne volunté de Sad. Majesté et le respect qu'elle
veult à jamais luy rendre, non pour aucune aultre
obligation qu'elle pense y avoir, d'où on la puisse
prendre et avoir, luy consigner ou faire consigner
à termes convenables la somme de douze ou quinze
mil florins, au plus de vingt mil pour en disposer,
ainsi que mieulx il luy plaira, aussy soubz ceste
attente et esperence que Sad. Majesté, qui sçait
egalement balancer la distribution de la justice,
pourveoira de mesme et fera que parties des
pauvres subjectz de Sad. Altesse qui sont aujour-
d'huy errans çà et là par les feuz et saccagementz de leurs maisons, mandians leurs vies, aux
moyens des voyes d'hostilitez contre eulx et en

leurs biens exercées en l'an 1591 par le prince d'Anhalt, (que Sa Majesté a bien sceu avoir empartie sorti d'Allemagne à ceste intention), et auparavant par plusieurs aultres passages d'armées sorties d'Allemagne, seront restituez de leurs pertes, relevez de leurs ruynes et exemptez de leurs mendicitez par dheue et raisonnable satisfaction, dont Son Altesse luy en fait en leurs noms tres humble supplication et instance.

Par ces moyens on espere que Sa Majesté cognoistra ouvertement que Son Alteze recognoissant la grande et particuliere obligation qu'elle luy a pour la bonne volunté et bienveuillance envers elle et les siens, s'elargit aussi de ceste occasion plus advant qu'ad ce que de droict elle ne se trouveroit attenue, et suplie derechef tres humblement Sa Majesté de recevoir pour aggreable ceste sienne rencontre de tres humble et tres officieuse devotion à son service, mesme ne prendre de mauvaise part si, au cas que mond. seigneur le duc de Wurtemberg ne veuille de sa part de plus près s'aprocher ad ce que Sa Majesté semble en vouloir et desirer, Son Alteze la suplie qu'il luy [soit donné temps et delay competant pour fournir de responses et refutations aux dernieres escritures fornies à Prag par les agentz dud. seigneur duc, affin qu'aux discours d'icelles la justification aparente de Sad. Alteze estant oposée en son jour, Sa Majesté ait tant plus de quoy y ordonner ce que par sa bonne volunté elle verra bon à faire.

Faict à Nancy le XXVIe jour de septembre MDXCIV.

Signé : CHARLES. Contresigné : GUÉRIN.

Copie de l'époque sur papier.

Archives Nationales, fonds Montbéliard, K 1967.

CCIV

Lettre de M. de Champagney à M. de Watteville, déclarant que l'irruption du duc de Guise en Franche-Comté à la poursuite des reîtres s'entreprit et s'exécuta sans l'aveu du roi de France ni de ses ministres.

1595 — 15 NOVEMBRE.

Monsieur,

Ce que je vous ay escrit les autres fois n'at pas esté pour contraster, sinon pour vous respondant vous dire sincerement mon oppinion et celle que j'ay peu recognoistre en autres desquels nous dependons du tout, et plus pour apprendre que pour porfier de vray, come vous dites aussy, j'en aimeray mieux communiquer de bouche avecq vous que par escrit. Cependant il se trouverat tousjours qu'en ce comté nous avons continuellement esté premiers arrassés et agassés des François en tout temps et que nous nous sommes porté pour defendeurs et revancheurs, et non pour entreprenneurs, comme ils ont fait eux. L'entrée de M. de Guise en ce pays à la poursuite des ennemis du dernier roy de France Henry ne fut onques du sceu ny ne l'adveu de nostre roy ni de ses ministres, il l'entreprint de Dieu ou plustost du diable et de soy, car vous scavez le ravages qu'il fit par desa, qui nous traittat en vray françois issu de Lorrainne . . . . .

Minute sur papier.

Bibliothèque de Besançon, papiers Granvelle.

1587, 29 décembre. — Lettre missive de Guillaume de Vaux, capitaine de Clerval, à Frédéric de Wurtemberg, comte de Montbéliard, l'informant des projets que l'on prête au duc de Guise et demandant un sauf-conduit.

1588, 2 janvier. — Lettre missive de Jacques-Christophe de Blarer, évêque de Bâle, confiant au nonce apostolique en Suisse ses appréhensions au sujet de l'entrée du duc de Guise en Franche-Comté à proximité de son évêché.

1588, 2 janvier. — Lettre missive adressée de Dôle, à l'évêque de Bâle, l'instruisant de la marche des troupes lorraines en Franche-Comté.

1588, 2 janvier. — Délibération du Parlement de Dôle, relative aux désordres commis à Quingey et à Abbans par les troupes du marquis de Pont.

1588, 3 janvier. — Délibération du Parlement de Dôle, relative aux désordres et excès commis entre Saint-Claude et Pontarlier par les troupes du marquis de Pont.

1588, 3 janvier. — Lettre missive, non signée, rappelant que le comte Eberhard de Wurtemberg fut chargé au XIVe siècle de la tutelle des ducs de Lorraine.

1588, 4 janvier. — Lettre missive d'un correspondant anonyme de la ville de Bâle, faisant connaître le passage des princes lorrains à Nozeroy, La Rivière et Pontarlier et leur marche sur Montbéliard.

1588, 5 janvier. — Lettre missive de Guillaume de Vaux à Frédéric de Wurtemberg, lui apprenant l'arrivée à Clerval du s^r de Saint-Baslemont, colonel de reîtres dans l'armée lorraine.

1588, 5 janvier. — Lettre missive de Guillaume de Vaux, capitaine de Clerval, au secrétaire Thévenot, exprimant ses craintes au sujet du passage et du séjour des troupes lorraines dans le pays.

1588, 5 janvier. — Délibération du Parlement de Dôle, relative au service militaire exigé du s^r de Marnoz par le comte de Montbéliard, son suzerain.

1588, 7 janvier. — Lettre de Philippe II, roi d'Espagne, au comte de Champlitte, gouverneur du comté de Bourgogne, regrettant que le récent passage des gens de guerre ait donné lieu aux plaintes de ses sujets.

1588, 7 janvier. — Lettre missive du docteur Jean Bauhin à

Frédéric de Wurtemberg, comte de Montbéliard, le renseignant sur la marche des troupes suisses et lorraines dans le comté.

1588, 7 janvier. — Lettres de sauvegarde données par le marquis de Pont pour la maison de Charles et Martin Viet à Orchamps-Vennes, siège de son quartier général pendant deux jours.

1588, 7 janvier. — Ordre du capitaine Laforêt portant défenses de loger en la maison du sʳ de Maizières au village de Pierrefontaine, conformément à la volonté expresse du marquis de Pont.

1588, 8 janvier. — Certificat de Charles de Lenoncourt, lieutenant de la compagnie italienne du marquis de Pont, constatant le dépôt entre les mains du sʳ de Maizières, seigneur de Pierrefontaine, d'un cheval bai, blessé.

1588, 8 janvier. — Récit de l'occupation du château de Granges par le colonel Schlégel et ses reîtres, du 8 au 22 janvier, sous forme de journal, par Nicolas Liégeard, capitaine et châtelain.

1588, 9 janvier. — Lettre missive de Henri de Lorraine, marquis de Pont, à M. de Rosne, lui envoyant la liste des villages de l'évêché de Bâle, qu'il entend affranchir de toutes contributions de guerre.

1588, 9 janvier. — Attestation de Ferrant Cavalquin, colonel de cavalerie au service du duc de Lorraine, portant qu'il a laissé ses bagages dans la maison du sʳ de Maizières à Pierrefontaine.

1588, 10 janvier. — Sauf-conduit délivré par André de La Routte, capitaine des gardes du marquis de Pont, à Pierre Cuvier, son prisonnier, en vue du payement de sa rançon.

1588, 10 janvier. — Lettre missive du magistrat de Bâle à Nicolas Brûlard, ambassadeur du roi de France auprès des Suisses, réclamant son intervention pour empêcher l'invasion des Lorrains de s'étendre sur leur pays.

1588, 11 janvier. — Lettres donnant des nouvelles de la situation d'Héricourt.

1588, 12 janvier. — Délibération du Parlement de Dôle, relative aux excès commis dans le ressort de Pontarlier par les troupes lorraines.

1588, 12 janvier. — Lettre missive de Charles III, duc de Lorraine, à Frédéric de Wurtemberg, lui annonçant que son fils, le marquis de Pont, se trouve dans la nécessité de passer par le comté de Montbéliard, où il ne fera aucun dommage.

1588, 12 janvier. — Ordre du jour du marquis de Pont aux troupes lorraines, leur interdisant de faire aucune incursion hors du comté de Montbéliard.

1588, 12 janvier. — Lettre missive du colonel des troupes cantonnées à Etupes, demandant l'envoi de vivres et promettant d'épargner le village, si on lui donne satisfaction.

1588, 12 janvier. — Lettre missive d'Henri Farine, bourgeois de Porrentruy, notifiant à Jean Docourt, son cousin, que le baron de Schwartzemberg exige 400 écus pour sauver de l'incendie les trois maisons dudit Docourt au village d'Audincourt.

1588, 13 janvier. — Lettre missive de Vernier Vergier, prévôt de Porrentruy, et de parents du licentié Docourt, à l'adresse de Jean Guyot Lévy, prévôt de Delle, le priant de leur procurer le cheval tout équipé qu'exigeait le baron de Schwartzemberg pour épargner les maisons d'Audincourt et de Seloncourt, menacées d'incendie.

1588, 13 janvier. — Lettre missive de Jacques-Christophe de Blarer, évêque de Bâle, à M. de Rosne, se plaignant des excès commis par les troupes lorraines dans plusieurs villages de son évêché.

1588, 13 janvier. — Lettres de Jacques-Christophe de Blarer, évêque de Bâle, attestant les déprédations commises dans plusieurs villages de la châtellenie de Porrentruy par les soldats du marquis de Pont.

1588, 14 janvier. — Plainte des sujets de l'évêque de Bâle dans la châtellenie de Porrentruy, relative aux déprédations commises à leur détriment par les soldats du marquis de Pont.

1588, 14 janvier. — Lettres des députés de l'évêque de Bâle aux capitaines de l'armée lorraine, se plaignant des incursions faites dans les villages de la châtellenie de Saint-Ursanne.

1588, 14 janvier. — Lettre missive de l'évêque de Bâle au s^r de Savigny, le priant de faciliter la recherche et restitution des chevaux enlevés à ses officiers et d'envoyer un trompette pour conduire les députés des cantons catholiques.

1588, 14 janvier. — Lettre missive d'Antoine d'Oiselay, seigneur de la Villeneuve, à Frédéric de Wurtemberg, confirmant le *rude et desplorable traictement* subi par les villageois du pays pendant le passage des troupes lorraines.

1588, 14 janvier. — Capitulation d'Héricourt conclue entre les bourgeois de cette ville et Gérard de Reinach.

1588, 15 janvier. — Lettres de sauvegarde accordées par Gérard de Reinach, seigneur de Saint-Baslemont, aux habitants du village de Bussurel, qui ont fait leur soumission entre ses mains.

1588, 15 janvier. — Lettres de sauvegarde délivrées par Gérard de Reinach à sept soldats de la garnison d'Héricourt pour se rendre en leur village de Seloncourt.

1588, 15 janvier. — Lettre missive de l'évêque de Bâle à M. de Savigny, le remerciant de l'envoi de deux gentilshommes pour accompagner les députés des cantons catholiques et le renseignant sur la prise d'armes des Bernois.

1588, 16 janvier. — Lettres missives du capitaine Arbitre à Michel Zecker, trésorier du comte de Montbéliard, au sujet de la rançon par lui exigée pour sauver de l'incendie la maison dudit Zecker au village de Bart.

1588, 16 janvier. — Réponse de Georges Vernet, bourgeois de Montbéliard, au capitaine Arbitre, exprimant tous ses regrets de ne pouvoir, en l'absence du trésorier Zecker, payer la rançon réclamée.

1588, 16 janvier. — Lettre missive du capitaine Arbitre au s^r Vernet, réduisant de moitié le chiffre de la rançon demandée pour la maison de Bart.

1588, 17 janvier. — Lettre missive du trésorier Zecker au capitaine Arbitre, par laquelle il s'engage à lui faire remettre 300 écus, s'il veut bien préserver de l'incendie le village de Bart.

1588, (vers le 17) janvier. — Lettre missive du capitaine Dupuis invitant les bourgeois de Montbéliard à lui envoyer quelque argent, s'ils veulent sauver de l'incendie la papeterie de Courcelles.

1588, (vers le 17) janvier. — Lettres missives du capitaine La Grâce aux s^{rs} Barbier et Quailot, bourgeois de Montbéliard, concernant la rançon exigée pour la maison de Quailot au village de Sainte-Suzanne.

1588, 19 janvier. — Lettre missive de Charles III, duc de Lorraine au duc de Wurtemberg, exprimant tous ses regrets des excès commis dans le comté de Montbéliard par les troupes du marquis de Pont, lancées à la poursuite des bandes du roi de Navarre.

1588, 21 janvier. — Lettre missive de Jean Clerc, intendant de Sébastien de Reinach, seigneur de Morvillars, lui faisant part des dangers auxquels il s'exposerait en se rendant à Morvillars, eu égard au désespoir des paysans.

1588, 23 janvier. — Délibération du Parlement de Dôle mentionnant le retour de deux conseillers chargés d'une mission auprès des princes lorrains.

1588, 24 janvier. — Lettre missive du capitaine Etienne Saige au bailli de Montbéliard pour faire cesser les déprédations de partisans restés dans le château du Magny-d'Anigon après le départ de l'armée lorraine.

1588, 27 janvier. — Lettre de Jacques-Christophe de Blarer, évêque de Bâle, à l'évêque de Verceil, lui annonçant l'invasion et la ruine du comté de Montbéliard par le duc de Guise.

1588, 30 janvier. — Lettre missive de François de Vergy, gouverneur du comté de Bourgogne, au duc de Wurtemberg, déclarant qu'il n'a pu empêcher le passage ni les excès des troupes lorraines, et qu'il a même protesté contre l'occupation du château de Granges.

1588, 5 février. — Décision du Parlement de Dôle, relative à la sortie des farines que le comte de Montbéliard voulait tirer de ses seigneuries de Franche-Comté.

1588, 6 février. — Enquête faite à Blamont au sujet des excès commis par les troupes lorraines dans les seigneuries de Blamont et de Clémont.

1588, 6 février. — Lettre missive de Henri de Lorraine, duc de Guise, au duc des Deux-Ponts, le rassurant au sujet de toute entreprise hostile qui serait dirigée contre ses domaines.

1588, 7 février. — Lettre missive de Charles III, duc de Lorraine, au duc des Deux-Ponts, affirmant que ce qui s'est passé au comté de Montbéliard s'est fait sans son aveu, bien que ses propres états eussent été cruellement ravagés par ses adversaires.

1588, 9 février. — Lettre de Jean, comte de Salm, à M. de Beaujeu, commandant la place de Montbéliard, au sujet des désordres commis à titre de représailles par les troupes du marquis de Pont.

1588, 9-11 février. — Procès-verbal de la conférence tenue par des membres du Parlement et les gouvernants de Franche-Comté, pour examiner la situation du pays après le passage des Lorrains.

1588, 13 février. — Délibération du Parlement de Dôle, motivée par l'arrivée de 1100 arquebusiers à Montbéliard et la prise d'armes de Frédéric de Wurtemberg.

1588, 14 février. — Enquête sur les brigandages, larcins, rançonnements, incendies de maisons et de biens commis par les troupes lorraines dans les seigneuries de Blamont et de Clémont.

1588, 19 février. — Mémoire de Charles III, duc de Lorraine, en réponse aux plaintes du duc de Wurtemberg, transmises par le duc de Bavière, au sujet des ravages exercés par les troupes du marquis de Pont lors de l'invasion du pays de Montbéliard, avec la réplique du duc de Wurtemberg.

1588, 20 février. — Avis des officiers de Blamont au comte Frédéric de Montbéliard, l'informant de l'aveu arraché à deux soldats de l'armée lorraine, faits prisonniers et arquebusés par le peuple.

1588, 23 février. — Délibération du Parlement de Dôle concernant la permission d'importer des grains, sollicitée par le bailli de Montbéliard.

1588, février-mars. — Enquêtes sur les dommages causés par les troupes lorraines dans la seigneurie de Granges.

1588, 3 mars. — Lettre missive d'André de La Routte, capitaine des gardes du marquis de Pont, à Pierre Robillot de Luxeuil, l'invitant à lui faire tenir la rançon de Jacques Cuvier, son prisonnier.

1588, 4 mars. — Enquête sur les dommages causés et les excès commis par les troupes lorraines dans la seigneurie de Passavant.

1588, 4 mars. — Lettre missive de Sébastien de Reinach à M. de Willermin pour réclamer son intercession auprès du comte de Montbéliard et faire lever le séquestre injustement mis sur ses terres et seigneuries.

1588, 5 mars. — Lettre missive du comte Frédéric de Montbéliard au duc de Parme, concernant la capitulation de la place d'Héricourt, obtenue par Gérard de Reinach grâce à un subterfuge.

1588, 10 mars. — Lettre missive du sr Besançon de Belfort, archer de la garde du duc de Lorraine, à M. de Beaujeu, gouverneur de Montbéliard, pour se disculper des accusations portées contre lui principalement au sujet d'Héricourt.

1588, 13 mars. — Mémoire adressé au comte Frédéric de Wurtemberg par les maîtres bourgeois d'Héricourt, contenant réponse aux allégations du sr Besançon de Belfort et justification de leur conduite lors de la capitulation de cette ville.

1588, 15 mars. — Enquêtes sur les dommages causés par les troupes lorraines dans la seigneurie de Clerval.

1588, 19 avril. — Lettre missive de Louis, duc de Wurtemberg, et de Frédéric, comte de Montbéliard, à Henri III, pour se plaindre de l'invasion du comté de Montbéliard et des excès commis par les troupes du marquis de Pont.

1588, 1ᵉʳ mai. — Réponse de Henri III, roi de France, à la lettre des duc de Wurtemberg et comte de Montbéliard, déclarant que les excès, très-regrettables d'ailleurs, commis par les troupes lorraines, devaient être imputés aux princes allemands qui avaient favorisé l'entrée des reîtres en France.

1588, 24 juin. — Lettre de Philippe II, roi d'Espagne, à François de Vergy, gouverneur du comté de Bourgogne, constatant la réponse négative faite par le duc de Lorraine, touchant la réparation des dommages éprouvés par les sujets du comté.

1588, 7 septembre. — Avis du Parlement de Dôle relatif au droit d'importer des grains prétendu par le comte de Montbéliard.

1588, 7 septembre. — Lettre du Parlement de Dôle au roi d'Espagne, donnant un avis favorable au sujet de la demande d'importation de grains adressée par le comte de Montbéliard.

1589, 2 avril. — Enquête faite à Montbéliard sur les excès commis dans les seigneuries de Blamont et de Clémont.

1589, 21 juin. — Enquêtes faites à Montbéliard par le procureur général Hector Loris, au sujet de la détention arbitraire d'habitants du pays emmenés et vendus par les troupes lorraines et au sujet des actes et paroles du marquis de Pont.

1589, 8 août. — Déposition d'Etienne Molard, habitant de Clerval.

1589, 25 décembre. — Enquête sur les pertes et dommages éprouvés par les habitants de la seigneurie d'Etobon, faite par le procureur général Hector Loris.

1591, 1-7 février. — Enquête faite à Audincourt et à Blamont par le chancelier Zenger et le procureur général Loris au sujet du pillage et de l'incendie du pays de Montbéliard ordonnés par le marquis de Pont à titre de représailles.

1591, 7 février. — Lettre missive de Richard Vurpillot, receveur de Blamont, au procureur général Hector Loris, lui transmettant la déposition de Thiébaud Joly de Pont-de-Roide.

1591, 20 octobre. — Lettre de Henri IV, roi de France, au duc de Wurtemberg, l'assurant de ses bons offices en ce qui concerne les griefs du comte de Montbéliard, son cousin, contre le duc de Lorraine.

1592, 2 février. — Rapport du châtelain et des officiers de Granges concernant l'époque de l'arrivée du colonel Schlégel à Granges, le jour de son départ, et les excès commis par ses reîtres.

1592, 14 février. — Enquête sur les excès commis par les troupes lorraines dans le comté de Montbéliard, faite par Nicolas Rossel, notaire impérial et bourgeois de Porrentruy.

1592, 26 février. — Déposition de Pierre de Maizières, seigneur de Pierrefontaine-lès-Varans.

1592, 12 mars. — Déposition de Claude de Valangin, seigneur de Mathay.

1592, 14 mars. — Déposition d'Etienne Saige, capitaine au service du comte de Montbéliard.

1594, 26 septembre. — Mémoire du duc Charles III de Lorraine en réponse aux propositions du duc de Wurtemberg apportées par Paul Gartzweiller, conseiller de Rodolphe II.

1594, 26 novembre. — Avis du Conseil de régence de Montbéliard, tendant à exonérer les fils de Claude de Valangin du payement d'amendes dues par leur père, eu égard aux services rendus par ledit Claude pendant l'invasion des Guises.

Mémoires des points et articles sur lesquels devront porter les interrogatoires relatifs aux excès commis par les troupes lorraines.

Enquêtes et dépositions non datées.

Rôle des dommages reçus par les sujets de la grand-mairie de Montbéliard pendant l'invasion lorraine.

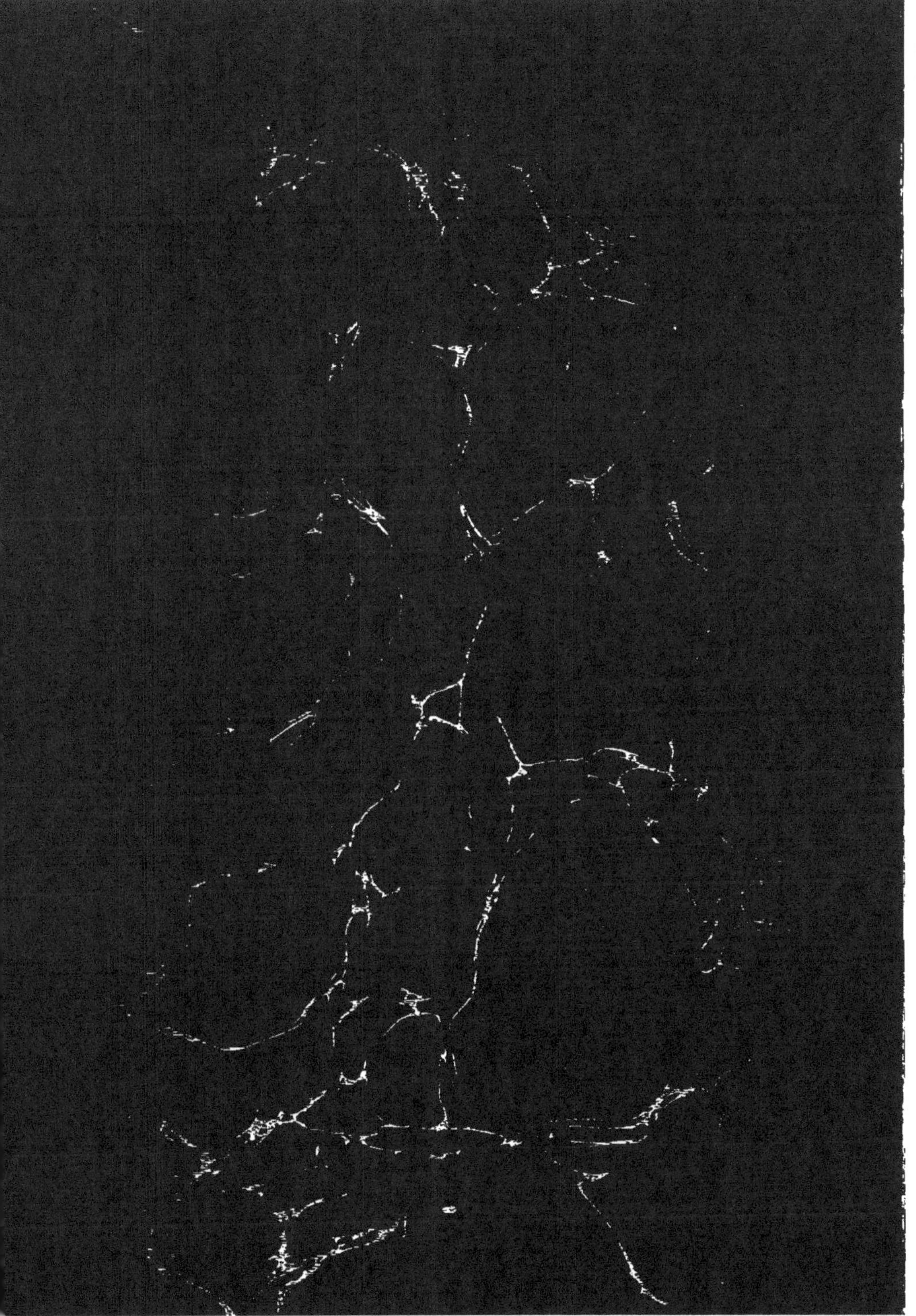

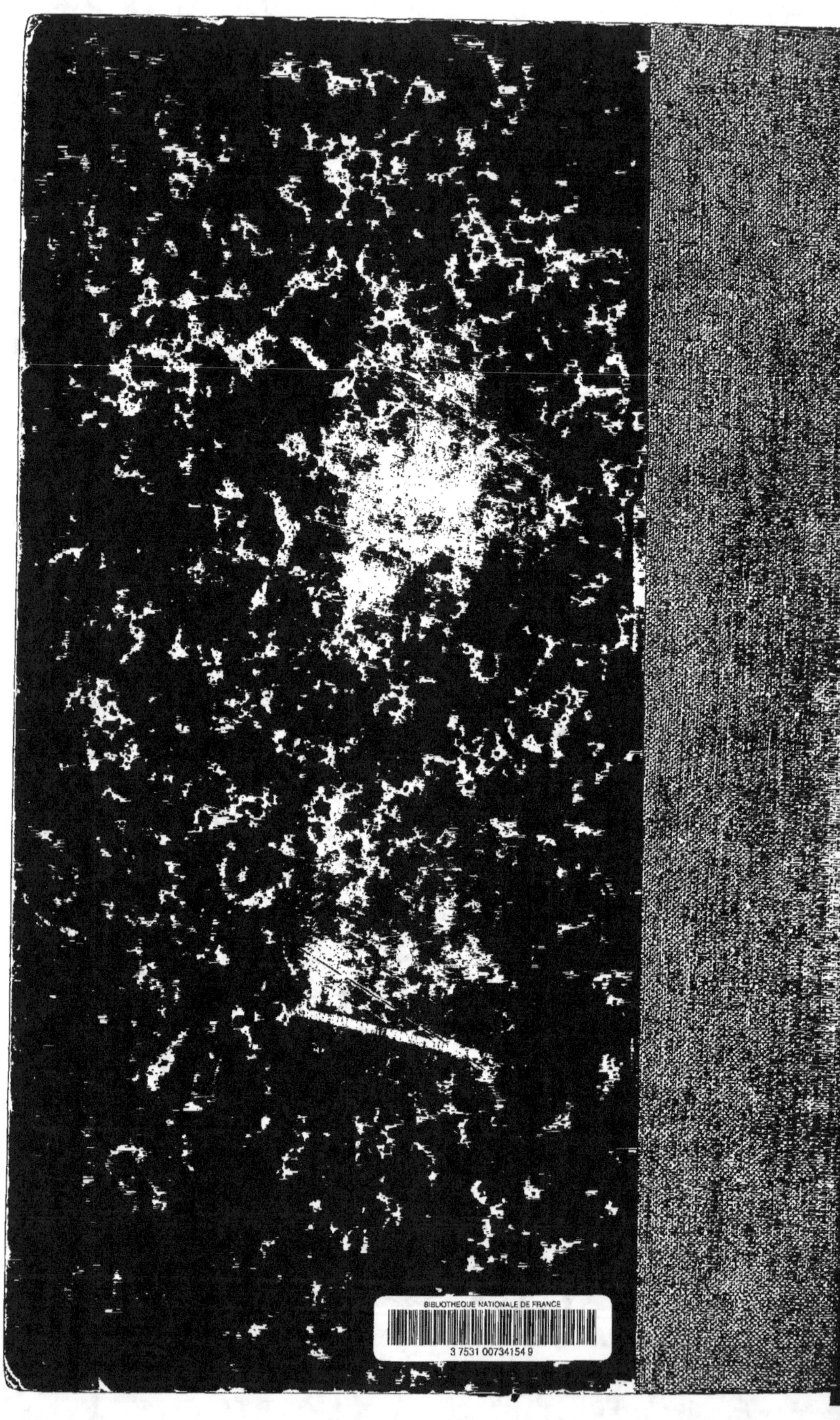

BIBLIOTHÈQUE NATIONALE DE FRANCE
3 7531 00734154 9